Rudolf K. Höfer (Hg.)
Kirchenfinanzierung in Europa
Modelle und Trends

Theologie im kulturellen Dialog
herausgegeben von der Katholisch-Theologischen Fakultät
der Karl-Franzens-Universität Graz

Band 25

Rudolf K. Höfer (Hg.)

Kirchenfinanzierung in Europa

Modelle und Trends

Tyrolia-Verlag · Innsbruck-Wien

Gedruckt mit freundlicher finanzieller Unterstützung
des Bundesministeriums für Wissenschaft und Forschung,
des Landes Steiermark, Abteilung 3: Wissenschaft und Forschung,
der Stadt Graz,
des Forschungsservice der Karl-Franzens-Universität Graz
und der Katholisch-Theologischen Fakultät Graz (Ing. Hornich Fonds).

Mitglied der Verlagsgruppe „engagement"

Bibliografische Information der Deutschen Nationalbibliothek

Die Deutsche Nationalbibliothek verzeichnet diese Publikation in der Deutschen
Nationalbibliografie; detaillierte bibliografische Daten sind im Internet über
http://dnb.d-nb.de abrufbar.

© 2014 Verlagsanstalt Tyrolia, Innsbruck
Alle Rechte vorbehalten
Kein Teil des Werkes darf in irgendeiner Form
(durch Fotografie, Mikrofilm oder ein anderes Verfahren)
ohne schriftliche Genehmigung des Verlages
reproduziert, vervielfältigt oder verbreitet werden.

Druck und Bindung: Alcione, Lavis (I)
Umschlaggestaltung: Christian Wessely

E-Mail: buchverlag@tyrolia.at
Internet: www.tyrolia-verlag.at

ISBN 978-3-7022-3250-4

Inhaltsverzeichnis

Rudolf K. Höfer
Vorwort 7

Jan De Maeyer
Kirchenfinanzierung seit Napoleon in Belgien – zwischen
direkter staatlicher Finanzierung und Subventionspolitik.
Ein historischer und aktueller Überblick 9

Gerhard Hartmann
Die Kirchensteuer in Deutschland –
Vorbild oder Auslaufmodell? 31

Yvonne Maria Werner
Kirche, Staat und Kirchenfinanzierung in den nordischen Ländern ... 69

Rudolf K. Höfer
Hat Österreichs Kirchenbeitragsgesetz aus der NS-Zeit Zukunft
oder ist Steuerwidmung für Kirchen und Staat die Alternative? 87

Michael Mitterhofer
8x1000 – ottopermille
Das System der Kirchenfinanzierung in Italien 121

Annamária Schlosser
Staatliche Kirchenfinanzierung in Ungarn – Probleme und
Entwicklung seit der Wende 149

David M. Thompson
Die Kirchenfinanzierung im Vereinigten Königreich 165

Jean-Pierre Moisset
Die Finanzierung der religiösen Tätigkeiten in Frankreich
von 1802 bis heute 183

Andrej Saje
Ist die Einführung einer Kirchensteuer oder eines Kultur-
beitrages die richtige Lösung für die Finanzierung der
Katholischen Kirche in Slowenien? 209

Verzeichnis der Autorinnen und Autoren 239

Vorwort

Die Finanzierung der Kirchen ist periodisch ein Thema im öffentlichen Diskurs, zuletzt ausgelöst durch Ereignisse, wie sie in Limburg/Lahn beim Bau des Bischofshauses zum zeitweise beherrschenden Thema wurde. Dabei geht es einerseits um die Finanzierung der Religionsgemeinschaften durch Steuern und Beiträge wie auch um kirchliche Vermögenssubstanzen, über die als Mensa episcopalis Bischöfe mit dem Vermögensverwaltungsrat verfügen, die bisher wenig publik sind.

Der vorliegende Band widmet sich den Finanzierungsmodellen in neun Ländern Europas, dem das Symposium „Kirchenfinanzierung im Vergleich" im Oktober 2012 an der Theologischen Fakultät der Karl-Franzens-Universität in Graz mit Beiträgen für Belgien, Deutschland, Italien, Österreich, Schweden, Schweiz, Slowenien, Ungarn vorausging. Nun sind auch Beiträge zur Finanzierung von Kirchen und Religionsgemeinschaften für England und Frankreich einbezogen. Teilweise erheblich erweitert stellen sie historische und neuere Entwicklungen wie auch gesellschaftliche Prozesse und mögliche Änderungen in der Zukunft vor.

Die Reihung folgt Formen von staatlicher Finanzierung bis zu Spenden.

Die Finanzierung der staatlich anerkannten Religionsgemeinschaften in Belgien seit der napoleonischen Gesetzgebung durch den Staat hat Jan De Maeyer vorgelegt.

Die Einhebung der Kirchensteuer durch den Staat kennen Länder wie Deutschland und Schweden. Die in der Weimarer Republik in Deutschland eingeführte Kirchensteuer stellt Gerhard Hartmann in historischer und gegenwärtiger Dimension dar. Für Schweden und die nordischen Länder Dänemark, Island, Norwegen, Finnland sind von Yvonne Maria Werner Neuerungen und gesellschaftliche Prozesse berücksichtigt.

Der vom Nationalsozialismus in okkupierten und annektierten Ländern eingeführte Kirchenbeitrag blieb nur in Österreich bestehen. Überlegungen zu möglichen Änderungen stellt Rudolf K. Höfer vor.

Die freie Widmung eines geleisteten Steueranteils durch Steuerpflichtige ist in Italien, Spanien und Ungarn etabliert und wird 2014 in Polen eingeführt, in Liechtenstein und der Slowakei ist sie geplant. Sie wird oft missverständlich als Kultursteuer oder Mandatssteuer bezeichnet. Am Beispiel Italien hat Michael Mitterhofer die grundlegenden Änderungen bei der Einführung und die Steuerwidmung selbst als funktionales Modell vorgelegt. In Ungarn hat ein ehemals kommunistischer Staat als Vorreiter die Widmung zur Kirchenfinanzierung eingeführt, die Annamária Schlosser unter den gegenwärtigen Bedingungen darstellt.

Einen anderen Blick eröffnet der Beitrag von David M. Thompson für England und Schottland, wo die Kirchen große Teile ihrer Tätigkeit aus eigenen Vermögenssubstanzen aber auch durch Beiträge finanzieren.

In Ländern wie Frankreich oder Slowenien sind Religionsgemeinschaften auf Spenden angewiesen, auch wenn Schulunterricht oder Seelsorge in staatlichen Institutionen (Spitäler, Militär, Strafvollzug) unterstützt werden. Jean-Pierre Moisset hat für Frankreich die finanzielle Situation der Religionsgemeinschaften vorgestellt. Eine nicht weniger schwierige Situation erlebt nach Andrej Saje die Kirche in Slowenien, die primär von Spenden getragen ist.

Mein Dank gilt den AutorInnen der Beiträge und ihrer Geduld, ebenso allen, die am Entstehen durch Zuspruch beteiligt waren, wie auch für die Aufnahme in die Reihe „Theologie im kulturellen Dialog" den Dekanen, Univ.-Prof. Dr. Hans-Ferdinand Angel und dem derzeitigen Dekan, Univ.-Prof. DDr. Reinhold Esterbauer.

Der Sekretärin des Instituts für Kirchengeschichte und kirchliche Zeitgeschichte, Frau Christine Schönhuber, gilt mein besonderer Dank für das Layout, ao. Univ.-Prof. Dr. Kurt Remele und Mag.[a] Ulrike Saringer für die Übersetzung des Beitrages von David M. Thompson, Jasmin Hutter für die Übersetzung des Beitrages von Jean-Pierre Moisset sowie Dr.[in] Isabelle Jonveaux für Korrekturen.

Das Korrekturlesen haben Mag. Martin Feiner und Dr. Franz Hasenhütl übernommen. Das ansprechende Buchcover hat ao. Univ.-Prof. Dr. Christian Wessely entworfen. Ihnen danke ich dafür wie auch dem Verlagsleiter der Tyrolia, Mag. Gottfried Kompatscher.

Graz, Dezember 2013   Ao. Univ.-Prof. Mag. Dr. Rudolf K. Höfer

Kirchenfinanzierung seit Napoleon in Belgien – zwischen direkter staatlicher Finanzierung und Subventionspolitik. Ein historischer und aktueller Überblick

Jan De Maeyer

Einleitung

Das geltende System der Kirchenfinanzierung in Belgien ist das komplexe Ergebnis einer historischen Entwicklung. Hinzu kommt noch, dass Belgien durch seine ideologischen und sprachgemeinschaftlichen Gegensätze, die im Kern sozial bestimmt sind, ein kleines, aber kompliziertes Land ist. Aus diesem Grund werde ich, um Sie durch die belgische Komplexität zu lotsen, meinen Beitrag recht analytisch angehen. Aber lassen Sie mich zunächst versuchen, das Wesentliche zu skizzieren. Belgien kennt keine direkte Kirchenfinanzierung, weder durch staatliche Zuschüsse noch durch ein Kirchensteuersystem. In Belgien existiert (wie im französischen Elsass und im Großherzogtum Luxemburg) noch teilweise das Erbrecht des napoleonischen Systems nach dem Konkordat von achtzehnhunderteins (1801). Das bedeutet, dass es lediglich eine Form der indirekten Kirchenfinanzierung gibt.
1) Erstens, die in der Revolutionszeit konfiszierten Kirchen wurden den Bischöfen *ad usum* und nicht als Eigentum „zur Verfügung gestellt"; die Kirchengebäude werden von den Kirchenfabriken verwaltet; Kirchenfabriken sind öffentliche Institutionen mit einem besonderen Zweck;
2) zweitens, der Klerus in der territorialen Seelsorge genießt nach wie vor Beamtenstatus und erhält eine staatliche Besoldung – aus dem Budget des föderalen Justizministeriums;

3) drittens, auch die häusliche Unterbringung des territorialen Klerus geht zu Lasten des Staates (beziehungsweise der lokalen Behörden).[1]
Dieses System steht gegenwärtig auf zweierlei Weise unter Druck.[2] Erstens wurde das System im Rahmen der zunehmenden Pluralisierung und weltanschaulichen Pazifizierung der belgischen Gesellschaft erweitert. Die Aufnahme beispielsweise des Islam in das System (künftig werden die Imame der anerkannten Moscheen ebenfalls aus dem Budget des Justizministeriums bezahlt) hat eine wichtige integrierende und pazifizierende Wirkung auf die Gemeinschaften moslemischer Migranten. Aber infolge der aufeinander folgenden Wirtschaftskrisen wurde das Budget insgesamt nicht entsprechend vergrößert, was bedeutet, dass der Anteil der römisch-katholischen Kirche am Gesamtbudget durch diese Erweiterung faktisch geschrumpft ist.[3]

Erweiterungen oder Anerkennungen:
1831: katholisches und jüdisches Bekenntnis
1835: anglikanisches Bekenntnis
1839: protestantische Bekenntnisse
1974: Islam
1985: Orthodoxie
1981: Freigeistige Weltanschauungsgemeinschaft
Beantragt: Buddhismus

Dazu steht das System auch in einer zweiten Weise unter Druck. Ideologisch-politisch werden immer mehr Forderungen laut, das System radikal zu reformieren. Die fortschreitende Säkularisierung – im Verein mit den Pädophilie-Skandalen als akzelerierenden Faktor – bildet hier den entsprechenden Kontext.[4]

---

1   HUSSON, J.-F., Le financement des cultes et de laïcité: comparaison internationale et perspectives. (Namur 2005) passim; CHRISTIANS, L. L. / DE POOTER, P., Code belge droit et religions. (Bruxelles 2005) passim; DEBELKE, G., Het geld van de kerk (Leuven 2002) passim.
2   SAGESSER, C., La Belgique et ses cultes: un modèle inadapté. *Politique. Revue des débats* 52 (2007) 11–13.
3   DEBELKE, Het geld van de kerk (wie Anm. 1) 50–51.
4   DE MAEYER, J. / ABTS, K., Catholicisme et identités nationales et régionales en Belgique in: TRANVOUEZ, Y., ed., La décomposition des chrétientés occidentales (Europe,

Aber es gibt noch mehr indirekte Finanzierungsarten der Kirche beziehungsweise der Kirchen in Belgien. Wie Sie vielleicht wissen, hat sich Belgien im Lauf des neunzehnten (19.) und zwanzigsten (20.) Jahrhunderts zu einem Land des religiösen und weltanschaulichen Partikularismus entwickelt (man spricht hier von Versäulung oder niederländisch: *verzuiling*; englisch: *pillarisation*), und zwar unterstützt von einer frühen Befürwortung des Subsidiaritätsprinzips. Der Ausbau von sozialer Sicherung, Unterrichtswesen, Gesundheitsfürsorge, Kinderfürsorge, Jugendarbeit oder Kulturarbeit, sowie nicht zu vergessen der Medien, entwickelte sich in Zusammenarbeit mit dazu staatlicherseits geförderten Organisationen. Diese Organisationen waren und sind noch häufig ideologisch-philosophisch geprägt. Mit anderen Worten: Wenn Sie wissen, dass die katholischen Organisationen nach wie vor eine starke Position einnehmen – fünfzig bis siebzig Prozent (50–70%) der Schülerinnen und Schüler in Flandern besuchen katholische Schulen –, dann verstehen Sie, dass wir uns hier einer wichtigen zweiten Form der indirekten Kirchenfinanzierung gegenübersehen. Denn auch auf diese Weise erhalten Priester, die Lehrkräfte sind, sowie Ordensschwestern, die als Lehrerinnen oder Krankenschwestern arbeiten, ein staatlich bezuschusstes Gehalt.[5]

Diese vielen Formen indirekter Kirchenfinanzierung machen es äußerst schwierig, ein Gesamtbild zu zeichnen. Nirgendwo im Haushalt des Königreichs Belgien finden Sie eine Rubrik „Kirchenfinanzierung". Es verlangt im Gegenteil geradezu wörtlich das Auseinanderdividieren der verschiedenen Titel. Hier folgt ein entsprechender Versuch.

Auf der Grundlage verfügbarer Untersuchungen kann ich zwei Zahlen zur Orientierung nennen:
1) Geschätztes Gesamtbudget für religiöse Bekenntnisse und Freigeistige Weltanschauungsgemeinschaft:
2002: etwa 600 Millionen Euro
2008: etwa 650 Millionen Euro.

Amérique). (Brest 2013), forthcoming; VAN HUDSON, J.-F., Financiering van de erediensten en levensbeschouwelijk georiënteerde belasting: budgettaire en praktische aspecten. *Nieuw Tijdschrift voor Politiek* 4–5 (1999) 51–94.
5 DE MAEYER, J. / ABTS, K., Catholicisme et identités nationales et régionales en Belgique, in: TRANVOUEZ, La décomposition (wie Anm. 4), forthcoming; HUDSON, Financiering van de erediensten (wie Anm. 4) 51–94.

2) Dazu möchte ich zwei Zahlen nennen, um die auf den ersten Blick beeindruckende Summe ein wenig zu relativieren oder besser zu kontextualisieren: Im Jahr 2008 unterstützte der Staat die Printmedien mit etwa 350 000 000 Millionen Euro! Ein anderer Ansatz ist, die Summe an Kirchenfinanzierung in ein Verhältnis zum belgischen Staatshaushalt insgesamt zu setzen: 2008 handelte es sich dabei um 1,4 Prozent.

Die Verteilung zwischen den Denominationen von 1996 bis 2007[6]:

ca. 78,17 %	römisch-katholische Kirche
ca. 2,97 %	protestantische Kirchen
ca. 2,72/5,45 %	Islam
ca. 0,70 %	jüdische Religion
ca. 1 %	orthodoxe Kirche
ca. 0,3 %	anglikanische Kirche
ca. 8,85 %	freigeistige Weltanschauungsgemeinschaft

Tabelle 1: Verteilung der budgetären Mittel der Organisations-Abteilung 59 „Kulte und freigeistige Weltanschauungsgemeinschaft" des Föderalen Öffentlichen Dienstes Justiz (Millionen Euro)

	1996	2001	2006	2007
römisch-katholischer Kult	81,2 (92,6 %)	77,0 (84,1 %)	76,7 (77,8 %)	77,8 (75,5 %)
Protestantisch / evangelischer Kult	1,9	2,5	3,3	4,2 (4,1 %)
israelitischer Kult	0,5	0,6	0,8	0,9 (0,9 %)
anglikanischer Kult	0,2	0,3	0,4	0,3 (0,3 %)
islamischer Kult (b)	- / 0,04	- / 0,6	5,2 / 1,0	5,7/1,0 (6,5 %)
orthodoxer Kult	0,8	0,9	1,1	1,2 (1,2 %)
freigeistige Weltanschauungsgemeinschaft (b)	- /3,0 (3,4 %)	- /9,8 (10,7 %)	8,0/2,0 (10,2 %)	9,7/2,0 (11,4 %)
Gesamt	84,6 / 3,0 = 87,6	81,1 / 8,3 = 91,5	95,1 / 3,0 = 98,1	100,0 / 3,0 = 103,0

---

6 HUSSON, J.-F., Le financement public des cultes et de la laïcité en Belgique: quelques réflections, http://www.cil.be/files/PC%209%20Le%20financement20public%20des%20cultes%20et%20de%20la%20laicite%20en%20belgique%20JF%20Husson%202007.pdf, p. 16.

Die Verteilung im Jahr 2007 im Detail[7]:

Öffentliche Finanzierung der Kulte in Belgien (2007, Millionen Euro) und verwandte Gebühren

	Löhne	Kirchenfabriken und Gleichgestellte	Almosenamt, sittliche Ratgeber und Fernsehen	Freistellung der Immobiliensteuer	Pensionen	Gesamt	%
römisch-katholischer Kult	77,8	110,7	5,9	12,3	34,8 / 16,7	258,2	86,4 %
protestantischer Kult	4,2	1,6	0,4	0,2	0,5	6,9	2,3 %
israelitischer Kult	0,9	0,0	0,1	0,0	0,1	1,2	0,4 %
anglikanischer Kult	0,3	0,1	0,0	0,0	0,0	0,4	0,1 %
islamischer Kult	6,7	0,3	0,1	0,1		7,2	2,4 %
orthodoxer Kult	1,2	0,5	0,0	0,1		1,8	0,6 %
freigeistige Weltanschauungsgemeinschaft	11,7	9,6	1,8	0,1		23,3	7,8 %
Gesamt	102,8	122,8	8,4	12,8	35,4	298,9	100 %

Quelle: J.-F. HUSSON, Le financement public des cultes et de la laïcité. *Politique, revue de débats*, 52, décembre 2007, p. 14–16.

Die Verteilung geschieht entsprechend der geschätzten Stärke der Kirchen und ihrer historischen Bedeutsamkeit. Der der römisch-katholischen Kirche zuerkannte Prozentsatz ist recht hoch angesetzt – was auch zunehmend negative Reaktionen hervorruft – und geht unter anderem auf den Prozentsatz der Personen zurück, die sich in den alle fünf Jahre durchgeführten European Value Studies als katholisch bezeichnen. Die Zahl steht nicht im Verhältnis zu etwa der Zahl der wöchentlichen Kirchgänger, die 2008 um 10 Prozent schwankte. Aber Religion gehört in Bel-

---

7 SAGESSER, C., Le financement public des cultes en France et en Belgique: des principes aux accommodements, in FORET, Fr., Politique et religion en France et en Belgique: l'héritage chrétien en question. Bruxelles, Editions ULB, 96.

gien zur Privatsphäre und es ist nicht erlaubt, jemandes Überzeugung zu registrieren.[8]

Die Suche nach dem finanziellen Gesamtbild wird zudem von der Serie von Staatsreformen erschwert, die das Land erlebt hat. Ich sagte bereits, Belgien ist ein komplexes Land. Die komplexen Strukturen reflektierten die Entwicklung einer Reihe historisch gewachsener kultureller Identitäten.[9]

* Belgien ist eine konstitutionelle Monarchie, ein unabhängiger Staat mit einem Grundgesetz und einem König als Staatsoberhaupt. Dem heutigen Grundgesetz zufolge ist Belgien ein föderaler Staat, der sich aus drei Gemeinschaften und drei Regionen zusammensetzt.
* Belgien umfasst drei (3) Gemeinschaften mit der Zuständigkeit für personengebundene Angelegenheiten wie unter anderem Kultur, Bildungswesen, Gemeinwohl, Gesundheit, Sport und Sprache:
  die Flämische Gemeinschaft
  die Französische Gemeinschaft
  die Deutschsprachige Gemeinschaft
* Hinzu kommen drei (3) Regionen mit der Zuständigkeit für grundgebundene Angelegenheiten wie unter anderem Umwelt, Raumordnung und Städtebau, Wohnungsbau, Mobilität, Infrastruktur, Denkmalschutz (also auch für denkmalgeschützte Kirchenbauten), Wirtschaft und Arbeitsplätze:
  die Flämische Region
  die Wallonische Region
  die Region Brüssel-Hauptstadt
* Auf flämischer Seite decken sich Gemeinschaft und Region, und die gemeinschaftlichen wie regionalen Zuständigkeiten werden von der Flämischen Regierung und dem Flämischen Parlament wahrgenommen.

---

8 VAN HUDSON, Financiering van de erediensten (wie Anm. 4), p. 51–94; PARIJS, Philippe, De bestemming van zijn belastingen kiezen. Is dat doeltreffend? Is dat rechtvaardig? *Nieuw Tijdschrift voor Politiek* 4-5 (1999) 95–110.

9 BLOM, J. C. H. / LAMBERTS, E., History of the Low Countries (New York-Oxford 1999) 377–381.

Die Folgen der sukzessiven Staatsreformen, die zu dieser Struktur geführt haben, macht sich seit 1970, 1980, 1989, 2003 auch bis in die administrativ-finanzielle Struktur hinein spürbar, in der die sogenannten anerkannten (ich wiederhole: Belgien kennt keine formale Anerkennung) Bekenntnisse und Weltanschauungen funktionieren:
* Die Anerkennung der lokalen Kirchenstrukturen (Pfarreien, protestantische Gemeinden, Moscheen) und die Finanzierung der dazu gehörenden „Geistlichen" unterliegt nach wie vor dem Föderalen Justizministerium
* Die Anerkennung und Subventionierung der Kirchenfabriken, die wie gesagt auf das Konkordat Napoleons des Ersten (I.) mit dem Heiligen Stuhl aus dem Jahr 1801 zurückgehen und die auf die Leitungen der protestantischen Kirchen sowie der Moscheen ausgeweitet wurden, fällt in die Zuständigkeit der Regionen (in Flandern des Ministeriums für Inneres der Flämischen Gemeinschaft)
* Die Anerkennung und Subventionierung beispielsweise des nichtstaatlichen Schulwesens, der Lehrkräfte für den Religionsunterricht an staatlichen Schulen sowie der weltanschaulichen Sendungen in Rundfunk und Fernsehen unterliegen ebenfalls den Regionen (in Flandern den zuständigen Ministerien der Flämischen Gemeinschaft).

Die Folge ist, dass sich innerhalb der Kirchen und Weltanschauungen in Belgien neben den alten belgischen oder nationalen Strukturen mittlerweile auch regionale Strukturen herausgebildet haben.[10] Diese regionalen Strukturen sind seit den 1970er-Jahren allmählich gewachsen und haben oft noch keinen offiziellen Status. Sie führen also ein informelles Dasein, was die Dinge nicht einfacher macht.
* So versammeln sich neben der offiziellen belgischen Bischofskonferenz auch die französischsprachigen und flämischen Bischöfe regelmäßig getrennt, aber das macht die Entwicklung einer an die Regionen angepassten Seelsorge nicht einfach.[11]
* Auf protestantischer Seite gibt es den im Jahr 2002 gegründeten Verwaltungsrat für das protestantische und evangelische Bekenntnis (AR-

---

10 SAGESSER, C., Le temporel des cultes depuis sa régionalisation, Courrier hebdomadaire du CRISP, (2007), 1968, 1–50.
11 DEBELKE, Het geld van de kerk (wie Anm. 1) passim.

PEE; Administratieve Raad voor de Protestantse en Evangelische Eredienst; französisch: CACPE, Culte protestant et évangélique en Belgique), aber auch beim Protestantismus steht die unitarische Struktur zunehmend unter Druck. Dies umso mehr, weil der Protestantismus in Flandern hauptsächlich aus den Niederlanden und der angelsächsischen Welt inspiriert wird – Letzteres ist eine etwas vergessene Folge bzw. Aspekt der aus dem Vereinigten Königreich und den Vereinigten Staaten von Amerika heraus im Kielsog des Ersten und Zweiten Weltkriegs erfolgten Missionierung –, während der Protestantismus in Wallonien stärker von der Schweiz beeinflusst wurde.[12]

Das gibt folgendes finanzielles Gesamtbild (2005/2007)[13]:

Tabelle 2: Gemeindliche, provinziale und regionale Interventionen zugunsten der Religionen und der freigeistigen Weltanschauungsgemeinschaft

	Gemeinde	Wallonische Provinzen	Flämische Provinzen	Region Brüssel-Hauptstadt	Subventionierte Arbeiten/ Regionen	Gesamt	Prozentsatz des Ganzen
römisch-katholischer Kult	96,5	1,1	1,4	0,1	6,4	105,6	90,1 %
protestantisch/evangelischer Kult	1,2	-	-	-	0,4	1,6	1,4 %
israelitischer Kult	p.m.	-	-	-	-	p.m.	
anglikanischer Kult	p.m.	-	-	-	-	p.m.	
islamischer Kult (b)	-	0,1	0,3	0,3	-	0,4	0,3 %
orthodoxer Kult	-	-	-	0,1	-	0,5	0,4 %
freigeistige Weltaschauungsgemeinschaft (b)	2,2	2,4	2,6	1,2	0,7	9,1	7,8 %
Gesamt (b)	100,0	3,6	4,3	1,8	7,5	117,2	

---

12 www.arpee.be.
13 HUSSON, Jean-François, Le financement public des cultes et de la laïcité en Belgique: quelques réflections, http://www.cil.be/files/PC%209%20Le%20financement%20public%20des%20cultes%20et%20de%20la%20laicite%20en%20belgique%20JF%20Husson%202007.pdf, p. 17.

Jetzt verstehen Sie vielleicht, wie schwierig es ist, Ihnen eine Vorstellung von dem gegenwärtigen Gesamtbudget zu vermitteln, das in Belgien indirekt für die Religionen verwendet wird. Nachdem Sie einen Einblick in die wichtigsten Charakteristika der Kirchenfinanzierung in Belgien gewonnen haben, möchte ich diese indirekte Finanzierung in fünf Punkten näher erläutern.

1. Staatliche Finanzierung des öffentlichen Kultus oder anerkannter Bekenntnisse

1.1. Kultusgebäude

1.1.1. Domaniale Kirchen

Die während der Französischen Revolution konfiszierten Kirchen gehören zum staatlichen Grundbesitz. Es handelt sich dabei meist um historische Gebäude, die Napoleon I. den Bischöfen per Nutzungsrecht für den Gottesdienst zur Verfügung stellte. Die Verwaltung dieser Gebäude fällt seitdem immer unter die Befugnis der Kirchenfabrik (fabrique d'église, Fabrica Ecclesiae). Auch das für ein gutes Funktionieren des Kults notwendige Personal (etwa Küster, Organist oder Reinigungspersonal) steht auf der Ausgabenliste der Kirchenfabrik, zusammen mit materiellem Bedarf wie Mobiliar, Beleuchtung, Heizung und Kerzen). Eine Kirchenfabrik ist eine rechtsfähige, öffentliche Einrichtung mit dem Auftrag, die für die Ausübung des öffentlichen Gottesdienstes bestimmten Güter zu verwalten. Als öffentliche Institution muss sie eine öffentliche Buchführung betreiben, die von der weltlichen Gemeindeverwaltung und der höheren Aufsichtsbehörde (Provinz, Staat), aber auch vom Bistum geprüft werden muss. Es ist der weltliche Gesetzgeber, der die Bedingungen in Bezug auf Zusammenstellung, interne Wahlprozeduren (Vorsitzender, Kassenwart), die Mindestzahl an Versammlungen, die Mindestlöhne für das Personal und das anzuwendende Buchhaltungssystem vorschreibt. Die Zusammenstellung des Rates, der die Kirchenfabrik leitet, muss ebenfalls staatlicher- wie kirchlicherseits bestätigt werden. In der Regel müssen die nachweisbaren, zu verteidigenden finanziellen Defizite der Kirchenfabrik staatlicherseits ausgeglichen werden. dahinter steckt der Gedanke, dass die Entschädigung der Kirche für den historischen Verlust ihrer Güter während der Französischen Revolution als recht und billig anzusehen ist.[14]

1.1.2. Postkonkordatorische Kirchengebäude

Im Kontext des religiösen Erweckung in der ersten Hälfte des 19. Jahrhunderts und des Erfolges des Volkskatholizismus bis etwa 1950 wurden aufgrund der Folgen der demographischen Entwicklung (Bevölkerungszunahme von etwa 4,1 Millionen im Jahr 1830 bis auf etwa elf Millionen heute) mehr als tausend neue Pfarrkirchen gebaut. Das Königreich Belgien übernahm bei seiner Entstehung im Jahr 1830 die Verpflichtungen des Konkordats. Kirchenbau wurde ein Zusammenspiel zwischen Kirche und Staat, das heißt zwischen der zivilen Gemeindeverwaltung und der Pfarrei. Neuen Pfarreien und ihren Kirchen wurde stets eine Kirchenfabrik hinzugesellt, die auch die Schenkungen von Land oder Geldern für den Bau entgegenzunehmen hatte. Angesichts des öffentlichen Status der Kirchenfabrik waren in diesem Zusammenhang auch die staatlichen Gemeindeverwaltungen zur Vergabe finanzieller Zuwendungen befugt. Auch die Defizite in den Jahresbilanzen der Kirchenfabriken, die diese postkonkordatorischen Kirchengebäude verwalten, werden vom Staat getragen.

Durch die rückläufige Zahl von Kirchgängern und den zahlenmäßigen Rückgang der Erbschaften und Schenkungen zugunsten der Kirchenfabriken – Stichworte in diesem Zusammenhang sind die Säkularisierung sowie der Gegenwind durch Pädophiliekrise und Kindesmissbrauch in katholischen Einrichtungen – muss der Staat vor dem Hintergrund mehrerer aufeinander folgender Wirtschaftskrisen immer höhere Haushaltsdefizite ausgleichen.

Betrug die Summe für die Flämische Gemeinschaft im Jahr 1999 etwa 53 Millionen Euro, so hat sich diese bis heute auf etwa hundert Millionen Euro gesteigert. Für den Staat ist dies unhaltbar. Dennoch wird in dieser Problematik – jedenfalls innerhalb der Flämischen Gemeinschaft – nicht mit harten Bandagen gekämpft. Einerseits wurde im Rahmen der zitierten

---

14 TORFS, R., Les édifices cultuels en Belgique, in: FLORES-LONJOU, M. / MESSNER, Fr., ed., Les lieux de culte en France et en Europe (Law and religious studies 3, Leuven-Paris-Dudley 2007) 182–184; DEBELKE, Het geld van de kerk (wie Anm. 1) 53–55.

Staatsreformen im Jahr 2004 – wobei die Zuständigkeit für die lokalen Kirchengemeinschaften (Pfarreien, protestantische Gemeinschaften, Moscheeleitungen) auf die Regionen übertragen wurde – in Flandern das Gesetz für die Kirchenfabriken novelliert. Bestehen die Kirchenfabriken weiter (wobei der Vertreter der weltlichen Gemeindeverwaltungen aus ihnen verschwunden ist), dann unterstehen sie künftig – und dies gilt für alle anerkannten Bekenntnisse – einem einzigen Kirchenvorstand pro Gemeinde. Dieser Kirchenvorstand berät sich zwei Mal im Jahr mit der weltlichen Gemeindeleitung. Die Kirchenfabriken müssen künftig auch einen Fünfjahreshaushalt vorlegen und sich diesen sowohl von diözesaner als auch staatlicher Seite bestätigen lassen. Auf diese Weise hofft der Staat die steigenden Defizite für die Verwaltung der Kirchengebäude in den Griff zu bekommen.[15]

Andererseits wurde in der so typisch belgischen Atmosphäre des Kompromisses dem Zentrum für Religiöse Kunst und Kultur (CRKC, Centrum voor Religieuze Kunst en Cultuur), einem von den flämischen Bistümern, den religiösen Orden und Kongregationen und der Universität Leuven (genauer: dem KADOC) gegründeten Expertisezentrum, eine Projektsubvention zur Ausarbeitung eines Masterplans gewährt, der zu einer Revidierung der Zahl der für den Gottesdienst verwendbaren Pfarrkirchen und zu der Neubestimmung der dazu nicht verwendbaren Kirchen für kulturelle oder sonstige Zwecke führen soll.[16] Das Thema der Pfarrkirchen ist also zur wiederholten Gleichgewichtsübung zwischen römisch-katholischer Kirche und dem Staat geworden.

1.1.3. Kathedralkirchen

In Belgien sind auch die während der Französischen Revolution konfiszierten Kathedralkirchen in den Besitz der jeweiligen Provinz gelangt, es sei denn, die Beschlüsse Napoleons I. oder seiner Präfekten besagen Anderes. Auch sie werden von einer Kirchenfabrik verwaltet. Der Bischof hat jedoch eine größere Entscheidungsgewalt bei der Zusammensetzung

---

15 DEBELKE, Het geld van de kerk (wie Anm. 1) 53–54; TORFS, R., Les édifices cultuels en Belgique, in: FLORES-LONJOU, Les lieux (wie Anm. 14) 182–184; HUDSON, Financiering van de erediensten (wie Anm. 4) 51–94.
16 www.crkc.be

der Leitung als im Fall der Pfarrkirchen. Die Provinzen behandeln die Kathedralkirchen auch meistens als Gebäude von allgemeiner Bedeutsamkeit, die eine besondere Fürsorge genießen.[17]

1.1.4. Kapitelgebäude und Priesterseminare

Die Kathedralkapitel und die Priesterseminare behielten in Belgien ihre durch das napoleonische Gesetz vom 8. April 1802 und das kaiserliche Dekret vom 6. November 1813 anerkannte Rechtsfähigkeit. Sie haben somit eine eigene Leitung, ein eigenes Patrimonium sowie ein eigenes Buchhaltungs- und Rechnungswesen, wobei sie allerdings der Aufsicht des Justizministeriums unterstellt sind.

Für die interne Organisation der Priesterseminare sind einzig die Bischöfe verantwortlich. Die belgischen Priesterseminare haben den Status einer öffentlichen Einrichtung und können von den Provinzen subventioniert werden. Auch die Gebäude können Eigentum der Provinz sein oder von dieser für bischöfliche Zwecke errichtet werden. Darum untersteht die Verwaltung der Seminare der Aufsicht der Provinz und des Justizministers. Priesterseminare genießen zudem Steuerbefreiung. Die gesetzliche Grundlage für ihre Verwaltung bildet nach wie vor das Dekret vom 6. November 1813.[18]

1.2. Häusliche Unterbringung der Durchführenden des Gottesdienstes

1.2.1. Pfarrer oder Geistliche der anderen Bekenntnisse

Einer domanialen Kirche oder einer für das öffentliche Bekenntnis anerkannten Kirche ist ein lokaler Ordinarius oder Diener des öffentlichen Bekenntnisses zugeordnet: der Pfarrpriester, Pastor oder Imam. Ihnen wird in der Regel ein Haus oder eine Wohnung zur Verfügung gestellt, die Eigentum der Gemeinde oder der Kirchenfabrik ist. Die Verwaltung (bauliche Instandhaltung, feste Infrastruktur wie Küche/Sanitär) unterliegt somit der Kirchenfabrik und in Flandern dem bereits erwähnten Kirchenvorstand auf Gemeindeebene.

---

17 DEBELKE, Het geld van de kerk (wie Anm. 1) 117–119.
18 Ebd., 123–125.

Die Amtswohnung ist nicht nur ein Wohnsitz. Sie soll auch zum Empfang der Gläubigen und als Sitz der Kirchenfabrik dienen, das heißt als Versammlungsort für den Kirchenvorstand, als Dienststelle der Kirchenvorsteher und als Aufbewahrungsort für das Archiv der Kirchenfabrik. Eine Neunutzung, sei es ganz oder teilweise, ist nur nach Rücksprache mit dem Bischof möglich; die Kirche besteht auf dem ausschließlichen Nutzungsrecht der Kirchenoberen (immer müssen zwei oder drei Räume für die Kirchenfabrik und den Durchführenden der Gottesdienste freigehalten werden, falls dieser nicht vor Ort wohnt).[19]

1.2.2. Bischöfe

Die Wohnung des Bischofs und die Möblierung des Bischofssitzes. Im 19. Jahrhundert sprach man in Analogie zum „Palais des Provinzgouverneurs" vom „bischöflichen Palais") und die bauliche Instandhaltung geht entsprechend der napoleonischen Regelung zu Lasten der Provinz. Das Gebäude befindet sich auch meistens im Besitz der Provinz oder gehört zum öffentlichen Eigentum. Diese gesamte Regelung für die Diözesen hat in Belgien große Konsequenzen für die Gründung neuer Bistümer, wie etwa 1962 des Bistums Antwerpen oder 1967 des Bistums Hasselt. Es ist dann Sache der Provinz, sowohl den Bischof als auch seine Verwaltung beziehungsweise Kurie häuslich unterzubringen, als auch für ein Priesterseminar zu sorgen. Sie werden verstehen, dass die Gründung eines neuen Bistums immer Gegenstand langwieriger Verhandlungen zwischen Kirche und weltlicher Obrigkeit ist.[20]

1.3. Geistliche: Gehälter

Wie bereits kurz angedeutet, gehen die Gehälter der Geistlichen der anerkannten Bekenntnisse in Belgien zu Lasten des Staathaushaltes.[21] Sie stehen auf der Gehaltsliste des föderalen Justizministeriums. Der Staat legt in Verhandlungen mit den anerkannten Bekenntnissen die Nomenklatur

---

19 DEBELKE, Het geld van de kerk (wie Anm. 1) 55–58.
20 Ebd., 119.
21 SAGESSER, Le financement public (wie Anm. 7) 96–97; DEBELKE, Het geld van de kerk (wie Anm. 1) 70–75.

zusammen mit den Gehältern, aber auch den Rahmen beziehungsweise die Zahl der Gehaltsempfänger fest.

Betrachten wir zunächst den Rahmen auf dem Schaubild. Im Jahr 2008 trug der Föderalstaat nach Zahlen folgende Gehälter:
katholische Geistliche, Priester und Laien: 3.062
protestantische Geistliche: 132
orthodoxe Priester: 48
anglikanische Priester: 12
jüdische Rabbiner: 35
Imame: 148
nichtkonfessionelle moralische Konsulenten: 294

Und auch kurz die Nomenklatur für 2008, es geht hier nicht um großartige Gehälter:

Erstens, Gebietsfunktionen
Moralischer Konsulent erster Klasse: 25.254,-- bis 37.550,-- Euro
Moralischer Konsulent: 20.500,-- bis 31.846,-- Euro
Pastor, römisch-katholisch: 20.113,-- Euro
Erster Prediger / Imam ersten Ranges: 18.862,-- Euro
Prediger / Kaplan / Imam zweiten Ranges: 15.840,-- Euro
Kapelan anderer Kirchen/Rabbiner: 14.397,-- Euro
Vikar, protestantisch / Diakon orthodox /
Imam dritten Ranges: 13.409,-- Euro

Zweitens, Leitungsfunktionen
Erzbischof, römisch-katholisch: 68.371,-- Euro (2009: 101.594,-- Euro)
Bischof, römisch-katholisch: 55.127,-- Euro (2009: 81.914,-- Euro)
Pfarrer und Kirchenvorsitzender, protestantisch / Generalsekretär Islam:
43.228,-- Euro
Metropolit / Erzbischof, orthodox / Großrabbiner von Belgien:
31.234,-- Euro
Moralischer Konsulent / Dienstleiter: 27.647,- bis 42.216,-- Euro
Generalvikar, römisch-katholisch: 20.418,-- Euro

Erzbischof, orthodox / Großrabbiner / Sekretär Muslim-Exekutive / Sekretär ARPEE: 15.840,-- Euro

2. Arbeitsmittel oder eigene Einkünfte

Aus dem vorhergehenden großen Punkt ist hoffentlich klar geworden, dass die öffentliche Hand einen Großteil der Gehälter der *territorialen* Seelsorge trägt. Aber auch ein Teil der *kategorialen* Seelsorge (das lesen wir in Punkt drei heraus) wird vom Staat subventioniert. Bleibt die Problematik der Arbeitskosten für die territoriale und zum Teil auch kategoriale Seelsorge. Die Kirche in Belgien trägt diese – regional (für die Pfarreien) wie überregional (für die Bistümer) – mittels eines Amalgams aus unterschiedlichen Einkünften, die ich hier kurz aufzählen möchte:
– Gelegentliche Einkünfte
Diverse Spenden und Schenkungen (wobei als Schenkung vermachte Immobilien immer noch verkauft werden müssen, um eine Wiederholung des Schreckgespensts der „toten Hand" zu vermeiden)
– Ethisch motivierte Gelder

Falls eine Pfarrei, ein Dekanat oder ein Bistum oder auch ein Orden oder eine Kongregation keine zivile Rechtsfähigkeit besitzt, arbeitet man seit 1921 bei der Verwaltung dieser Mittel nach den Bestimmungen für als gemeinnützig anerkannten Rechtskörperschaften (in Belgien „Gesellschaft ohne Erwerbszweck" – GoE – genannt). Interessant zu wissen ist, dass das Gesetz seinerzeit einen lang andauernden Konflikt in Bezug auf die Verwaltung kirchlicher Güter oder Eigentümer von Orden und Kongregationen bereinigt hat, teils als Dank für den loyalen Einsatz der Kirche für das Vaterland während des Ersten Weltkriegs. In jüngster Zeit wurde das Gesetz über die Gemeinnützigkeit – manche „Gesellschaften ohne Erwerbszweck" verwalten ein beträchtliches Vermögen – verschärft und die Gesellschaften müssen ihre jeweiligen Jahresbilanzen der Kanzlei des Handelsgerichts zur Kontrolle vorlegen.

Dennoch ist die Lage nicht sonderlich rosig. Besonders die Bistümer kämpfen mit strukturellen Defiziten in ihren Jahresbilanzen; Defizite, die sie nur tragen können, indem sie auf ihre (begrenzten) Reserven zurückgreifen. So macht das Erzbistum Mecheln-Brüssel Jahr für Jahr schwere

Verluste. Der konsolidierte Umsatz der acht belgischen Bistümer wurde (2006) von Geert Delbeke (*Trends*, 18. Mai 2006) auf anderthalb bis fünf Millionen Euro geschätzt. Davon gingen 125.000,-- € an den Heiligen Stuhl.[22]

3. Staatssubventionen für die intermediären Strukturen (Subsidiarität)

Zwar vermittelt der Überblick über die seelsorgerlichen Arbeitsmittel ein nicht so rosiges Bild, aber für die gesellschaftliche Aktivität der katholischen Kirche und die damit einhergehende kategoriale Seelsorge klingt das anders.

Belgien war ein versäultes Land. Obgleich seit den 1950er- und 1960er-Jahren die Entsäulung eingesetzt hat, änderte dies wenig oder nichts an der Mehrheitsposition, die die christlichen Gewerkschaften und Krankenversicherungen auf Gegenseitigkeit (jeweils 50 bis 60 Prozent Mitglieder in Flandern), die katholischen Jugendvereinigungen, die christlichen Krankenhäuser und Altenheime, das katholische Schulwesen (50 bis 70 Prozent der Schüler in Flandern) einnahmen. All diese Organisationen erhalten – nach und nach seit Ende des 19. Jahrhunderts eingeführt – für ihre Arbeit (Personal- und Arbeitsmittel) beträchtliche Staatszuschüsse, inklusive der Entlohnung der pastoral Verantwortlichen, der Schwestern in den Krankenhäusern oder der Schwestern und Priester, die als Lehrkräfte in den Schulen tätig sind. Auch die Gehälter der Lehrkräfte für den Religionsunterricht in den staatlichen oder katholischen Schulen werden bezuschusst.[23] Sie leisten aber auch viel Erwünschtes für die Gesellschaft.

Auch hier haben wir es also mit einer Form der indirekten Finanzierung der Kirche zu tun, und zwar vor allem wegen ihrer gesellschaftli-

---

22 DELBELKE, Het geld van de kerk (wie Anm. 1) 127–130.
23 SAGESSER, Le financement public (wie Anm. 7) 96–97; DEBELKE, Het geld van de kerk (wie Anm. 1) 163–178; DE MAEYER, J. / ABTS, K., Catholicisme et identités nationales et régionales en Belgique, in: TRANVOUEZ, La décomposition (wie Anm. 4), forthcoming; HUSSON, J.-F., Le financement public des cultes et de la laïcité en Belgique: quelques réflexions, http://www.cil.be/files/PC%209%20Le%20financement%20public%20des%20cultes%20et%20de%20la%20laicite%20en%20belgique%20JF%20Husson%202007.pdf, p. 17–18.

chen Dimension. Natürlich kommt dies der Position und der Arbeit der Kirche zugute. Ein Beispiel ist die Subventionierung, die der katholische Rundfunk- und Fernsehsender genießt (KTRO oder heute Braambos / oder Der Brennende Dornbusch genannt); sie beträgt an die 300 000 Euro pro Jahr.[24]

Dem muss noch hinzugefügt werden, dass Spenden an diese subventionierten, anerkannten Organisationen zudem steuerbefreit sind! Dies gilt in Belgien auch für die karitativen Hilfswerke und Solidaritätsfonds wie etwa die Adventskampagne Sozialfürsorge / Chancenarmut im eigenen Land (Adventscampagne Welzijnszorg (Kansarmoede in eigen land)), Brüderlich Teilen / Entwicklungszusammenarbeit mit der Dritten Welt (Broederlijk Delen (Ontwikkelingssamenwerking Derde Wereld)) sowie Caritas International / Katastrophenhilfe (Caritas Internationaal (Rampen)). Jeder dieser Fonds wirbt steuerfrei jährlich mehrere Millionen an Geldern ein, die auch die Spender von ihrer Lohn- oder Einkommensteuer absetzen können.[25]

4. Religiöse Einrichtungen

Strenggenommen gehören die religiösen Einrichtungen – Orden und Kongregationen – nicht in diesen Überblick. Sie werden als private Institutionen betrachtet und für sie und ihr Patrimonium gelten wie gesagt nach einem lang anhaltenden Konflikt im 19. Jahrhundert – der sogenannten „Klosterfrage" – dieselben Bestimmungen wie für anerkannte gemeinnützige Institutionen, in Belgien „Gesellschaft ohne Erwerbszweck" (GoE) genannt.[26] Ich erwähne sie dennoch, weil sie im Lauf des

---

24 DEBLEKE, Het geld van de kerk (wie Anm. 1) 166–167; HUSSON, J.-F., Le financement public des cultes et de la laïcité en Belgique: quelques réflections, http://www.cil.be/files/PC%209%20Le%20financement%20public%20des%20cultes20et%20de%20la%20laicite%20en%20belgique%20JF%20Husson%202007.pdf, p. 17–18.
25 DEBLEKE, Het geld van de kerk (wie Anm. 1) 168–173.
26 VAN DIJCK, M. et allii, ed., The Economics of Providence. Management, Finances and Patrimony of Religious Orders and Congregations in Europe, 1773-c 1930/L'économie de la Providence. La gestion, les finances et le Patrimoine des ordres et congrégations religieuses en Europe, 1773-vers 1930 (Leuven 2012) passim; DE MAEYER, J. / DEFERME, J., Caritas in Belgium: Retaining a vigorous presence by adapting and modernising? in: HENKELMANN, J. / KAMINSKY, K. (Hrsg.), Caritas und Diakonie im „goldenen Zeitalter" des bundesdeutschen Sozialstaats (Konfession und Gesellschaft 43, Stuttgart 2010) 255–282.

20. Jahrhunderts und besonders seit den 1950er-Jahren doch in die rechtskräftigen Systeme miteinbezogen wurden, wenn auch wiederum indirekt. Einige Beispiele: Klosterkirchen, in denen eine aktive lokale Seelsorge aufgebaut wurde, erhielten den Status einer Pfarrkirche mitsamt Kirchenfabrik, wodurch auch die Verwaltung des oft großen Gebäudes wieder unter staatliche Verantwortung fiel. Ordenspriester, die in den Pfarreien ein – anfangs teilzeitlich beschränktes Amt annahmen, erhielten ein staatliches Gehalt. Desgleichen Ordenspriester, die als Gefängnis- oder Militärgeistliche angestellt wurden. Und das stärkste Beispiel sind die Ordenslehr- oder Krankenpflegekräfte, die über die subventionierten Einrichtungen ein vollwertiges Gehalt bezogen – einschließlich des Eintritts in das soziale Sicherungssystem, inklusive Rentensystem.

Das besagt nicht, dass alles eitel Sonnenschein wäre. So wurden Ordensangehörige erst 1963 und damit 18 Jahre später als die anderen Lohnempfänger, aber zeitgleich mit den Selbständigen und Freiberuflern, in das soziale Sicherheitssystem miteinbezogen; Missionare erst seit 1973! Ein recht spätes Entgegenkommen, wenn man an den großen Einsatz in der belgischen Kolonie Kongo denkt (den späteren Mandatsgebieten Ruanda und Burundi). Dennoch nehmen sich die Zahlen beeindruckend aus: So wurden 1999 Rentengelder in Höhe von drei Millionen Euro an ehemalige Missionare ausbezahlt.[27]

5. Denkmalpflege

Im föderalisierten Belgien gelten religiöse Bauten – besonders in Flandern – als Gebäude von allgemeiner, kultureller Bedeutsamkeit. Oft sind sie buchstäblich oder im übertragenen Sinne herausragend und bestimmen das Gesicht eines Dorfes oder Stadtviertels. Soziologische Studien haben ergeben, dass Gläubige wie Nichtgläubige den Erhalt und die gute Betreuung dieses Schatzes an Kirchengebäuden für wichtig erachten. Sie werden als zur kulturellen Identität des Landes gehörig betrachtet, oder stärker noch: als bestimmend für die kulturelle Identität des Landes.

So kommt es, dass in Flandern annähernd die Hälfte der Pfarrkirchen unter Denkmalschutz steht. Die Datenbank der Agentur für das Unbewegliche Kulturerbe in Flandern besagt, dass bis 2012 die 2803 kirchli-

---

27 DEBELKE, Het geld van de kerk (wie Anm. 1) 225–230.

chen Gebäude (Pfarrkirchen, Kapellen, Klostergebäude, monumentale Kreuzwegstationen usw.) unter Denkmalschutz gestellt sind. Im letzten Jahrzehnt gab es eine Erweiterung, indem man auch neogotische Kirchen sowie Kirchen des 20. Jahrhunderts einschließlich der Kirchenarchitektur aus den 1950er- und 1960er-Jahren registriert und dahingehend erforscht hat, ob sie für den Denkmalschutz in Frage kamen.

Die drei Regionen betreiben eine aktive Denkmalschutzpolitik. Weiter oben habe ich schon die diesbezüglichen Argumente aufgeführt. Nimmt man verstärkend das Phänomen des Kulturtourismus hinzu, so lässt sich erklären, dass in Flandern im Jahr 2008 – ohne Murren – 45 Prozent oder 12,5 Millionen Euro des Budgets für Denkmalpflege und Restaurierungen in Kirchenbauten geflossen sind.[28]

Das beschränkt sich jedoch nicht auf das unbewegliche Kulturerbe. Die verschiedenen staatlichen Regierungs- und Verwaltungsebenen (Gemeinden, Provinzen, Regionen) führen auch eine aktive Politik in Bezug auf den Erhalt und die Pflege des beweglichen religiösen Kulturerbes. Auf landesweitem (nationalem) Niveau anerkennt und subventioniert die Flämische Gemeinschaft ein Expertisezentrum wie das Zentrum für Religiöse Kunst und Kultur (CRKC; Centrum voor Religieuze Kunst en Cultuur) und das KADOC-KU Leuven, also das Dokumentations- und Forschungszentrum für Religion, Kultur und Gesellschaft an der Universität Löwen, als zentrale Sammelstelle für Archive und Bibliotheken des kulturellen Erbes.[29]

Schluss

Was können wir nun aus einer vergleichenden europäischen Perspektive heraus schlussfolgern?

Mehr natürlich als die Feststellung, dass die Kirchenfinanzierung in Belgien eine komplexe und gewiss differenzierte Angelegenheit ist und sich vom Prinzip der Trennung zwischen Religionen und Staat her betrachtet in einer doch recht konfusen Grauzone bewegt.

---

28 DEBELKE, Het geld van de kerk (wie Anm. 1) 238–240; HUSSON, J.-F., Le financement public des cultes et de la laïcité en Belgique: quelques réflections, http://www.cil.be/files/PC%209%20Le%20financement%20public%20des%20cultes%20et%20de%20la%20laicite%20en%20belgique%20JF%20Husson202007.pdf, p. 17–18.
29 www.crkc.be; www.kadoc.be

Doch es lassen sich noch weitere Schlüsse ziehen. Faktisch ist die Kirche in Belgien wenig Herrin über ihre Finanzierung. Mehr noch, durch die große Bedeutung und Tragweite der indirekten Kirchenfinanzierung ist die belgische Kirche für ihr Funktionieren größtenteils vom guten Willen der staatlichen Autoritäten abhängig. Es ist der Staat, der die Nomenklatur und den Rahmen für die Gehälter des territorialen Klerus bestimmt: Ein unwilliger Gemeinderat kann jahrelang die Renovierung einer Kirche oder eines Pfarrhauses verhindern; eine querköpfige Provinzverwaltung kann einen Bischof jahrelang auf die Einrichtung des Priesterseminars warten lassen. Es ist ein fortwährendes Verhandeln.

Faktisch hat die Kirche Belgiens im Vergleich mit den anderen Kirchenprovinzen in Europa weniger Spielräume für eine eigene Politik.

Hinzu kommt ein weiteres Phänomen. Die Gläubigen sind es gewohnt, dass der Staat die Kosten für den Gottesdienst trägt. Das heißt nicht, dass es keinen Einsatz der Gläubigen gäbe und keine Tausenden von Ehrenamtlichen. Aber die Gläubigen tragen nicht die finanziellen Lasten und fühlen sich dazu mental auch nicht angesprochen. Die Erträge der Kollekten für die Arbeit der Kirche sind rundum enttäuschend (in Gegensatz zu denen für Solidaritätsaktionen oder Notfonds). Genau diese Mentalität – nachdem in Belgien so ungefähr alles subventioniert wird – ist ein bedeutsames Hindernis, sich von dem skizzierten napoleonischen System zu verabschieden. Die Einführung etwa einer Kirchensteuer oder des italienischen Systems der 8 Promille wäre – sofern nicht von der zivilen Lohn- und Einkommenssteuer absetzbar – für die Kirchen katastrophal, besonders seit auch die Säkularisierung um sich greift. Faktisch sind Kirche und Glaubensgemeinschaft in Belgien – selbst Geschichtsstudenten wissen kaum mehr, welche Bewandtnis es damit hat – durch die beständige Fortführung des napoleonischen Systems in den Schlaf gewiegt worden. Dies im Gegensatz zu Kader und Mitgliedschaft der anderen anerkannten Bekenntnisse im Land, die jünger und kämpferischer sind und seit längerer Zeit gewohnt, sich selbst finanzieren zu müssen. Sie würden bei der Einführung einer Kirchensteuer oder des italienischen Systems – das gilt etwa für die protestantische oder moslemische Seite – vielleicht einen Vorteil herausholen.

Dennoch gerät das jetzige System zunehmend unter Druck. Wie schon in der Einleitung geschrieben, wächst die Kritik. Aber vorläufig schieben alle betroffenen Spieler die Sache noch vor sich her. Manchmal habe ich den Eindruck, dass man so lange warten will, wie der Hase läuft, bis es zu einer einheitlichen europäischen Regelung kommt. Allein schon deswegen ist eine vergleichende Publikation wie diese so wichtig!

Die Kirchensteuer in Deutschland – Vorbild oder Auslaufmodell?

Gerhard Hartmann

I. Die Entstehung der Kirchensteuer vor dem Ersten Weltkrieg

Vor den politischen Umbrüchen des Jahres 1789 besaßen die Kirchen, insbesondere die katholische, genügend Eigenmittel, vor allem an Grund und Boden, um sich selber finanzieren zu können. Die reichsständischen katholischen Bistümer waren bis 1803 auch Gliedstaaten (Kur-, Erz- und Hochstifte) des 1806 untergegangenen Heiligen Römischen Reiches und verfügten daher aufgrund ihrer landeshoheitlichen Stellung eo ipso über eine Eigenfinanzierung. Mit der Säkularisation des Jahres 1803 verlor die deutsche katholische Kirche vor allem im nicht habsburgischen Bereich weitgehend ihre finanzielle Unabhängigkeit.[1]

Die damaligen weltlichen Reichsfürsten, später Bundesfürsten des Deutschen Bundes, unterschiedlicher Konfession, nun im Besitz eines beträchtlichen, ehemaligen Kirchenvermögens, mussten nun, wenn nicht andere Verpflichtungen (etwa Patronatsrechte), Vermögen und Möglichkeiten vorhanden waren, für die Finanzierung der Kirchen aufkommen. Zur Gänze betraf dies auf jeden Fall den Unterhalt des Bischofs, seiner Kurie, des Domkapitels und der Domkirche. Das bayerische Konkordat von 1817, die konkordatären Vereinbarungen mit den Königreichen Preußen (1821) und Hannover (1824) sowie mit den oberrheinischen Vertragsstaaten (1827) regelten u. a. teilweise diese Dotationen.

Die betreffenden Staaten versuchten wiederum relativ bald, diese finanziellen Verpflichtungen zu mindern, wenn nicht gar ganz los zu werden. Dies geschah ab 1827 sukzessive durch die Einführung einer Kir-

---

1 Allgemein zum Thema Kirchensteuer in Deutschland und deren Geschichte: Gerhard HARTMANN, Geschichte und Praxis der Kirchensteuer in Deutschland. *Geschichte und Gegenwart* 15 (1996) 67–85.

chensteuer – zuerst vor allem in protestantischen Bundesstaaten. Durch eine solche hatten nun die Mitglieder selber für den Unterhalt ihrer Kirche aufzukommen.[2]

Die sich damals entwickelnden Bestimmungen lassen bereits die dann seit 1919 geltende verfassungsrechtliche Lösung in Deutschland erkennen. Beispielhaft sei die Situation in Preußen kurz angemerkt, dem größten Gliedstaat des Deutschen Bundes außerhalb Österreichs bzw. dann des Wilhelminischen Deutschen Reiches. Dort gab es dazu im Verlauf von rund 100 Jahren mehrere Gesetze, letztmalig im Jahr 1905.[3]

In diesem wurde das Recht der einzelnen Kirchengemeinden (Pfarreien) normiert, Steuern zu erheben, wenn die sonstigen Mittel nicht ausreichen. Diese besaßen die Steuerhoheit (§ 1). Steuerpflichtig waren alle Katholiken, die in der betreffenden Kirchengemeinde ihren Wohnsitz hatten (§ 2). Die Kirchensteuer wurde in Form von Zuschlägen zur Einkommen- und Grundsteuer erhoben (§ 11). Den Kirchenvorständen mussten von den zuständigen staatlichen Behörden die in der Kirchengemeinde wohnhaften Mitglieder sowie deren Einkommensteuer mitgeteilt werden (§ 18). Eine Zwangsvollstreckung erfolgte im Wege eines Verwaltungszwangverfahrens durch staatliche Vollstreckungsbehörden (§ 20).

Diesem Gesetz folgte 1906 das „Gesetz betreffend die Erhebung von Abgaben für kirchliche Bedürfnisse der Diözesen der katholischen Kirche in Preußen".[4] Zur Bestreitung von Diözesanbedürfnissen konnte die bi-

---

2 Siehe dazu A. FÖRSTER, Die Preußische Gesetzgebung über die Vermögensverwaltung in den katholischen Kirchengemeinden und Diözesen. Mit Anmerkungen und Sachregister (Berlin ²1907); Friedrich GIESE, Deutsches Kirchensteuerrecht. Grundzüge und Grundsätze des in den deutschen Staaten für die evangelischen Landeskirchen und für die katholische Kirche gültigen kirchlichen Steuerrechts (Kirchenrechtliche Abhandlungen 69. bis 71. Heft, Stuttgart 1910, Nachdr. Amsterdam 1965).
3 „Gesetz betreffend die Erhebung von Kirchensteuern in den katholischen Kirchengemeinden und Gesamtverbänden" vom 14. Juli 1905 (Preußische Gesetzes-Sammlung, 1905). Dazu siehe auch Ernst Rudolf HUBER / Wolfgang HUBER, Staat und Kirche im 19. und 20. Jahrhundert. Dokumente zur Geschichte des deutschen Staatskirchenrechts 2: Staat und Kirche im Zeitalter des Hochkonstitutionalismus und des Kulturkampfes 1848–1890 (Berlin 1976) 655–658; Erwin GATZ, Auf dem Weg zur Kirchensteuer. Kirchliche Finanzierungsprobleme in Preußen an der Wende zum 20. Jahrhundert, in: Römische Kurie. Kirchliche Finanzen. Vatikanisches Archiv. Studien zu Ehren von Hermann Hohberg 1, hg. von Erwin GATZ (Miscellanea Historiae Pontificiae 45, Rom 1979) 249–262.
4 Preußische Gesetzes-Sammlung (1906) 105.

schöfliche Behörde einen Fonds errichten, in den eine Umlage von bis zu drei Prozent der von den katholischen Gemeindemitgliedern zu zahlenden Einkommensteuer erhoben werden darf. Damit wurden praktisch zwei Kirchensteuern eingehoben, nämlich eine von der Kirchengemeinde und eine vom Bistum, wobei letztere begrenzt war.

In den übrigen deutschen Bundesstaaten hat sich ein ähnliches System herausgebildet. Ein detailliertes Eingehen darauf würde den Rahmen sprengen.

II. Die Kirchenartikel der Weimarer Reichsverfassung (WRV)

Infolge der Novemberrevolution von 1918 musste die staatliche Verfassungsordnung in Deutschland neu geregelt werden. Dazu gehörten auch die Grundrechte auf dem Gebiet der religiösen Verhältnisse. Im wilhelminischen Deutschland lag diese Kompetenz bei den Bundesstaaten. Aufgrund des Ergebnisses der Wahlen vom 19. Januar 1919 wurde die sog. „Weimarer Koalition" aus SPD, Zentrum und DDP gebildet. Somit war ein Kompromiss der Koalitionsparteien in der Verfassungsfrage notwendig.[5]

Die beiden Großkirchen waren sich in der Verfolgung des Zieles, die vier „wirtschaftlichen Grundrechte" durch die Verfassung gesichert zu sehen, einig. Diese waren bzw. sind:
1. Die Zuerkennung des Status' einer Körperschaft des öffentlichen Rechts.
2. Das Kirchensteuerrecht.
3. Die Garantie des kirchlichen Vermögens.
4. Der Fortbestand der Staatsleistungen.

Im März 1919 verständigten sich einerseits die vier bürgerlichen Parteien (Zentrum, DNVP, DDP, DVP, zusammen 232 Mandate) in der Kirchen-Verfassungsfrage zu einem einheitlichen Vorgehen. Andererseits rückten

---

5 Über die Verfassungsdiskussion hinsichtlich der Kirchenartikel siehe Ernst Rudolf HUBER / Wolfgang HUBER, Staat und Kirche (wie Anm. 3) 4: Staat und Kirche im 19. und 20. Jahrhundert. Bd. 4, Staat und Kirche in der Zeit der Weimarer Republik (Berlin 1988) 107–135.

die Sozialdemokraten von dem Konzept einer radikalen Trennung zwischen Kirche und Staat ab, und es kam nun zu einem Entwurf, der neben den üblichen Bestimmungen auch weitreichende Regelungen über die Rechtsstellung der Kirchen vorsah. Am 11. August 1919 wurde dann die Weimarer Reichsverfassung (WRV) beschlossen. In den Art. 135 bis 141 (den Kirchenartikeln) wurden die Bestimmungen über Religion und Religionsgesellschaften geregelt.

In den Beratungen des Parlamentarischen Rates der westalliierten Zonen der Jahre 1948/49 zur Formulierung eines Grundgesetzes (GG) fanden Vorschläge, die die Beziehung zwischen Staat und Kirche neu regeln sollten, keine Mehrheit. Mit Art. 140 GG hat der Verfassungsgesetzgeber auf eine eigenständige Formulierung der staatskirchenrechtlichen Bestimmungen verzichtet. Er lautet: „Die Bestimmungen der Artikel 136, 137, 138, 139 und 141 der deutschen Verfassung vom 11. August 1919 sind Bestandteile dieses Grundgesetzes."[6] Damit wurden die Kirchenartikel der WRV Bestandteil des Bonner GG und sind somit weiterhin gültige Bestimmungen im Verfassungsrang.[7]

In der Folge werden zwei dieser Artikel, nämlich die Kirchensteuer und die sog. Staatsleistungen, behandelt.

A. Die Kirchensteuer

Art. 137 Abs. 6 WRV lautet: „Die Religionsgesellschaften, welche Körperschaften des öffentlichen Rechtes sind, sind berechtigt, auf Grund der bürgerlichen Steuerlisten nach Maßgabe der landesrechtlichen Bestimmungen Steuern zu erheben."

Während die Steuerhoheit bis 1918 ausschließlich bei den einzelnen Bundesstaaten lag, wurde diese nun zentralisiert bzw. teilweise eine ge-

---

6 Der Art. 135 WRV handelt über die Glaubens- und Gewissensfreiheit, die dann in Art. 4 GG geregelt wurde, und brauchte daher in Art. 140 GG nicht transferiert werden.
7 Wesentlicher Betreiber der Übername der Kirchenartikel war der stellvertretende CDU/CSU-Fraktionsvorsitzende im Parlamentarischen Rat Adolf Süsterhenn. Er war einer der prononciertesten Katholiken der frühen Bundesrepublik und später Kultus- bzw. Justizminister in Rheinland-Pfalz. Siehe Christoph von HEHL, Adolf Süsterhenn (1905–1974). Verfassungsvater, Weltanschauungspolitiker, Föderalist (Düsseldorf 2012). Siehe dazu die Besprechung. *Frankfurter Allgemeine*, 15. 10. 2012, 9.

meinsame Angelegenheit von Reich und Ländern. Sie fand nun, ausgehend von der WRV, durch die Reichsabgabenordnung (RAO) vom 13. Dezember 1919 erstmalig eine Regelung.[8] Darin wird in § 19 Abs. 2 u. a. festgehalten: „Auf Antrag der zuständigen Stellen hat der Reichsminister der Finanzen den Landesfinanzämtern ... ferner die Verwaltung anderer öffentlich-rechtlicher Abgaben, insbesondere der von Kirchensteuern zu übertragen."

Das Landessteuergesetz vom März 1920, das war ein Reichsgesetz, das den Rahmen für die Landessteuergesetzgebung vorgab, klärte in § 15 Abs. 1 die rechtliche Voraussetzung dafür, dass die Kirchensteuer als Annexsteuer zu Reichsteuern zu erheben ist.[9]

Die Kirchensteuer wurde in der Folge auch konkordatär abgesichert. So wurde erstmals in Art. 10 § 5 des Bayerischen Konkordats vom 29. März 1924 vereinbart, dass die Kirche aufgrund der bürgerlichen Steuerlisten Umlagen erheben darf. Das Reichskonkordat vom 20. Juli 1933 gewährleistet im Schlussprotokoll zu Art. 13 das kirchliche Besteuerungsrecht.

Damit ist die in Deutschland geltende Kirchensteuer nicht nur verfassungs-, sondern für die katholische Kirche auch völkerrechtlich abgesichert. Sie steht jeder Kirche bzw. Religionsgesellschaft zu, die den Status einer Körperschaft des öffentlichen Rechts erhalten hat. Zunehmend wird auch Weltanschauungsgemeinschaften der Status einer Körperschaft des öffentlichen Rechts verliehen. So etwa der Humanistischen Union Niedersachsen oder dem Bund für Geistesfreiheit Bayern.

Der nationalsozialistische Staat tendierte im Rahmen seiner Bekämpfung der Religion zur Abschaffung der Kirchensteuer. Im „Altreich" wurde die staatliche Verwaltung der Kirchensteuer abgeschwächt. Es waren dies allerdings nur verwaltungstechnische Versuche, die Kirchensteuer zu behindern. Die Kirchensteuer als solche blieb aber während der ganzen NS-Zeit für das Gebiet des Deutschen Reiches in den Grenzen vom 31. Dezember 1937 („Altreich") im Prinzip unverkürzt bestehen.[10]

---

8 RGBl. (1919) 1993.
9 RGBl. (1920) 402.
10 Siehe dazu Friedrich HARTMANNSGRUBER, Die Kirchensteuer unter dem Nationalsozialismus. Reformen, Revisionen und verfehltes Ziel, in: Religiöse Prägung und poli-

Was allerdings nach einem „Endsieg" geschehen wäre, bleibt im Reich der Spekulation. Möglicherweise gibt die Lösung für das „Land Österreich" („Ostmark") im Jahr 1939 einen Hinweis.[11]

Hitler selber war rechtlich gesehen immer Mitglied der katholischen Kirche und zahlte nachweislich bis für das Jahr 1933 Kirchensteuer. Er brauchte ab dem Jahr 1934 keine Einkommensteuererklärung mehr abgeben und zahlte keine Einkommen- sowie Kirchensteuer mehr. Am 15. März 1935 wurde er daher aber aus den Akten des Finanzamtes München-Ost als Steuerzahler getilgt.

Das gegenwärtige deutsche Kirchensteuerrecht nach Art. 137 Abs. 6 WRV i. d. F. Art. 140 GG lässt sich folgendermaßen kommentieren:[12]

---

tische Ordnung in der Neuzeit. Festschrift für Winfried Becker zum 65. Geburtstag, hg. von Bernhard LÖFFLER / Karsten RUPPERT (Köln 2006) 441–482.

11 Siehe dazu Maximilian LIEBMANN, Theodor Innitzer und der Anschluß. Österreichs Kirche 1938 (Grazer Beiträge zur Theologiegeschichte und kirchlichen Zeitgeschichte 3, Graz 1988) 209f.

12 Wenn nicht anders angemerkt wird HARTMANN, Geschichte und Praxis der Kirchensteuer (wie Anm. 1) gefolgt. Hier finden sich auch Literaturangaben bis 1996. Siehe dazu auch Ansgar HENSE, Grundlinien der Kirchenfinanzierung in Deutschland. Kirchensteuer und so genannte Staatsleistungen, in: Entwetlichung der Kirche? Die Freiburger Rede des Papstes, hg. von Jürgen ERBACHER (Freiburg/Br. 2012) 240–258; Aktuelle Rechtsfragen der Kirchensteuer, hg. von Dieter BIRK / Dirk EHLERS (Münstersche Beiträge zur Rechtswissenschaft Neue Folge 16, Baden-Baden 2012); Stefan MUCKEL, in: Berliner Kommentar zum Grundgesetz, hgg. von Karl Heinrich FRIAUF / Wolfram HÖFLING. Loseblattwerk (Köln). Kommentar zu Art. 140 (33. Erg. Lfg. 2011) Art. 140 Rdn. 61; Karl-Hermann KÄSTNER, in: Bonner Kommentar zum Grundgesetz, hg. von Rudolf DOLZER u. a. Loseblattwerk (Tübingen), Kommentar zu Art. 140 (Drittbearbeitung 2010), Rdn. 331, 318ff.; Kommentar zum Grundgesetz, begründet von Hermann von MANGOLDT, fortgeführt von Friedrich KLEIN. Band 3: Artikel 83–146, hg. von Christian STARCK (Münster vollständig neubearbeitet ^{6}2010) 2312–2333 (verfasst von Axel von CAMPENHAUSEN / Peter UNRUH); Sabine DEMEL, Handbuch Kirchenrecht. Grundbegriffe für Studium und Praxis (Freiburg/Br. 2010) 362–382; Peter UNRUH, Religionsverfassungsrecht (Baden-Baden 2009) 181f.; Axel Frhr. von CAMPENHAUSEN / Heinrich de WALL, Staatskirchenrecht. Eine systematische Darstellung des Religionsverfassungsrechts in Deutschland und Europa (München 2006) 226f.; Felix HAMMER, Rechtsfragen der Kirchensteuer (Jus Ecclesiasticum 66, Tübingen 2002); Ute SUHRBIER-HAHN, Das Kirchensteuerrecht. Eine systematische Darstellung (Stuttgart 1999); Paul KIRCHHOF, Die Kirchensteuer im System des deutschen Staatsrechts, in: Kirchensteuer. Notwendigkeit und Problematik, hg. von Friedrich FAHR (Regensburg 1996) 53–82.

1. Die Kirchensteuern sind im Sinne der Abgabenordnung von 1976 § 3 Z. I echte Steuern, also eine öffentlich-rechtliche Abgabe, und keine „Vereinsbeiträge".[13] Mit der Verfassungsbestimmung des Art. 137 Abs. 6 WRV i. d. F. Art. 140 GG wird eine gemeinsame Angelegenheit zwischen Staat und Kirche geschaffen. Diese Verfassungsgarantie begründet „eine Ertragsgemeinschaft, einen Rechtsetzungsverbund, eine Verwaltungs-Gemeinschaftsaufgabe und ein gemeinsames Angewiesensein auf das individualrechtliche und gesamtwirtschaftliche Einkommen".[14]

2. Der Staat bestimmt die Voraussetzungen, Grundlagen, die möglichen Kirchensteuerarten und die Formen der Eintreibungsmöglichkeiten, etwa die Zurverfügungstellung seines Apparates, und das Rechtsmittelverfahren. Die Kirchen legen hingegen fest, wer kirchensteuerpflichtig und wie hoch die Steuer ist. Das Kirchensteuerrecht ist daher eine gemeinsame Angelegenheit von Staat und Kirche.

3. Steuergläubiger ist im Gegensatz zum Zustand in Preußen vor 1918 nicht mehr die Kirchengemeinde (Pfarrei), sondern allein die Diözese (bzw. die Landeskirche bei den Protestanten).

4. Steuerschuldner sind die Mitglieder der betreffenden Kirche. Wer diese sind, liegt zwar eindeutig in der Definitionskompetenz der Kirche. Jedoch ist aber ein sog. partieller Kirchenaustritt nicht möglich, wenn jemand seinen Austritt aus der Kirche lediglich in ihrer Eigenschaft als kirchensteuerberechtigter öffentlich-rechtlicher Körperschaft erklärt und sich ausdrücklich seine Zugehörigkeit zur Kirche als Glaubensgemeinschaft vorbehält. Dazu noch Näheres unten.

---

13 „Steuern sind Geldleistungen, die nicht eine Gegenleistung für eine besondere Leistung darstellen und von einem öffentlich-rechtlichen Gemeinwesen zur Erzielung von Einnahmen allen auferlegt werden, bei denen der Tatbestand zutrifft, an den das Gesetz die Leistungspflicht knüpft; die Erzielung von Einnahmen kann Nebenzweck sein." Abgabenordnung (AO) in der Fassung der Bekanntmachung vom 1. 10. 2002 (BGBl. I S. 3866; 2003 I S. 61), die zuletzt durch Artikel 9 des Gesetzes vom 21. 7. 2012 (BGBl. I S. 1566) geändert worden ist.
14 KIRCHHOF, Die Kirchensteuer im System (wie Anm. 12) 68.

5. Als Bemessungsgrundlage für die Kirchensteuer dienen die staatliche Einkommen- bzw. Lohnsteuer sowie auch die Abgeltungssteuer für Zinserträge, die ja ein Einkommen darstellen, jedoch nicht immer bei der Einkommensteuererklärung Berücksichtigung finden. Die Kirchensteuer wird daher derzeit als acht- bis neunprozentiger Zuschlag zu diesen Steuern erhoben (acht Prozent in Bayern und Baden-Württemberg, sonst neun Prozent). Die Koppelung mit der Einkommensteuer hat den eminenten Vorteil, dass der Kirchensteuer eo ipso Gerechtigkeit anhaftet – sofern man dem deutschen Steuersystem diesen Status zubilligt. Denn die zu erhebende Steuer nimmt ja auf die Leistungsfähigkeit der Einzelnen Rücksicht.[15] Auch werden die Kirchen von einer „eigenen Steuerpolitik"[16] entlastet. „Die Teilhabe des Kirchensteuerrechts an der Verbindlichkeit des staatlichen Rechts sichert dem Kirchensteuerpflichtigen die Errungenschaften moderner Rechtsstaatlichkeit".[17]

Diese Koppelung kann aber den Nachteil haben, dass die Kirchen in die gesellschaftspolitisch relevante Steuergesetzgebung hineingezogen werden.[18] Steuerreformen, etwa die Senkung des Eingangssteuersatzes oder die Anhebung des Existenzminimums bzw. des Grundfreibetrags, führen für beide Kirchen zu – allerdings vorübergehenden – Einnahmeverlusten. Allerdings profitieren die Kirchen auch bei einem Wirtschaftsaufschwung durch ein höheres Steueraufkommen, wie es 2011 und auch im ersten Halbjahr 2012 der Fall war.

Ebenso gibt es allgemein (nicht nur in Deutschland) einen subtilen Trend weg von den direkten Steuern, also der Einkommensteuer, hin zu den indirekten, etwa den Verbrauchssteuern oder der Mehrwertsteuer. Dies führte zu gelegentlichen Diskussionen, ob auch andere Bemessungsgrundlagen für die Kirchensteuer herangezogen werden sollen.[19] Allerdings gibt es wegen der individuellen Zumessung kaum einen anderen Weg als die direkten, d. h. personenbezogenen Steuern.

---

15 Siehe dazu KIRCHOF, Die Kirchensteuer im System (wie Anm. 12) 66f.
16 HENSE, Grundlinien der Kirchenfinanzierung (wie Anm. 12) 246.
17 KIRCHOF, Die Kirchensteuer im System (wie Anm. 12) 63.
18 In diesem Zusammenhang: Es wären z. B. verschiedene Abschreibungs- und Verlustzuweisungsgesellschaften kaum Gegenstand einer eigenen Kirchensteuerordnung.
19 Siehe z. B. Ulrich RUH, Auf dem Prüfstand. Wie geht es weiter mit der Kirchensteuer? *Herder Korrespondenz* 52 (1999) 337–340.

Auch fällt durch verschiedene steuerliche Vorteile und die Anhebung des steuerfreien Existenzminimums ein immer größer werdender Bevölkerungsteil gänzlich aus der Einkommen- und damit Kirchensteuerpflicht. Daher zahlt nur etwa ein Drittel der Katholiken (inkl. Kinder, Studenten, Rentner, Arbeitslose etc.) Kirchensteuer. Übrigens zahlen in Deutschland auch nicht viel mehr Lohn- und Einkommensteuer.

Allerdings darf nach dem deutschen Steuerrechtsexperten und ehemaligen Verfassungsrichter Paul Kirchhof, der dem katholischen Milieu entstammt, der Staat aufgrund des oben in Pkt. 1 erwähnten Grundsatzes „sein Einkommensteuerrecht nicht allein nach seinen Bedürfnissen fortbilden, sondern ist zu einem schonenden Ausgleich zwischen staatlichen und kirchlichen Anforderungen an die Einkommensteuer verpflichtet."[20] Oder anders ausgedrückt: Das staatliche Steuersystem darf zum Nachteil der Einkommensteuer den Anteil der indirekten Steuern (z. B. Mehrwertsteuer) nicht derart erhöhen, so dass es zu einem einschneidenden Rückgang der Kirchensteuererträge kommt.

Andererseits verstärkt aber dieses Zuschlagssystem eminent auch die Progression. Beide Extreme haben die Kirchen zu entschärfen versucht. In einigen Diözesen und Landeskirchen kann bei sehr hohen Einkommen der Zuschlag auf drei Prozent begrenzt werden. Für jene, die durch den Rost der steuerlichen Erfassung gerutscht sind, wurde das sog. Kirchgeld eingeführt, eine Art Mindestkirchensteuer mit einem eigenen Tarif für jeden Kirchenangehörigen.

In verschiedenen Bundesländern werden von der errechneten Kirchensteuer Kinderabschläge (bis zu 150 € Abzug pro Kind) vorgenommen, was eine zusätzliche Kinderbegünstigung ergibt.

Ebenso besteht in Deutschland eine unterschiedliche Besteuerung von Renten und Pensionen. Beamtenpensionen unterliegen der Steuerpflicht, die gesetzlichen Renten der Angestellten und Arbeiter aber auch private Renten wurden bis 2004 nur mit dem Ertragsteil (27 Prozent der Rente) besteuert, weil die Beiträge zur gesetzlichen Rentenversicherung nur zu einem geringen Teil als Sonderausgaben geltend gemacht werden konnten bzw. können. Ab 2005 wird sukzessive bis 2040 wie in Österreich auf die nachgelagerte Besteuerung umgestellt. Ab diesem Zeitpunkt werden

---

20 KIRCHOF, Die Kirchensteuer im System (wie Anm. 12) 69.

dann die Renten voll besteuert. Parallel dazu wird die steuerliche Absetzbarkeit der Beiträge zur Rentenversicherung angehoben.

In Deutschland beschränkt Steuerpflichtige, die keinen ordentlichen Wohnsitz in der Bundesrepublik haben, sind nicht kirchensteuerpflichtig, weil sie ja nicht „Mitglied" eines dortigen Bistums sind. Wenn jemand im Ausland wohnt und z. B. eine deutsche Rente bezieht, die ab 2005, wie erwähnt, einer zunehmenden Besteuerung unterliegt, dann wird keine Kirchensteuer abgezogen.

Im Jahr 2012 wurden für die katholische Kirche ca. 5,2 Milliarden €, für die evangelische Kirche 4,6 Milliarden € an Kirchensteuer eingehoben. Für danach gibt es noch keine abschließenden Zahlen, die Beträge dürften aber gestiegen sein.

6. Grundlage für die Erhebung der Kirchensteuer ist der Kirchensteuerbeschluss, worin das dafür zuständige kirchliche Organ (z. B. Kirchensteuerrat einer Diözese) den Finanzbedarf feststellt und den Kirchensteuersatz festsetzt. Dieser Beschluss bedarf der staatlichen Genehmigung (z. B. Nordrhein-Westfalen) oder Anerkennung (z. B. Bayern). Dies hat lediglich eine formalrechtliche Bedeutung, ein materielles Recht in diese Frage steht dem Staat nicht zu.

7. Grundsätzlich unterliegt die Kirchensteuer als einer kirchlichen Abgabe der Verwaltung der Kirche. Die Reichsabgabenordnung von 1919 sowie die dieser folgenden Landesgesetze haben die Möglichkeit geboten, gegen ein Entgelt (meist drei Prozent) die Kirchensteuer durch die staatliche Finanzverwaltung eintreiben zu lassen. Dieses Angebot haben nach und nach alle Kirchen, besonders nach 1945, angenommen.

Im Jahr 1920 wurde das Lohnsteuerabzugsverfahren durch den Arbeitgeber eingeführt. Durch eine gesetzliche Regelung aus dem Jahr 1934 wurde die Einhebung der Kirchensteuer im Rahmen des Lohnsteuerabzugverfahrens zum Zweck der Vereinfachung durch den Arbeitgeber ermöglicht.[21]

---

21 HARTMANNSGRUBER, Die Kirchensteuer unter dem Nationalsozialismus (wie Anm. 10) 459f.

Nach dem Zweiten Weltkrieg haben alle Bundesländer ein solches Abzugverfahren bei der Kirchensteuer eingeführt. In Bayern gibt es noch eigene katholische Kirchensteuerämter, die jedoch nur für Personen zuständig sind, die lediglich ein Einkommen aus selbständiger Arbeit beziehen (also Gewerbetreibende. Freiberufler, Landwirte etc.).

Die Kirchensteuereinhebung durch das Finanzamt bzw. im Lohnsteuerabzugverfahren verleitet – meist aus Unkenntnis des Sachverhalts – gelegentlich zu Kritik, doch haben letztlich ökonomische Überlegungen immer noch die Oberhand behalten: Für beide Teile (Staat und Kirche) ist der Verwaltungsaufwand bei weitem geringer. Würden, wie vor 1918, eigene Kirchensteuerämter zur Gänze die Kirchensteuer eintreiben, so entstünde nicht nur für die Kirchen ein beträchtlicher Personal- und Sachaufwand (siehe Österreich), auch auf die staatliche Finanzverwaltung käme ein größerer Verwaltungsaufwand zu, denn die Finanzämter müssten aufgrund der Verfassungsbestimmungen den Kirchensteuerämtern namensbezogen die Ergebnisse der jeweiligen Steuerbescheide zur Kenntnis bringen. Ob dies aus Gründen des Datenschutzes opportun wäre, stünde auf einem anderen Blatt. Auf jeden Fall wird in der gegenwärtigen Praxis das Steuergeheimnis auf jeden Fall gewahrt. Der Staat hat damit – von der EDV begünstigt – auch kaum zusätzliche Arbeit und verdient als Dienstleister noch etwas dazu.

Es gibt Stimmen, die behaupten, der Staat verdiene dabei zu viel. Bei den genannten ca. 5 Milliarden € katholischen Kirchensteueraufkommens wären das in diesem Fall rd. 150 Mio. €. Mit der evangelischen und den anderen Kirchen sind das zusammen rd. 300 Mio. €. Mit Recht wird man die Frage stellen können, ob nicht der Kirchensteuerzahler (positiv) bzw. die Kirchen (negativ) die deutsche Finanzverwaltung mitfinanzieren.

In der Tat gibt es keine genauen betriebswirtschaftlichen Berechnungen seitens der zuständigen Finanzlandesbehörden, welche Verwaltungskosten die Einhebung der Kirchensteuer verursachen. Bei einer Anfrage der Partei „Piraten" an den Finanzminister des Landes Nordrhein-Westfalen vom 10. Juli 2012 musste dieser in seiner schriftlichen Anfragebeantwortung am 9. August 2012 feststellen: „Zum einen hängen die Kosten für die Erstellung eines Einkommensteuerbescheides oder die Annahme einer Lohn- oder Kapitalertragsteueranmeldung nur ganz unmaßgeblich davon ab, ob gleichzeitig Kirchensteuer festgesetzt bzw. angemeldet und erhoben wird. Zum anderen lassen sich viele Kostenpositionen keinem konkreten damit generierten Steueraufkommen zuordnen."[22] Ähnlich antwortete bereits 2007 das Finanzministerium von Baden-Württemberg auf eine parlamentarische Anfrage: „Detaillierte Informationen, wie sich dieser Aufwand [gemeint Kirchensteuereintreibung, Anm. d. Verf.] kostenmäßig auswirkt, liegen nicht vor. Da die Kirchensteuerveranlagung als Teil der Einkommensteuerveranlagung und des Lohnsteueranmeldeverfahrens ‚mitläuft', sind exakte Kostenermittlungen schwierig. Dies gilt insbesondere für die anteiligen EDV-Kosten."[23]

Der Satz von drei Prozent wird seit der Zeit nach dem Zweiten Weltkrieg in Anwendung gebracht. Mit Recht kann daher gefragt werden, ob sich der Aufwand dafür seit Einführung der EDV nicht wesentlich vereinfacht hat. Das hinderte aber im Mai 2012 den schleswig-holsteinischen FDP-Politiker Wolfgang Kubicki nicht, noch höhere derartige Gebühren zu verlangen.[24]

Bei einem Vergleich mit Österreich, das ein eigenorganisiertes Kirchenbeitragssystem besitzt, stellt sich die Situation folgendermaßen dar: Im Jahr 2010 gab es in Österreich ein Kirchenbeitragsaufkommen von ca. 393 Mio. €, der Aufwand für die Kirchenbeitragsbürokratie betrug ca. 36 Mio. €, also rund neun Prozent.[25] Jedoch würde in Österreich bei derselben Bemessungsgrundlage wie in Deutschland das Kirchenbeitragsaufkommen rd. 1,2 Milliarden € ausmachen. Die Kosten hiefür würden aber nur unwesentlich steigen, da es ja im Arbeitsaufwand keinen Unterschied ausmacht, ob ein Bescheid in Höhe von 100 € oder 300 € ausgestellt wird. Damit würde der eigenorganisierte Apparat in Österreich ca. 3 bis 4 Prozent dieses Aufkommens ausmachen, also unwesentlich mehr als in Deutschland. Damit erhärtet sich die berechtigte Frage, ob das in Deutschland geleistete Entgelt von 3 Prozent nicht doch zu hoch ist.

---

22 Landtag Nordrhein-Westfalen. 16. Wahlperiode. Drucksache 16/506 vom 9. 8. 2012.
23 Lt. Mitteilung von Bruno Baur, früherer leitender Mitarbeiter der Finanzverwaltung der Diözese Rottenburg-Stuttgart vom 7. 10. 2012 an den Verfasser. In seiner Anfragebeantwortung im Diözesanrat in 2009 zitierte er die Antwort des Finanzministers.
24 *KNA-Informationsdienst* Nr. 20, 16. Mai 2012, 4.
25 Die Zahlen wurden von Prof. Rudolf K. Höfer, Institut für Kirchengeschichte und Kirchliche Zeitgeschichte der Universität Graz, freundlicherweise zur Verfügung gestellt.

Zu erwähnen ist in diesem Zusammenhang auch das Paradoxon, dass sich der Staat die Einhebung der Kirchensteuer von den Kirchen vergüten lässt, jedoch verlangt, dass die Arbeitgeber die Einhebung der Kirchensteuer im Zuge des Lohnsteuerabzugsverfahrens unentgeltlich tun.[26]

In diesem Zusammenhang besitzt auch die Frage nach der Pflicht zur wahrheitsgemäßen Angabe des Religionsbekenntnisses bei der Meldebehörde (die u. a. die Lohnsteuerkarte ausstellt) bzw. bei der Einkommensteuererklärung gegenüber dem Finanzamt Bedeutung. Erst die genaue Kenntnis der Religionszugehörigkeit der Steuerpflichtigen ermöglicht es den Behörden, den Kirchen genaue Mitteilung zu machen, wer ihr Mitglied ist und wieviel Steuern er bezahlt hat, bzw. durch die genannte gesetzliche Regelung die Kirchensteuer für die Kirchen beizutreiben.

Auf jeden Fall ist das falsche Ausfüllen des Meldezettels bzw. der Einkommensteuererklärung ein Straftatbestand (Urkundenfälschung nach §§ 267ff. StGB), der entsprechend streng geahndet wird. Deshalb bleiben diesbezügliche falsche Angaben im marginalen Bereich. Im Zweifelsfall besitzen zum einen die Kirchen den Nachweis durch die Matriken, zum anderen die staatlichen Behörden einen Austrittsvermerk, so dass ggf. rasch Klarheit hergestellt wäre.

8. Die WRV garantiert auch den Kirchen, dass der Staat die von den Kirchen festgesetzten Beiträge durch seine Organe als Steuern im Wege des Verwaltungszwangs notfalls eintreibt. Gegen Bescheide können Rechtsmittel eingelegt werden. Zuständig dafür sind die Finanz- bzw. die Verwaltungsgerichte. Das ist der wesentliche Unterschied zu Vereinsbeiträgen, die nur auf dem Zivilrechtsweg eingefordert werden können.

9. Nach § 10 Abs. 1, Z. 4, Einkommensteuergesetz (ESt) kann die Kirchensteuer voll als Sonderausgabe geltend gemacht werden. Denn die staatliche Einkommensteuer darf nur das disponible Einkommen belasten. Eine Doppelbelastung desselben Einkommens durch die staatliche Einkommensteuer und Kirchensteuer würde daher das Gleichmaß der Besteuerung verletzen.[27] Da in Österreich der Kirchenbeitrag keine Steuer

---

26 Auf diesen Umstand weist mit Recht hin KIRCHOF, Die Kirchensteuer im System (wie Anm. 12) 68.
27 So nach KIRCHOF, Die Kirchensteuer im System (wie Anm. 12) 76.

im Sinne von og. Pkt. 1 ist, muss daher nicht zwingend die volle Absetzfähigkeit gewährleistet werden.

Bei der schlussendlichen Bewertung des deutschen Kirchensteuersystems kann man dieses folgendermaßen definieren:

1. Die deutsche Kirchensteuer ist ein persönlicher Beitrag der jeweiligen Kirchenmitglieder zur Finanzierung ihrer Kirche. Sie erfüllt damit auch voll die Forderungen der cc. 222 § 1 (Die Gläubigen sind verpflichtet, für die Erfordernisse der Kirche Beiträge zu leisten), 1260 (Die Kirche hat das angeborene Recht, von den Gläubigen zu fordern, was für die ihr eigenen Zwecke notwendig ist) und 1261 § 2 (Der Diözesanbischof ist gehalten, die Gläubigen an die in c. 222 § 1 genannte Verpflichtung zu erinnern und in geeigneter Weise ihre Erfüllung zu fordern).

2. Der Staat gewährt – verfassungs- und völkerrechtlich garantiert – den Kirchen bei der Eintreibung der Kirchensteuer die größtmögliche Unterstützung, ohne dass dabei das Prinzip des Verbots einer Staatskirche (nach Art. 137 Abs. 1 WRV) verletzt wird.

B. Die Staatsleistungen

Art. 138 Abs. 1: „Die auf Gesetz, Vertrag oder besonderen Rechtstitel beruhenden Staatsleistungen an die Religionsgesellschaften werden durch die Landesgesetzgebung abgelöst. Die Grundsätze hiefür stellt das Reich auf."

Art. 173: „Bis zum Erlass eines Reichsgesetzes gemäß Artikel 138 bleiben die bisherigen auf Gesetz, Vertrag oder besondere Rechtstitel beruhenden Staatsleistungen an die Religionsgesellschaften bestehen."

Der Art. 138 Abs. 1 WRV i. d. F. Art. 140 GG stellt eine Besonderheit der deutschen Verfassung dar.[28] Danach sollen die Staatsleistungen, die

---

28 Dazu siehe Ansgar HENSE, Hinweise zur Lage und Diskussion über die Staatsleistungen an die Kirche. Statement (Langfassung) für das Pressegespräch „Aktuelle Erläuterungen zur Kirchenfinanzierung" anlässlich der Tagung der Deutschen Bischofs-

aufgrund gewohnheitsrechtlicher Übung oder völkerrechtlicher Vereinbarung (z. B. Konkordate und konkordatäre Vereinbarung nach 1815 bzw. nach 1918) bestehen, durch die Länder abgelöst werden. Die Reichsgesetzgebung hat dafür die Grundsätze aufzustellen.

Der Art. 173 WRV, der nicht in das GG übernommen wurde, normierte weiters, dass bis zu dieser Ablösung diese Staatsleistungen weiter zu bestehen haben. Eine Weitergeltung dieses Artikels schien aus zwei Gründen nicht mehr notwendig zu sein. Erstens geht aus dem Wortlaut von Art. 138 Abs. 1 alleine schon hervor, dass solche Staatsleistungen bis zu deren Ablösungen weiterbestehen. Und zweitens wurde im Art. 18 des Reichskonkordates, dessen Weitergeltung für die Bundesrepublik seit Mitte der fünfziger Jahre durch Urteile des Bundesverfassungsgerichts unbestritten ist, festgehalten, dass ein Einvernehmen mit dem Heiligen Stuhl vor der Festlegung (reichs-)bundesgesetzlicher Grundsätze hergestellt werden muss.

Bei diesen Staatsleistungen handelt es sich vor allem um Abgeltungen des Staates für jenes Vermögen, das er 1803 der Kirche mehr oder minder widerrechtlich abgenommen hat. Zahlungspflichtig sind die Bundesländer als Nachfolger der Gliedstaaten des Heiligen Römischen Reiches bzw. der ehemaligen deutschen Bundesstaaten vor 1918. Dies entspricht auch dem Grundsatz der deutschen Verfassungen von 1919 und 1949, nach denen Kultusangelegenheiten in die Kompetenz der Länder fallen.

Die Formulierung von Art. 138 Abs. 1 stellt einen Verfassungsauftrag dar, nämlich diese Staatsleistungen abzulösen. Die Form dieser Ablösung ist klar: Zuerst muss ein Einvernehmen des Bundes mit dem Heiligen Stuhl über die Grundsätze dieser Ablösung erzielt werden, dann muss ein dementsprechendes Bundesgesetz beschlossen werden, danach haben die Länder die jeweiligen konkreten Ablösungen vorzunehmen. Also ein völker- wie verfassungsrechtlich komplizierter Vorgang. Das war u. a. auch ein Grund dafür, warum dieser Verfassungsauftrag aus 1919 bis heute nicht durchgeführt wurde.

---

konferenz am 22. 9. 2010 in Fulda; DERS., Eine Frage von untergeordneter Bedeutung. Was sich hinter den Staatsleistungen an die Kirche verbirgt. *Herder Korrespondenz* 64 (2010) 562–566; DERS., Grundlinien der Kirchenfinanzierung (wie Anm. 12) 251f.; UNRUH, Religionsverfassungsrecht (wie Anm. 12) 284–298; siehe auch die in Anm. 12 genannten Kommentare zum Grundgesetz.

Obwohl die Rechtslage klar und eindeutig ist, wird seitens einer gewissen „veröffentlichten Meinung" manchmal ein quasi moralischer Druck auf die Kirchen ausgeübt, auf diese Staatsleistungen zu verzichten. Dieser hat sich im Oktober 2013 aufgrund der Vorkommnisse beim Bau des Bischofshauses in Limburg/Lahn verstärkt. Verfassungsrechtlich ist aber ein solcher Verzicht der Kirchen kein Weg, denn von ihnen hat nicht die Initiative auszugehen, sondern vom Staat. Und die Kirchen haben in einem solchen Verfahren das Recht auf eine Ablöse.

Im Jahr 2013 machten die Staatsleistungen an die katholische Kirche ca. 202 Mio. € aus. Somit entfielen im Durchschnitt auf jede der 26 Diözesen ca. 7,7 Mio. €. Also ein vergleichsweise „überschaubarer" Betrag.

Nimmt man nun diese 202 Mio. € zum Ausgangspunkt einer Berechnung für eine Ablösesumme, dann kann man ein Kapital hochrechnen, das notwendig ist, um eine jährliche Verzinsungssumme in Höhe dieser 202 Mio. € zu erhalten. Nimmt man z. B. fünf Prozent Verzinsung an, dann gelangt man zu einer Summe von ca. 4,1 Milliarden € Einmalzahlung.

Auch sollte man diese 202 Mio. € Staatsleistungen mit den vorhin genannten rd. 150 Mio. € Einnahmen des Staates aufgrund der dreiprozentigen Kirchensteuereinhebungsgebühr in Relation setzen.

Bei den Staatsleistungen für die katholische Kirche machen Personalkosten einen großen Anteil aus. So erhalten z. B. die Diözesen Nordrhein-Westfalens (nach der Dismembration Preußens im Jahr 1946 als einer der Rechtsnachfolger) für die residierenden (Erz-)Bischöfe als Pauschalbetrag den Gehalt eines Staatsministers oder eines beamteten Staatssekretärs und die Mitglieder der Domkapitel den Gehalt eines höheren Beamten (Rangklasse A 14). In anderen Bundesländern ist es ähnlich. In Bayern erhielten bis 2012 die Bischöfe diesen Betrag direkt.[29]

Davon völlig getrennt zu sehen sind Leistungen der Öffentlichen Hand (Bund, Länder, Kommunen) für caritative Einrichtungen, Bildungseinrichtungen, Entwicklungshilfe, Denkmalpflege etc. In diesen Bereichen nehmen die Kirchen die gesetzlich geregelten Unterstützungen in Anspruch. Kindergärten, Schulen oder Krankenhäuser in kirchlicher Trä-

---

29 Siehe dazu BayLT Drs. 16/13835 vom 1. 10. 2012.

gerschaft bekommen vom jeweiligen Land nicht mehr als solche Einrichtungen in anderer, freier Trägerschaft, oft ist es aber auch weniger.

III. Juristische Anfechtungen des und politische bzw. kulturkämpferische Kritik am deutschen Kirchensteuersystem(s)

Die Kirchensteuer ist zwar verfassungs- wie völkerrechtlich abgesichert. Doch kam es auch nach der nationalsozialistischen Ära immer wieder zu Versuchen, diese in Frage zu stellen.

Am 14. Dezember 1965 ergingen acht Entscheidungen des Bundesverfassungsgerichts in Sachen Kirchensteuer. Darin wurden sämtliche Bedenken gegen die Verfassungsmäßigkeit der Kirchensteuer ausgeräumt. Sie verstößt weder gegen den Gleichheitsgrundsatz noch gegen das Verbot der Staatskirche (Art. 137 Art. 1 WRV) bzw. die Pflicht des Staates zur religiösen Neutralität.[30] Versuche in den Jahren 1969/1970, die Verpflichtung des Arbeitgebers zum Kirchensteuerabzug beim Abzug der Lohnsteuer verfassungsmäßig in Frage zu stellen, wurden ebenfalls abgewehrt.[31]

Zusammenfassend kann also festgestellt werden: Die aufgrund Art. 137 WRV i. d. F. Art. 140 GG und durch weitere Bundes- wie Landesgesetzgebung praktizierte deutsche Kirchensteuer und deren Einhebungsverfahren verstößt nicht gegen das Grundgesetz.

Aus der übrigen großen Zahl von Klagen betreffend Kirchensteuer seien drei Beispiele angeführt.

Die erste ist ein Kuriosum. 1989 weigerte sich ein bayerischer Unternehmer, im Zuge des Lohnsteuerabzuges auch die Kirchensteuer einzubehalten und abzuführen, weil es sich bei beiden Kirchen um eine „kriminelle Vereinigung" handle. Es sei ihm unzumutbar, dies zu tun, weil zwei seiner Vorfahren im Jahr 1664 in einem Hexenprozess gefoltert wurden, dabei sei auch eine Vorfahrin verbrannt worden. Das Finanzgericht München lehnte die Klage ab, denn weder handle es sich bei den

---

30 Entscheidungen in Kirchensachen seit 1946, hgg. von Carl Joseph HERING / Hubert LENTZ, 4. (Berlin 1966) 301f.
31 Siehe dazu: Die Mitwirkung der Arbeitgeber bei der Erhebung der Kirchensteuer. Vier Rechtsgutachten zur Frage der Verfassungsmäßigkeit. Von Axel Frhr. von CAMPENHAUSEN et al. (Staatskirchenrechtliche Abhandlungen 2, Berlin 1971).

beiden Kirchen um „kriminelle Vereinigungen" im Sinne der §§ 129 und 129a StGB, noch wurden damals die Folterungen und Hinrichtungen von den Kirchen, sondern von der weltlichen Justiz eines Teilstaates des „Heiligen Römischen Reiches" veranlasst. Der Freistaat Bayern ist auch nicht unmittelbarer Rechtsnachfolger dieses Teilstaates und kann daher auch nicht verantwortlich gemacht werden.[32]

Im zweiten Fall ging es darum, ob ein Steuerberater verpflichtet ist, seinem Mandanten im routinemäßigen Beratungsverfahren zu informieren, dass er mit einem Kirchenaustritt Steuern spart. Hierzu gab es 2005 zwei fast zeitgleiche Verfahren, eines vor dem Oberlandesgericht (OLG) Köln und eines vor dem OLG Düsseldorf. Das OLG Köln urteilte: „Ein Steuerberater hat nicht die Pflicht, auf die Möglichkeit eines Kirchenaustritts und eine damit verbundene Steuerersparnis hinzuweisen." Hingegen urteilte das OLG Düsseldorf damals etwas anders und lag da in der Tradition eines von ihm ergangenen Urteils im Jahr 2003, wo ein Steuerberater zum Schadenersatz verurteilt wurde, weil ihn der Steuerberater nicht auf den steuerschonenden Kirchenaustritt aufmerksam gemacht hatte. Der Steuerpflichtige legte gegen das Urteil des OLG Köln Revision ein. Der Bundesgerichtshof (BGH) wies diese ab. Regresspflichtig ist der Steuerberater hingegen dann, wenn er seinem Mandanten nicht auf die Kappungsmöglichkeit (siehe oben) bei sehr hoher Kirchensteuer aufmerksam macht.[33]

Als drittes Beispiel sei eine Klage aus dem Jahr 2011 beim Europäischen Gerichtshof für Menschenrechte erwähnt. Ein Deutscher beschwerte sich wegen der Pflicht, das Religionsbekenntnis auf dem Meldezettel

---

32 FG München vom 21. 8. 1989, 13 K 2047/89, siehe dazu Komisches, Kurzweiliges und Kurioses aus der Juristenfeder. 44 originelle Entscheidungen und sonstige Raritäten, hg. von Christian HEINRICH (Baden-Baden 1997) 89f.

33 OLG Köln, 8-U-61/04 vom 24. 2. 2005; OLG Düsseldorf, I-23-U-201/04 vom 18. 3. 2005; BGH, IX-ZR-53/05 vom 18. 5. 2006. Für Hinweise in diesem Zusammenhang wird Rechtsanwalt und Steuerberater Christoph Kuhn, Köln, gedankt. Den Umstand, dass Köln und Düsseldorf unterschiedlich urteilten, kommentierte er in einem E-Mail vom 21. 9. 2012 an den Verfasser: „Wie sollte es bei der traditionellen Rivalität der beiden Städte auch anders sein."

anzugeben (was u. a. eine Voraussetzung für die Erhebung Kirchensteuer ist), was aber abgelehnt wurde.[34]

In der politischen Diskussion um das Verhältnis von Kirche und Staat im allgemeinen und um die Kirchensteuer im besonderen haben sich die Unionsparteien, es versteht sich fast von selbst, in der Regel schützend vor die Kirche gestellt bzw. den Verfassungsrechtsstandpunkt vertreten. Die SPD hat sich in dieser Frage auch weitgehend zurückgehalten, insbesondere nach dem Godesberger Programm (1958). Die SPD war und ist weit entfernt von jener kulturkämpferischen Grundhaltung, wie sie etwa bei der SPÖ noch gelegentlich zu finden ist.

Zur eigentlichen kulturkämpferischen Partei entwickelte sich anfänglich die FDP.[35] Doch das ist inzwischen auch teilweise schon Geschichte. Von 2011 bis 2013 ist sogar mit Philipp Rösler ein bekennender und praktizierender Katholik FDP-Vorsitzender gewesen.

In Art. 5 des deutschen Einigungsvertrags wurde auch eine Revision des GG vereinbart. Die Grünen sowie die PDS versuchten damals, an den Kirchenartikeln i. d. F. des Art. 140 GG zu rütteln. Es änderte sich aber diesbezüglich nichts.

In der politischen bzw. von kulturkämpferischer Seite geführten Debatte über die Kirchenfinanzierung werden aber nicht nur die Kirchensteuer so wie die genannten Staatsleistungen genannt, sondern auch andere direkte wie indirekte Förderungen, etwa die Theologischen Fakultäten, der Religionsunterricht, die Militärseelsorge aber auch die bereits genannten Subventionen an Bildungs- und Sozialeinrichtungen in kirchlicher Trägerschaft sowie im Bereich des Denkmalschutzes. Ein weiteres Eingehen auf diesen sehr stark kulturkämpferisch geprägten Komplex erübrigt sich.[36]

---

34 EGMR, Urteil vom 17. 1. 2011 / Individualbeschwerde Nr. 12884/03, Rechtssache Wasmuth ./. Deutschland. Tz. 50–64, zitiert bei HENSE, Grundlinien der Kirchenfinanzierung (wie Anm. 12) 247f.

35 Anselm HERZ, Anmerkungen zum Kirchenpapier der F. D. P., in: Möglichkeiten und Grenzen liberaler Politik, hg. von Kurt SONTHEIMER (Schriften der Katholischen Akademie in Bayern Band 70, Düsseldorf ²1975) 100–111.

36 Siehe dazu beispielhaft: Die Privilegien der Kirchen und das Grundgesetz. 4. Berliner Gespräche über das Verhältnis von Staat, Religion und Weltanschauung, hg. von Rosemarie WILLI (Berlin 2011).

Auch innerkirchlich wird die derzeitige Form der deutschen Kirchensteuer gelegentlich kritisch gesehen. Das nicht unerhebliche Kirchensteueraufkommen führe zu Bequemlichkeit und Selbstgefälligkeit, es verselbständige die innerkirchliche Bürokratie und bringe die Kirche in staatliche Anhängigkeit. Die Einhebung der Kirchensteuer mittels der Einkommensteuervorschreibung oder des Lohnsteuerabzugs sei anonym, und es gebe keine persönliche Gebundenheit der Kirchenmitglieder. Nicht zuletzt die sog. „Freiburger Rede" von Papst Benedikt XVI. anlässlich seines Deutschlandbesuches im September 2011 mit dem dort verwendeten Schlagwort einer „Entweltlichung der Kirche" hatte die kritischen Haltungen gegenüber der Kirchensteuer – allerdings aus unterschiedlichen Ansätzen heraus – am linken[37] wie am rechten innerkirchlichen Rand beflügelt. Wenn aber die Kirchensteuer „grundlegend in Frage gestellt wird, ohne dass Alternativen von gleichem Gerechtigkeitswert und ähnlicher Ertragskraft angeboten würden, so ist zunächst zu prüfen, ob die beharrliche Frage nach der Finanzierung nicht lediglich nur das Infragestellen der Kirchen und ihrer Aufgaben umkleidet".[38] Denn soll die Kirche finanziell lebensfähig und autonom bleiben, muss sie von ihren Mitgliedern finanziell entsprechend ausgestattet werden.

IV. Die deutsche Kirchensteuer – Vorbild oder Auslaufmodell?

Die deutsche Kirchensteuer ist unter spezifischen historischen Voraussetzungen entstanden. Diese sind nicht oder nur sehr schwer übertragbar. Daher wird man wohl das deutsche Kirchensteuersystem nicht eins zu eins in anderen Staaten umsetzen können.

In Österreich gab es Versuche, das deutsche System einzuführen. Im sog. „Linzer Entwurf", der dritten Fassung des Privatentwurfes des damaligen christlichsozialen Verfassungs-Staatssekretärs und ersten österreichischen Bundeskanzlers Michael Mayr, die den Ergebnissen der Linzer Länderkonferenz (20.–23. April 1920) entspricht und später Hauptgrund-

---

37 Hier sei u. a. der ehemalige Münsteraner Kirchenrechtler Horst Herrmann genannt, der sich seit seiner Streitschrift: Die Kirche und unser Geld. Daten, Tatsachen, Hintergründe (Hamburg 1990) immer wieder in diese Richtung zu Wort meldet.
38 KIRCHHOF, Die Kirchensteuer im System (wie Anm. 12) 57.

lage der Beratungen im Verfassungsausschuss bildete, findet sich ein eigener Grundrechts-Abschnitt, in dem wie in der WRV die „vier wirtschaftlichen Grundrechte" der Kirchen enthalten sind. Bezüglich der Kirchensteuer haben dort die Bestimmungen der WRV fast wortwörtlich ihren Niederschlag gefunden.[39]

Diese Grundrechte wurden nun nicht in die Österreichische Bundesverfassung von 1920 aufgenommen, weil sich die Sozialdemokraten und Christlichsoziale darüber nicht einigen konnten, so dass man das Staatsgrundgesetz über die allgemeinen Rechte der Staatsbürger aus dem Jahre 1867 in Geltung beließ. Was damals die deutsche Sozialdemokratie der Kirche zugestanden hatte, wollte die österreichische Sozialdemokratie offenbar nicht tun.

In der Verfassung des österreichischen „Ständestaates" vom 1. Mai 1934, die formell bis zum 13. März 1938 gegolten hatte, heißt es in Art. 29 Abs. 3. „Jede gesetzlich anerkannte Kirche und Religionsgesellschaft ist berechtigt, Abgaben einzuheben, die zur Erfüllung ihrer kirchlichen (religionsgesellschaftlichen) Aufgaben dienen. Zur Hereinbringung dieser Abgaben und sonstiger Leistungen ihrer Mitglieder wird der staatliche Beistand gewährt, sofern sie im Einvernehmen mit der Staatsgewalt auferlegt wurden oder aus sonstigen Titeln zu Recht bestehen."[40]

Dieser Text hat sich in seiner Formulierung von der WRV bzw. dem „Linzer Entwurf" bereits stark entfernt, doch schimmern mit den Begriffen „Abgabe" und „staatlicher Beistand" Grundprinzipien des deutschen Kirchensteuersystems noch durch.

Nach dem Anschluss Österreichs ans Deutsche Reich im März 1938 musste auch die Kirchenfinanzierung in dem nunmehrigen vorerst „Land Österreich" (später „Ostmark") geregelt werden. In einem ersten diesbezüglichen Gesetzesentwurf von Anfang 1939 ist zwar nicht mehr von Kirchensteuer, sondern von Kirchenbeiträgen die Rede. Doch haben diese

---

39 Der Text des „Linzer Entwurfs" ist abgedruckt in: Quellen zum Österreichischen Verfassungsrecht (1920). Die Protokolle des Unterausschusses des Verfassungsausschusses samt Verfassungsentwürfen mit einem Vorwort, einer Einleitung und Anmerkungen, hg. von Felix ERMACORA (Mitteilungen des Österreichischen Staatsarchivs. Ergänzungsband VIII, Wien 1967).
40 http://www.verfassungen.de/at/oesterreich34.htm. Die Evangelische Kirche Österreichs hat aufgrund dieser Bestimmung eine solche Abgabe für ihren Bereich eingeführt.

dieselben rechtlichen Merkmale wir die Kirchensteuer im „Altreich": Sie sind eine Abgabe im Sinne der Reichsabgabenordnung (und damit praktisch eine Steuer); sie werden aufgrund der Einkommensteuer berechnet; die Kirchen erhalten vom Finanzamt die diesbezüglichen Informationen; die Kirchenbeiträge können auf dem Verwaltungsverfahren eingetrieben werden. Dieser Entwurf kam nicht zum Tragen. In der Folge wurde ein Kirchenbeitragssystem auf privatrechtlicher Basis eingeführt, das im Prinzip noch heute in Österreich gültig ist.[41]

Man wird also feststellen können, dass aus den verschiedensten Gründen eine Übernahme des deutschen Kirchensteuersystems in Österreich wohl nicht mehr möglich sein wird – zumindest aus gegenwärtiger Perspektive.

Es überrascht daher, dass sich in Polen die Regierung und die katholische Kirche am 21. Februar 2013 geeinigt haben, eine Kirchensteuer nach deutschem Vorbild einzuführen. Allerdings soll der Zuschlag zur Lohn- und Einkommensteuer lediglich 0,5 Prozent betragen.[42]

Ungeachtet dessen können aber folgende Grundprinzipien des deutschen Kirchensteuersystems generell Vorbild sein:

1. Sieht man vom rechtshistorischen Sonderfall der sog. Staatsleistungen ab, dann sind es ausschließlich die jeweiligen Mitglieder, die die Kirchen und Religionsgemeinschaften finanzieren, und nicht die Steuerzahler bzw. der Staat o. ä.
2. Diese Finanzierungsart gewährt den Kirchen maximale Unabhängigkeit vom Staat, weil sie es sind, die die Steuer festlegen und de jure auch eintreiben. Über die dadurch hereingekommenen Mittel verfügen ausschließlich die Kirchen.

3. Da die Kirchensteuer an die Lohn- und Einkommensteuer gekoppelt ist, wird ein hohes Maß an Leistungsgerechtigkeit garantiert.

---

41 Dazu ausführlich LIEBMANN, Theodor Innitzer und der Anschluß (wie Anm. 11) 209f. und Anm. 475. Siehe auch DERS., Von der „Kirchensteuer" zum Kulturbeitrag. Zur Geschichte des Kirchenbeitrags in Österreich, in: 60 Jahre Österreichisches Konkordat, hg. von Hans PAARHAMMER et al. (München 1994) 529–543.
42 *Frankfurter Allgemeine*, 22. 2. 2013, 6.

4. Der Staat gewährt den Kirchen die größtmöglichste rechtliche und organisatorische Unterstützung bei der Eintreibung der Kirchensteuer, ohne jedoch das verfassungsrechtliche Prinzip eines Verbots einer Staatskirche (Art. 137 Art. 1 WRV) dabei zu verletzen.

Aus diesem Grund gibt es innerhalb der beiden großen christlichen Kirchen Deutschlands keinerlei Überlegungen oder Wünsche, an diesem System auch nur das Geringste zu ändern, wenn man von extremen Randgruppen einmal absieht.[43] Das gilt auch für die politischen Parteien – mit Ausnahme der Linken vielleicht –, weil sie einsehen, dass der Preis für eine derartige verfassungs- wie völkerrechtliche Änderung viel zu hoch, wenn nicht sogar unerschwinglich ist.

Wohl gibt es seit 1992 gelegentliche Wortmeldungen, die das italienische Modell einer Mandatssteuer, umgangssprachlich als „Kultursteuer" bezeichnet, ins Spiel bringen. Das tat z. B. im Mai 2012 der Bundestagsabgeordnete der Grünen Josef Winkler, selber Mitglied des Zentralkomitees deutscher Katholiken (ZdK). Sein Vorschlag wurde in seltener Eintracht sowohl von den kirchenpolitischen Sprecherinnen der CDU/CSU und der SPD im Bundestag, sowie vom Ministerpräsidenten von Baden-Württemberg, dem Grünen Winfried Kretschmann, prompt abgelehnt. Konfessionslose Parteifreunde Winklers verstanden seinen Vorschlag zudem als „Strafsteuer für Atheisten".[44]

Der frühere langjährige Generalvikar Norbert Feldhoff aus dem Erzbistum Köln, das eines der finanzstärksten Bistümer der Welt ist, hat sich schon von Berufs wegen mit der Kirchensteuer immer wieder befasst und das italienische Modell aus folgenden Gründen für Deutschland abgelehnt, die hier teilweise ergänzt wurden:[45]

---

43 Siehe dazu die eindeutige Stellungnahme von Hans Langendörfer, Sekretär der Deutschen Bischofskonferenz. *Stimmen der Zeit* 137 (2012) 721f. (November-Ausgabe).
44 *KNA-Informationsdienst* Nr. 20, 16. 5. 2012, 4; *Frankfurter Allgemeine*, 5. 6. 2012, 5.
45 Norbert FELDHOFF, Kirchensteuer in Diskussion. Publizistisch, politisch, volkswirtschaftlich, rechtlich und theologisch (Schriftenreihe der Kölner Juristischen Gesellschaft 19, Köln 1996) 41f.

1. Die italienische sog. „Kultursteuer" löste dort direkte Staatsleistungen an die Kirche ab. Ihre Einführung steht also in einem völlig anderen historischen Kontext.

2. Die deutsche Kirchensteuer ist ein direkter Beitrag der Mitglieder, das italienische Modell einer Mandatssteuer ist eine Teilzweckbindung der Einkommensteuer, über deren Verwendung die Steuerzahler unabhängig von ihrer Konfession abstimmen. Es stehen dabei 0,8 Prozent (otte per mille) der Einkommensteuer zur Disposition – das ist mathematisch ein Elftel des deutschen Kirchensteueraufkommens.[46]

3. Die Staatssubvention wird insofern deutlich, da sich in Italien mit der Einführung dieses Modells die Steuertabelle nicht geändert hat. Früher hat der Staat die Kirche direkt aus den Steuereinnahmen alimentiert. Danach bekam die Kirche anfänglich einen ähnlichen Betrag, ohne dass die Bürger deswegen mehr Steuer zahlen mussten, nur stimmten diese über die Verteilung ab.

4. Die Kirche ist in Italien daher nicht von den Beiträgen ihrer Mitglieder abhängig, sondern von derartigen Staatsleistungen.

5. Es besteht keine Freiheit mehr. Jetzt tritt jemand, der keine Kirchensteuer mehr zahlen will, aus der Kirche aus. Bei einer Teilzweckbindung der Einkommensteuer bestünde diese Freiheit nicht mehr.

6. Es bestehen für eine derartige Mandatssteuer in Deutschland erhebliche verfassungsrechtliche Bedenken, weil das Prinzip des Verbots einer Staatskirche tangiert würde (Art. 137 Abs. 1 WRV). Denn aus den vom Staat erhobenen Steuern würden Kirchen finanziert. Abgesehen davon würde diese möglicherweise gegen den Gleichheitsgrundsatz verstoßen, weil nun ein erheblicher Teil der Bevölkerung (Konfessionslose in

---

46 Wenn ein in Italien unbegrenzt Steuerpflichtiger 1.000 € Einkommensteuer zahlen muss, so kann er daher von dieser 8 € disponieren. Ein in Deutschland unbegrenzt Steuerpflichtiger zahlt zusätzlich zu diesen 1.000 € weitere 90 € an Kirchensteuer.

Deutschland ca. 35 Prozent, in Österreich über 12,1 Prozent[47]) eine Steuererhöhung in Kauf nehmen müsste. Da die Muslime (ca. 5 Prozent) formell keine Religionsgemeinschaft i. S. der WRV sind, beträfe ein solches Modell rd. 40 Prozent der in Deutschland lebenden Bevölkerung.

7. Sowohl in Deutschland wie in Österreich ginge daher eine Einführung eines solchen Systems finanzpolitisch nicht so glatt über die Bühne wie in Italien, wo der steuerzahlende Bürger nichts gemerkt bzw. keine neue Lasten aufgebürdet bekommen hat. Das hatte seinen Grund in „otte per mille" (8 Promille). Da in Deutschland wie Österreich die Kirchen wesentlich höhere Einnahmen haben, auf die sie wohl aus gutem Grund nicht verzichten würden, müsste dort entweder der Steuersatz entsprechend angehoben werden oder es müsste – ähnlich wie der Solidaritätszuschlag in Deutschland – eine spezielle sog. Annexsteuer eingeführt werden, die eine Aufkommensneutralität für die Kirchen im Grundsatz garantiert. Zwar fiele die Kirchensteuer im Gegenzug weg, doch müssten – wie erwähnt – 40 Prozent in Deutschland zusätzlich eine Steuer errichten. Das wäre politisch nicht durchsetzbar.

8. Auf jeden Fall bedeutet die Einführung eines solchen Systems die Abschaffung der bisherigen Kirchensteuer mit den vorhin genannten Konsequenzen einer Änderung des Konkordats sowie des Grundgesetzes.[48]

9. Würde z. B. die katholische Kirche tatsächlich ernsthaft eine solche Mandatssteuer fordern, dann wäre das – wenn die anderen Kirchen und Religionsgesellschaften diese ablehnen würden – ein „egoistischer" Standpunkt. Oder anders ausgedrückt: Eine solche Forderung hätte – unabhängig von den anderen Punkten – nur eine Chance, wenn diese auch von den anderen Konfessionen und Religionsgesellschaften ebenso mit Entschiedenheit vertreten würde.

10. Ein wichtiges Argument der Befürworter einer Mandatssteuer ist immer, dass durch eine solche der finanzielle Aspekt bei einem Kirchenaus-

---

47 Nach der sog. Registerzählung von 2011 hatte Österreich 8,439.588 Einwohner zu diesem Zeitpunkt.
48 Siehe dazu auch HENSE, Grundlinien der Kirchenfinanzierung (wie Anm. 12) 249.

tritt keine Rolle mehr spielt, weil ja der Betreffende sich nichts „erspart". Damit würde – so die Verfechter – ein wesentlicher Grund für diesen Schritt entfallen. Renate Köcher vom „Allensbacher Institut für Demoskopie" relativierte jedoch das. „Es muss bezweifelt werden, dass finanzielle Aspekte bei den meisten das entscheidende Motiv für einen Kirchenaustritt sind; erhöhte Abgaben und der Wunsch, sie durch Wegfall der Kirchensteuer zu kompensieren, sind teilweise der Anlass, aber meist nicht das entscheidende Motiv." Die Kirchensteuer – so Köcher – sei auch für die große Mehrheit der Bevölkerung keine nennenswerte Belastung.[49]

Unabhängig von der Einschätzung, ob tatsächlich ein solcher Grund besonderer Wichtigkeit beim Kirchenaustritt hat, ist aber folgendes zu beachten. Im Gegensatz zu Österreich „fällt" in Deutschland die Kirchensteuer den Betroffenen „viel weniger auf". Sie ist eine der vielen Abzugsposten beim Gehaltszettel, und die Exegese eines deutschen Einkommensteuerbescheids übersteigt die Fassungskraft eines Durchschnittsbürgers. Wenn aber jemand, der sich innerlich von der Kirche schon längst losgesagt, aber bislang gescheut hat, den öffentlichen Schritt eines Kirchenaustritts zu vollziehen, dann wird er wohl in der Anonymität einer Steuererklärung viel leichter auf den Gedanken kommen, das Kreuzchen woanders zu machen. Somit würde die genannte Intention ins Gegenteil verkehrt werden: Es wird zwar der formelle Kirchenaustritt verhindert, jedoch verliert die Kirche dafür trotzdem Einnahmen.

Norbert Feldhoff wird auch mit folgendem Zitat deutlich: „Kirchlicherseits eine Kultur- und Sozialsteuer von denen zu fordern, die nicht der Kirche angehören, um den Kirchenaustritt damit den Anreiz zu nehmen, von der Steuer entlastet zu werden, halte ich für eines der schlimmsten Armutszeugnisse, das man sich kirchlicherseits selbst ausstellen wür-

---

49 Renate KÖCHER, Kirchenaustritte und Kirchensteuer, in: Streitfall Kirchensteuer, hg. von Bernd KETTERN / Wolfgang OCKENFELS (Bonifatius Kontur 7797, Paderborn 1993) 16. Siehe auch den Beitrag von Renate KÖCHER, Das Geld ist nur ein Vorwand. *Rheinischer Merkur*, 10. 9. 1993, 25. Auch wenn diese Studien schon älter sind, hat ihre Grundtendenz wohl noch immer Geltung.

de. Auf diese Art und Weise die Menschen in der Kirche zu halten, wäre fatal."[50]

Die Teilzweckbindung der Einkommensteuer in Italien (wie auch in Spanien und Ungarn) ist nach der Regensburger Kirchenrechtlerin Sabine Demel nicht mit der „Konzeption der Kirchensteuer, des Kirchenbeitrags oder Kirchenspenden" zu vergleichen, sondern lediglich mit den genannten zusätzlichen Staatsleistungen des Staates an die Kirchen. Sie macht daher den Vorschlag, diese durch eine derartige Teilzweckbindung der Einkommensteuer abzulösen, denn aus dieser werden ja die Staatsleistungen bezahlt.[51] Diese entsprechen für beide Kirchen ungefähr 0,3 Prozent des Aufkommens an Lohn- und Einkommensteuer. Allerdings stünde eine solche Vorgehensweise mit der betreffenden Bestimmung der WRV in Widerspruch, die eindeutig von einer Ablöse als einer einmaligen Abgeltung spricht.

Aus all den genannten Gründen wird wohl das deutsche Kirchensteuersystem so bald kein Auslaufmodell sein. Auch deshalb wohl nicht, weil durch die starken Migrationsbewegungen den neu entstandenen Minderheiten Finanzierungsmöglichkeiten für deren Religionen gewährt werden können, die für deren kulturelle Tradition ein wichtiges Element darstellen. Dieser Aspekt führt insgesamt auch zu einer Neubewertung bzw. Neupositionierung des Staatskirchenrechts.[52] Nicht zuletzt hat sich das auch bei der Beschneidungsdebatte im Jahr 2012 gezeigt.

Allerdings muss auch noch angemerkt werden: Es besteht nach Art. 137 WRV kein Zwang zur Kirchensteuer. D. h., eine Religionsgemeinschaft, die Körperschaft des öffentlichen Rechts ist, kann Kirchensteuer einheben, muss sie aber nicht.[53] So könnte z. B. die Katholische Kirche Deutschlands ohne weiteres das österreichische Kirchenbeitragssystem einführen. Aber warum sollte sie das tun?

Nach dem bekannten deutschen Staatskirchenrechtler Alexander Hollerbach ist das deutsche Kirchensteuersystem „unter den Gesichtspunkten vor allem der sozialen Gerechtigkeit, der Gleichheit, der Sparsamkeit, der

---

50 FELDHOFF, Kirchensteuer in Diskussion (wie Anm. 43) 43.
51 DEMEL, Handbuch Kirchenrecht (wie Anm. 12) 377.
52 Siehe dazu das Interview mit dem Staatskirchenrechtler Hans Michael HEINIG, Das geltende System hat sich bewährt. *Herder Korrespondenz* 63 (2009) 125–130.
53 Dazu HENSE, Grundlinien der Kirchenfinanzierung (wie Anm. 12) 249.

Effektivität und nicht zuletzt der Unabhängigkeit von Einzelnen und Interessensgruppen unvergleichlich besser ... als die anderen möglichen Finanzierungssysteme".[54] Ähnlich urteilt der Steuerrechtsexperte Paul Kirchhof: „Im Gesamtergebnis ist die Kirchensteuer ein zeitgerechtes Instrument der Kirchenfinanzierung, das den Grundsatzbewertungen einer mitgliedschaftlichen Belastungsgerechtigkeit entspricht, die innere Unabhängigkeit der Kirchen von ihren Financiers sichert und den notwendigen Beitrag der Kirchen zum freiheitlichen Kulturstaat der Gegenwart anerkennt."[55]

V. Die Diskussion um die Kirchenmitgliedschaft

Die Kirchenmitgliedschaft tangiert in grundsätzlicher Weise die Kirchensteuer. Denn nur wer Mitglied einer Kirche oder Religionsgemeinschaft ist, die nach Art. 137 WRV den Status einer Körperschaft des öffentlichen Rechts besitzt, kann zur Kirchensteuer herangezogen werden.

Die staatskirchenrechtliche Frage der katholischen Kirchenmitgliedschaft bzw. des Kirchenaustritts ist bereits in den siebziger Jahren durch den „partiellen" Kirchenaustritt von Heinrich Böll virulent gewesen, wurde aber 1979 durch das Bundesverwaltungsgericht geklärt.[56] Ab 2006 geriet sie wiederum durch zwei Ereignisse plötzlich in Diskussion:

1. Durch ein Rundschreiben des Päpstlichen Rates für die Gesetzestexte (PLCT) an die Präsidenten der Bischofskonferenzen vom 13. März 2006, wobei zum einen dieses Schreiben eine eherechtliche Ursache hatte, die inzwischen obsolet geworden ist[57], und zum anderen die rechtliche Verbindlichkeit dieses Schreibens unklar war. In diesem wird angezweifelt, ob das „Verlassen der Kirche im meldeamtlichen Sinn" auch einen Glaubensabfall nach dem CIC konstituiert, weil der innere Wille zum Verbleib

---

54 Zitiert bei DEMEL, Handbuch Kirchenrecht (wie Anm. 12) 378.
55 KIRCHHOF, Die Kirchensteuer im System (wie Anm. 12) 79.
56 BVerwG vom 23. 2. 1979 / 7 c 32.78. Danach verstoßen Bestimmungen in Landesgesetzen, wonach es bei einer Austrittserklärung keine Zusätze geben darf, nicht gegen die Verfassung,
57 Durch das Motu proprio *Omnium in mentem* vom 26. 10. 2009 (Aufhebung der Defektionsklauseln in den cc. 1086, 1117 und 1124).

in der Glaubensgemeinschaft bestehen bleiben könnte. Allein entscheidend sei der innere Wille des Betreffenden.

In einer Erklärung der Deutschen Bischofskonferenz (DBK) vom 24. April 2006 – damals noch unter Karl Kardinal Lehmann – wurde festgehalten, dass mit dem Kirchenaustritt vor der staatlichen Behörde „mit öffentlicher Wirkung die Trennung von der Kirche vollzogen wird. Der Kirchenaustritt ist der öffentlich erklärte und amtlich bekundete Abfall von der Kirche und erfüllt den Tatbestand des Schismas".[58] Für die DBK war der innere Wille durch den äußerlich vollzogenen Abfall evident. Rom sah das in diesem Rundschreiben etwas differenzierter, blieb aber formal wie materiell im Unbestimmten.

In der Tat ist nach katholischem Verständnis die Taufe ein *signum indelebile*, aus dem man nicht „austreten" kann. Der öffentliche Glaubensabfall, auch wenn er mit einem inneren Willen verbunden ist, ändert nichts an diesem Umstand.

2. Das zweite Ereignis geschah durch Hartmut Zapp, einem pensionierten apl. Prof. für Kirchenrecht, zuletzt Lehrstuhlvertreter, an der Katholisch-Theologischen Fakultät der Albert-Ludwig-Universität Freiburg/Br. Zapp erschien am 5. Juli 2007 beim Standesamt seiner Heimatstadt Staufen und erklärte – da bereits im Ruhestand ohne Folgen für seine Berufsstellung – den Austritt aus der katholischen Kirche. In dem betreffenden Formular gibt es dort die zweigeteilte Spalte „Erklärungen". Im ersten Teil ist die betreffende Religionsgemeinschaft einzutragen, im zweiten steht dann die Formulierung „Ich trete aus der angegebenen Religionsgesellschaft oder Weltanschauungsgemeinschaft" aus.

In dem Austrittsformular von Zapp steht nun im ersten Abschnitt „römisch-katholisch, Körperschaft des öffentlichen Rechts". Diese Formulierung wurde auf seine Weisung so eingetragen.[59]

Zapp hatte nach seinem Austritt gegenüber Dritten (vor allem den Medien) öffentlich seine Absicht bekundet, lediglich aus der römisch-katholischen Kirche in ihrer Eigenschaft als Körperschaft des öffentlichen Rechts auszutreten und weiterhin dieser als Glaubensgemeinschaft

---

58 *KNA*, M200607088 vom 14. 6. 2006.
59 Die betreffende Spalte wurde kopiert bzw. eingescannt und ist im Urteil des VG Freiburg/Br. ersichtlich, siehe nachfolgende Anm. 60.

angehören zu wollen.⁶⁰ Er war auch bereit, einen direkten Kirchenbeitrag in der Höhe der italienischen sog. „Kultursteuer" leisten zu wollen (die aber gegenüber der deutschen Kirchensteuer nur marginalen Charakter hat).

Das Standesamt Staufen hat nach der Austrittserklärung von Zapp vorschriftsgemäß die zuständige Pfarrei informiert, diese wiederum wegen der Begleitumstände das zuständige Ordinariat in Freiburg/Br. Es stellte sich nämlich nun die Frage, ob die Formulierung „Körperschaft des öffentlichen Rechts" ein Zusatz gewesen ist, der jedoch nach § 26 Abs. 1 des baden-württembergischen Kirchensteuergesetzes (KiSt BW) verboten ist. Damit wäre die Austrittserklärung Zapps aus formalen Gründen nichtig.

Das Erzbistum Freiburg erhob nun deswegen Klage beim Verwaltungsgericht (VG) erster Instanz in Freiburg/Br., welches diese aber am 15. Juli 2009 abwies.⁶¹ Dagegen legte das Erzbistum Berufung ein. Daraufhin kam die Sache vor den zweitinstanzlichen Verwaltungsgerichtshof (VGH) Baden-Württembergs in Mannheim. Dieser gab am 4. Mai 2010 aber dem Erzbistum Freiburg Recht. Der Kirchenaustritt von Zapp war wegen des rechtswidrigen Zusatzes danach nichtig. In dem Urteil wurde keine Revision zugelassen („Der Beschluss ist unanfechtbar").⁶²

Zapp hat nun gegen dieses Revisionsverbot beim Bundesverwaltungsgericht Leipzig Beschwerde eingelegt. Dieses hat am 11. April 2011 die Revision mit der Begründung zugelassen: „In einem Revisionsverfahren kann voraussichtlich die Frage geklärt werden, welche Anforderungen bei einer verfassungskonformen Auslegung an die Annahme eines unzulässigen Zusatzes bei einer Kirchenaustrittserklärung zu stellen sind."⁶³

In der Frage des Kirchenaustritts/der Kirchenmitgliedschaft kam es nun deswegen ab 2006 zu einer ausgiebigen Diskussion, bei der anfänglich sehr stark binnenkirchlich, d. h. kanonistisch bzw. ekklesiologisch, im Sinne des og. Schreibens des Päpstlichen Rates von 2006 argumentiert

---

60 Siehe z. B. Hartmut ZAPP, Römisch-katholisch in Deutschland ohne Kirchensteuer – Zum religionsrechtlichen Körperschaftsauftritt, in: Aktuelle Rechtsfragen der Kirchensteuer (wie Anm. 12) 237–252; DERS., Körperschaftsaustritt wegen Kirchensteuern – kein „Kirchenaustritt". *Kirche & Recht* (2007), Heft 1.
61 VG Freiburg, Urteil vom 15. 7. 2009, 2 K 1746/08. Sie dazu *Die Welt*, 20. 7. 2009.
62 VGH Baden-Württemberg, Urteil vom 4. 5. 2010, 1 S 1953/09.
63 BVerwG, Urteil vom 11. 4. 2011, 7 B 77.10 (7 C 9.11).

wurde.⁶⁴ Staatskirchenrechtliche Aspekte blieben vorerst ausgeblendet. Erst etwas später kamen solche in der Debatte auf. Insbesondere haben sich hier u. a. die Kölner Verfassungs- und Staatskirchenrechtler Wolfgang Rüfner (der von 1998 bis 2010 Direktor des Instituts für Staatskirchenrecht war, eine Einrichtung der deutschen Diözesen) und dessen Kölner Nachfolger Stefan Muckel hervorgetan.⁶⁵

Nach diesen müsse für den Staat Klarheit bestehen, wer nun Mitglied einer Kirche bzw. Glaubensgemeinschaft ist, die den Status einer Körperschaft des öffentlichen Rechts besitzt. Eine diffuse, in ihrer Mitgliedschaft nicht abschätzbare Organisation sei kein geeigneter Partner für den Staat mehr, wobei hier auch auf den Islam zu verweisen ist. Diese Klarheit sei auch wegen der grundgesetzlich gewährten sog. negativen Religionsfreiheit notwendig. Nach dieser darf niemand gegen seinen Willen gezwungen werden, einer Religionsgemeinschaft anzugehören. Der (mit Ausnahme des Landes Bremen) vor einer staatlichen Behörde vollzogener Austritt müsse daher klar und eindeutig sein.

Die katholische Kirche befindet sich in dieser Frage staatskirchenrechtlich in einer nicht leichten Situation. Wie erwähnt kann man aus der Taufe nicht „austreten". Zum einen „ordnet und verwaltet" nach Art. 137 Abs. 3 WRV jede Religionsgesellschaft „ihre inneren Angelegenheiten selbständig". Zu diesen gehört zweifelsohne die Mitgliedschaftsdefinition. Zum anderen kann sie dies nur „innerhalb der Schranken des für alle geltenden Gesetzes" tun, wodurch dieser Autonomie Grenzen gesetzt sind. Die Kirche kann also die Mitgliedschaft bei ihr nur insoweit definieren, wenn sie dabei nicht das individuelle Recht auf negative Religionsfreiheit tangiert. Dieses wurde aber durch das II. Vatikanum in der Erklä-

---

64 So z. B. Georg BIER, Der Kirchenaustritt – ein Akt des Schismas? *Theologisch-Praktische Quartschrift* 156 (2008) 38–48 und René LÖFFLER, Ungestraft aus der Kirche austreten? Der staatliche Kirchenaustritt aus kanonistischer Sicht (Forschungen zur Kirchenrechtswissenschaft 38, Würzburg 2007).

65 Wolfgang RÜFNER, Kirchenzugehörigkeit und vor dem Staat vollzogener Kirchenaustritt: Staatskirchenrechtliche Aspekte, in: Der Kirchenaustritt im staatlichen und kirchlichen Recht, hg. von Elmar GÜTHOFF et al. (Quaestiones disputatae 243, Freiburg/Br. 2011) 42–58; Stefan MUCKEL, Kein „Körperschaftsaustritt" als „Kirchenaustritt" – Anmerkungen zu VGH Baden-Württemberg, Urteil vom 4. 5. 2010. AZ: 1 S 1953/09. *Kirche und Recht* 16 (2010) 26–32; Stefan MUCKEL, Körperschaftsaustritt oder Kirchenaustritt? Der so genannte Kirchenaustritt im Schnittfeld von staatlichem Verfassungsrecht und katholischem Kirchenrecht. *JuristenZeitung* (2009) 174–182.

rung über die Religionsfreiheit *Dignitatis humanae* (*Declaratio de libertate religiosa*) vom 7. Dezember 1965 anerkannt (bes. in Art. 2).

Was die Frage eines partiellen Kirchenaustritts betrifft, so ist entgegen mancher geäußerten Meinung festzuhalten: Die Kirche besteht und wirkt in zwei Rechtsordnungen, der kirchlichen wie der weltlich-staatlichen, doch handelt es sich um ein und dieselbe Kirche bzw. *Communio*. Der Katholik steht zur Kirche in einem einzigen Mitgliedschaftsverhältnis, das aber rechtlich in zweifacher Hinsicht ausgeformt ist.

Die Kirche kann zwar die Dimensionen „Glaubensgemeinschaft" und „Körperschaft des öffentlichen Rechts" unterscheiden, sie kann diese verschiedenen Ebenen aber nicht trennen und schon gar nicht zulassen, dass man sie gegeneinander ausspielt, wie auch Karl Kardinal Lehmann in einem Hirtenbrief zu Ostern 2011 betont hat.[66] Eine solche Trennung verbietet sich auch im Blick auf die beständige katholische Lehre – etwa vom *Corpus Christi mysticum* – und auf das II. Vatikanum, wo es in *Lumen Gentium* (Art. 8) heißt: „die irdische Kirche und die mit himmlischen Gaben beschenkte Kirche sind nicht als zwei verschiedene Größen zu betrachten, sondern bilden eine einzige komplexe Wirklichkeit, die aus menschlichem und göttlichen Element zusammenwächst."

Deshalb ist ein Austritt lediglich aus der „Körperschaft des öffentlichen Rechts" sowohl von staatlicher wie kirchlicher Seite unmöglich.

Die rechtlichen Regelungen des Kirchenaustritts reichen in Deutschland und Österreich ins 19. Jahrhundert. Sie standen zum einen zwar im Zusammenhang mit dem damaligen Kulturkampf, zum anderen aber auch mit der Gewährung der erwähnten negativen Religionsfreiheit. Die katholische Kirche hat die damaligen Kulturkampfgesetze anfänglich zwar bekämpft, sie jedoch nach 1918 zunehmend nicht mehr in Frage gestellt. Spätestens mit der erwähnten Erklärung über die Religionsfreiheit kurz vor Abschluss des II. Vatikanums stellt für die katholische Kirche diese negative Religionsfreiheit in den freiheitlich-demokratischen Verfassungen auch keinen Anstoß mehr dar.

Denjenigen, die wie Zapp verfahren wollen, d. h. einen partiellen Kirchenaustritt anstreben, wird mit Recht auch mangelnde Solidarität und

---

66 Was bedeutet „Kirchenaustritt". Hirtenwort des Bischofs von Mainz Karl Kardinal Lehmann zur Österlichen Bußzeit 2011, 7. www.bistum-mainz.de/kardinal.

ein Verstoß gegen das Kirchenrecht vorgeworfen (cc. 222, 1260 und 1261 CIC), weil sie offenbar den von der Kirche bzw. vom Bischof festgesetzten finanziellen Beitrag verweigern wollen. Bei Zapp mögen die Motive noch in seinem Bestreben begründet liegen, durch seinen Akt das deutsche Staatskirchensystem auf eine neue Grundlage stellen zu wollen.

Allerdings werden derartige Motive eher kaum allgemein vorhanden sein. Nahezu alle, die aus der Kirche austreten, ersparen sich zwar die Kirchensteuer, sind aber auch innerlich von der Kirche bereits so weit abgefallen, dass sie gar nicht auf die Idee kommen würden, eine quasi „Restmitgliedschaft" beanspruchen zu wollen.

Anders liegt ein jüngeres Urteil des Schweizer Bundesgerichts für einen Fall im Bereich des Kanton Luzern, das im Prinzip einen partiellen Kirchenaustritt ermöglicht. Zum einen muss man aber die duale Verfassung der katholischen Kirche in der Schweiz berücksichtigen, die in ihrer Art wohl einmalig ist und sich deutlich von der in Deutschland und Österreich unterscheidet. Zum anderen sind in diesem Urteil auch Formulierungen vorhanden, die von einer „Einheit" dieser dualen Verfassung sprechen.[67]

In diesem Zusammenhang ist auch auf die Initiative des Churer Bischofs Vitus Huonder zu verweisen, der seit 2009 einen solchen partiellen Kirchenaustritt ermöglicht. Doch Huonder ist in seinen Auffassungen oft sehr ähnlich mit dem früheren Bischof von Chur, Wolfgang Haas, und dem haben die demokratischen Körperschaftsorgane seinerzeit das Geld verweigert.[68]

Damit kommen wir zu Motiven, die auch bei extrem traditionalistischen Kreisen, so z. B. bei der Pius-Bruderschaft, zu finden sind. Diese wirbt massiv für einen partiellen Kirchenaustritt. Auf der entsprechenden Homepage, die mit einschlägigen Gruppen vernetzt ist, bekommt man Anleitungen hiefür und auch gleich das entsprechende Formular. Ebenso erhält man eine Liste „glaubens- und romtreuer Werke", an die man dann spenden kann, darunter natürlich die Piusbruderschaft, aber auch andere ähnliche Einrichtungen.

---

67 Siehe dazu *Herder Korrespondenz* 66 (2012) 436f.
68 Siehe dazu auch *Christ in der Gegenwart* 64 (2012) 418.

Nun ist im September 2012 Bewegung in dieser Sache geraten, die sie zum vorläufigen Abschluss gebracht hat. Die Deutsche Bischofskonferenz hat am 20. September 2012 ein „Allgemeines Dekret der Deutschen Bischofskonferenz zum Kirchenaustritt" veröffentlicht, das am 24. September Rechtskraft erhielt. Dieses wurde am 28. August 2012 von der Kongregation für die Bischöfe „recognistiziert", d. h., es liegt die „nötige Akzeptanz des universalkirchlichen Gesetzgebers" vor. Nach verschiedenen Aussagen wurde dieses Dekret auch von Papst Benedikt XVI. genehmigt.[69]

Mit diesem Dekret wird deutlich gemacht, dass ein partieller Kirchenaustritt nicht möglich ist und dass die Kirche den vor der zivilen Behörde erklärten Kirchenaustritt als schwere Verfehlung anerkennt. Mit dem Augenblick des Kirchenaustritts wird eine „Kirchenstrafe eigener Art" verhängt, deren Folgen denen bei der Exkommunikation gleichen. Doch wurde bewusst dieser Begriff in diesem Dekret vermieden.

Gleichzeitig wurde ein „Pastorales Schreiben" erlassen, das an die aus der Kirche Ausgetretenen ergehen soll.[70] Darin wird zum einen auf die Folgen dieses Schrittes aufmerksam gemacht, zum anderen wird der Betreffende vom zuständigen Pfarrer zu einem Gespräch eingeladen, um eine Wiedereingliederung zu ermöglichen. Sollte es zu einer solchen kommen, dann müsste für den Betreffenden eine liturgische Aufnahmefeier angesetzt werden. Damit wird u. a. auch klar, dass der Akt vor der staatlichen Behörde bereits als Austritt angesehen wird. Allerdings wurde der Text dieses „Pastoralen Schreibens" in der Folge kritisiert.[71] Es wird eine neue Formulierung kommen.

Mit diesem Dekret, das von Rom nicht beanstandet wurde, sind in Deutschland innerkirchlich allen Bestrebungen nach einem partiellen Kirchenaustritt der Boden entzogen worden. Man kann also nicht alleine aus der Körperschaft austreten, um sich u. a. die Kirchensteuer zu erspa-

---

69 So Daniel DECKERS in *Frankfurter Allgemeinen,* 21. 9. 2012, 1. Siehe auch *KNA-Informationsdienst* Nr. 39, 27. 9. 2012, 3 und 8.
70 Presseerklärung der Deutschen Bischofskonferenz Nr. 145 vom 20. 9. 2009 sowie „Allgemeines Dekret der Deutschen Bischofskonferenz zum Kirchenaustritt" (145a) und „Pastorales Schreiben" (145b), siehe www.dbk.de/presse.
71 So z. B. in *Christ in der Gegenwart* 64 (2012) 435f.; *Christ & Welt,* 4. 10. 2012, 41; *Herder Korrespondenz* 66 (2012) 344f. (November-Nummer). Dem Vernehmen nach habe die kritisierte Formulierung einen „römischen Hintergrund".

ren, jedoch weiterhin die Mitgliedschaft in der Glaubensgemeinschaft bekunden.

Der Zufall wollte es, dass es in der Causa Zapp wenige Tage später, nämlich am 26. September 2012, zu einer Verhandlung und zu einem Urteil des Bundesverwaltungsgerichts gekommen ist. Gleich eingangs wird unmissverständlich klargestellt: „Wer aufgrund staatlicher Vorschriften aus einer Religionsgemeinschaft mit dem Status einer Körperschaft des öffentlichen Rechts austreten will, darf seine Erklärung nicht auf die Körperschaft des öffentlichen Rechts unter Verbleib in der Religionsgemeinschaft als Glaubensgemeinschaft beschränken."[72]

Damit wurde die Argumentation der zuvor geführten staatskirchenrechtlichen Diskussion aufgenommen. Gleichzeitig spielte das Bundesverwaltungsgericht den Ball an die Kirchen zurück, indem es die Mitgliedsdefinition diesen zuwies. Doch bevor nun der katholischen Kirche der Ball zugespielt wurde, hat sie ihn schon durch ihr bereits sechs Tage zuvor veröffentlichtes Dekret aufgefangen. So gesehen war das – um bei diesem Bild zu bleiben – ein gutes Zusammenspiel.

Somit sind in dieser Frage staatskirchenrechtlich wie innerkirchlich (das Urteil verwendet den Begriff „innergemeinschaftlich") alle Unklarheiten ausgeräumt. In der öffentlichen Wahrnehmung des Urteils wurde jedoch folgender Aspekt kaum beachtet. In dem gesamten Verfahren war das Erzbistum Freiburg/Br. Kläger. Es hat – wie erwähnt – die Gültigkeit des Kirchenaustritts von Hartmut Zapp wegen des genannten Zusatzes angefochten. In erster Instanz unterlag Freiburg, in zweiter Instanz wurde dem Erzbistum hingegen Recht gegeben. In dem Revisionsverfahren unterlag allerdings Freiburg in Leipzig, denn das Bundesverwaltungsgericht anerkannte die formale Gültigkeit des Kirchenaustritts von Zapp. Es ist nach seiner Meinung aus der Formulierung „römisch-katholisch, Körperschaft des öffentlichen Rechts" nicht zwingend abzuleiten, dass ein partieller Kirchenaustritt gemeint war. Leipzig warf der zweiten Instanz in Mannheim vor, sich in ihrem Urteil zu sehr von den außerhalb des unmittelbaren Verfahrens gemachten Äußerungen Zapps und der danach folgenden veröffentlichten Meinung beeinflusst zu haben.

---

[72] BVerwG 6 7. C. 12 vom 26. 9. 2012, Leitsatz; Pressemitteilung Nr. 91/2012 des Bundesverwaltungsgerichts vom 26. 9. 2012.

Daher war das Erzbistum Freiburg formaler Verlierer in diesem Verfahren und musste die Kosten, teilweise auch die von Zapp, tragen.[73] Es musste somit verlieren, um auf der anderen Seite gewinnen zu können.

Dass die beiden Ereignisse, nämlich das Dekret der Bischofskonferenz sowie das Urteil des Bundesverwaltungsgerichts, innerhalb einer Woche stattfanden, war reiner Zufall. Das Dekret der Bischofskonferenz hat sich in Rom länger als geplant verzögert[74], und die Termine des Bundesverwaltungsgerichts haben ihre eigenen Gesetzmäßigkeiten.

Auf jeden Fall wird das anfänglich der Causa Zapp an die Wand gemalte (bzw. auf das Zeitungspapier gedruckte) bevorstehende „Ende der Kirchensteuer" jedenfalls aus diesem Grund nicht stattfinden.

Die unmittelbaren Tage nach diesem Urteil waren geprägt von „Nachhut"-Gefechten der Zapp-Sympathisanten, insbesondere auch in jenen Medien, die ihn teilweise unterstützt hatten. Bezeichnend war auch, dass Kritik sowohl von „rechtskatholischer" wie „linkskatholischer" Seite zu hören bzw. lesen war. Die Aktion „Wir sind Kirche" sprach von „pray and pay". Die „rechte Szene", etwa das „Forum der deutschen Katholiken", hat endgültig gezeigt, wie sie ihren Slogan „rom- und kirchentreu" nach ihrem Belieben auslegt.

Ebenso wurde weiterhin das Dekret der Bischofskonferenz von kanonistischer Seite kritisiert, die aber grundlegende dogmenhistorische und theologische sowie auch staatskirchenrechtliche Aspekte dabei ausblendet.[75] Denn nach wie vor müssen sich derartige Kritiker Fragen gefallen lassen bzw. sind auch viele trotz des Dekrets der Bischofskonferenz bzw. des Urteils des Bundesverwaltungsgerichts offen geblieben.

Wie ist es eigentlich mit dem theologischen Selbstverständnis der Taufe vor allem in historischer Sicht bestellt? War es denn nicht so, dass früher viel stärker der Aspekt der Taufe als Befreiung von der Erbsünde (Verleihung der Rechtfertigungsgnade) gesehen wurde und dass erst in

---

73 Vom Gerichte wurde als Streitwert € 5.000 festgesetzt.
74 Dem Vernehmen nach soll dieses Dekret bereits vor 2010 nach Rom zur Begutachtung geschickt worden sein.
75 So neuerlich (siehe Anm. 60) Georg BIER, Wer nicht zahlen will, muss büßen? Zur Problematik des Kirchenaustritts. *Herder Korrespondenz* 66 (2012) 551–555. Bier wiederholt hier seinen seit 2008 vertretenen Standpunkt, wobei er für seine Darstellung noch nicht den Wortlaut des Urteils des Bundesverwaltungsgerichts zur Verfügung hatte.

jüngerer Zeit der ekklesiologische Ansatz in den Vordergrund geriet?[76] Sind bereits diejenigen, die z. B. in einer orthodoxen Kirche getauft wurden, bereits Mitglied der römisch-katholischen Kirche oder werden sie es erst im Augenblick des Übertritts? Dieselbe Frage stellt sich auch umgekehrt. Wenn einer römisch-katholisch getauft wurde und nun zum Protestantismus bzw. zur Orthodoxie konvertiert, d. h. aus der katholischen Kirche formell austritt, welcher Kirche gehört er dann an?[77] Reklamiert die katholische Kirche nach wie vor den Betreffenden für sich?

Den Kirchen und Religionsgemeinschaften wird nach der WRV die innere Autonomie zugebilligt, die aber ihre Grenzen in den allgemeinen Gesetzen hat. Wo liegen nun diese Grenzen? Endet diese innere Autonomie dann, wenn dadurch die negative Religionsfreiheit, die der Staat schützen muss, in Gefahr ist?

Es ist – um auch mehr Klarheit in dieser Sache zu haben und der Entwicklung der Rechtskultur besser Rechnung tragen zu können – vielleicht nachzudenken, ob nicht bezüglich des theologischen Selbstverständnisses der Taufe eine Weiterentwicklung bzw. ein Rückgriff notwendig ist.

---

76 Das geht z. B. auch aus einem bis in die sechziger Jahre hinein weit verbreiteten Lehrbuch der Dogmatik hervor: Ludwig OTT, Grundriß der katholischen Dogmatik (Freiburg/Br. [4]1959) 419–432. Danach werden unter den Wirkungen der Taufe die Verleihung der Rechtfertigungsgnade (Befreiung von der Erbsünde), die Nachlassung aller Sündenstrafen und die Heilsnotwendigkeit angeführt. Dass die Taufe zur Mitgliedschaft in der Kirche führt, wird hingegen nicht als dogmatisiert (*de fide*) angegeben. Deutlich wurde diese Haltung auch in der früheren Übung, Kinder unmittelbar nach der Geburt gleich zu taufen, um sie bei einem frühen Kindstod nicht den Folgen der noch vorhandenen Erbsünde auszusetzen.

77 In der genannten Dogmatik von Ludwig OTT (wie Anm. 74) 426, die die traditionelle Lehre der Kirche vor dem II. Vatikanum wiedergibt, steht im Kommentar: Der Getaufte wird „durch den Taufcharakter dem mystischen Leibe Christi, der Kirche, eingegliedert. Aus der Einheit des mystischen Leibes Christi folgt, dass jeder gültig Getaufte, auch der außerhalb der katholischen Kirche, Mitglied der von Christus gegründeten einen, heiligen, katholischen und apostolischen Kirche wird, falls er sich nicht gleichzeitig freiwillig einer häretischen oder schismatischen Gemeinschaft anschließt. Jeder Getaufte untersteht der Jurisdiktionsgewalt der Kirche." Diese Formulierungen sind ambivalent. Zum einen gehört offenbar jemand der katholischen Kirche nicht an, wenn er zu einer häretischen (z. B. Protestanten) oder schismatischen (z. B. Orthodoxe) Gemeinschaft übertritt, was einen vorherigen Austritt aus der römisch-katholischen Kirche voraussetzt. Zum anderen wird aber der Verbleib in der Jurisdiktionsgewalt der Kirche festgestellt, was natürlich die negative Religionsfreiheit tangiert. Insgesamt scheint aber diese herkömmliche Position durchaus einen Weg aufzuweisen, der aus dem Dilemma führen kann.

Vielleicht sollte man die (einmalige) Heils- und Gnadenwirkung der Taufe wieder stärker betonen und deren davon abgeleitete Folge, nämlich die konkrete Mitgliedschaft in der römisch-katholischen Kirche, etwas anders akzentuieren, um die genannten Widersprüchlichkeiten auszuräumen.

Kirche, Staat und Kirchenfinanzierung in den nordischen Ländern

Yvonne Maria Werner

Die evangelisch-lutherischen Nationalkirchen Skandinaviens nehmen in einer europäischen Perspektive in vielerlei Hinsicht eine Sonderstellung ein. Bis zum Jahre 2000 waren diese Kirchen, denen heute noch rund 75 Prozent der Bürger angehören,[1] Staatskirchen und die kirchliche Gesetzgebung wurde vom Staat und Parlament festgelegt. Dies galt auch für innerkirchliche Fragen wie das kirchliche Amt und die Regelungen zur kirchlichen Trauung. So wurde, um ein Beispiel zu nennen, die Zulassung der Frauen zum priesterlichen Amt in allen Ländern außer Finnland vom Parlament beschlossen, obwohl wichtige kirchliche Gremien dagegen Stellung genommen hatten. Maßgebend waren dabei nicht theologische Argumente, sondern das Prinzip der Gleichberechtigung der Geschlechter. Gemäß der seit den 1990er Jahren geltenden Ordnung der Schwedischen Kirche(n) ist die Bejahung des Frauenpriestertums sogar eine *conditio sine qua non* für die Ordination der Männer.[2] Heute sind rund die Hälfte der Weihekandidaten Frauen. In manchen Diözesen werden sogar

---

1 In Schweden sind 69 Prozent, in Finnland 72 Prozent, in Dänemark und auf Island 80 Prozent und in Norwegen 79 Prozent Mitglieder der evangelischen Volkskirchen: https://www.Svenskakyrkan.se/default.aspx?id=645562; http://evl.fi/EVLsv.nsf/Documents/278336EAD7F90B16C2257308002972CC?openDocument&yp=y&lang= SV; http://www.folkekirken.dk/om-folkekirken/; http://www.kirken.no/index.cfm? event= doLink&famId=230 (2012-10-21).
2 Ingmar BROHED, Inledning. Kyrka-statfrågan och de politiska partierna, in: Nordiske Folkekirker i opbrud – National identitet och international nyorientering etter 1945, hg. von Jens SCHØRRING (Aarhus 2001) 181–190; Øyvind NORDERVAL: Den norske kirke i etterkrigssamfunnet: Konflikt, nyorientering og reformer, in: Nordiske Folkekirker, 200ff; Jørgen STENBÆK, Danmark: Folkekirken og de politiske partier efter 2. Verdenskrig, in: Nordiske Folkekirker, 226f; Pétur PÉTURSSON, Island, självständigheten och politiken, in: Nordiske Folkekirker, 243; Susan SUNDBACK, Kvinnoprästfrågan i Finland – en intern kyrklig sak? *Kyrkohistorisk årsskrift* (2008) 109–117.

überwiegend Frauen geweiht. Seit den 1990er Jahren gibt es auch weibliche Bischöfe; die evangelische Landeskirche auf Island wird seit 2012 von einer Bischöfin, Agnes M. Sigurdardóttir, geleitet, und im Herbst 2013 wurde eine Frau, die in Deutschland geborene Antje Jackelén, zum Inhaber des Erzbischofsamtes in der Schwedischen Kirche gewählt: sie wird in Sommer 2014 ihr Amt antreten. Kritiker sprechen von einer Feminisierung des kirchlichen Amtes.[3]

Die Zahl der Gottesdienstteilnehmer in den nordischen Ländern ist niedrig; sie beläuft sich auf etwa zwei bis vier Prozent. steigt aber erheblich bei den großen kirchlichen Hochfesten, besonders zu Weihnachten. Etwa zehn Prozent der Skandinavier besuchen einmal im Monat einen christlichen Gottesdienst. Die Zahl der evangelischen Taufen ist auch weiterhin relativ hoch; in Dänemark liegt sie bei 66 Prozent, in Norwegen bei 66 Prozent und in Finnland bei 85 Prozent. In Schweden ist die Zahl der Taufen gesunken von 73 Prozent 2001 auf 53 Prozent 2011. Rund die Hälfte der Bevölkerung lässt sich evangelisch trauen; in Finnland sind es über 60 Prozent. Hier lassen sich außerdem etwa 80 Prozent der Jugendlichen konfirmieren; in Dänemark und Norwegen sind es rund 70 Prozent, in Schweden etwa 32 Prozent. Die langfristige Tendenz zeigt aber überall einen Rückgang.[4]

Im Jahre 2000 wurde die evangelische Schwedische Kirche vom Staat getrennt und erhielt eine selbstständigere Stellung im Verhältnis zum Staat, geregelt durch ein besonderes Gesetz über die Schwedische Kirche. Im Mai 2012 wurde das Staatskirchensystem durch eine Verfassungsänderung auch in Norwegen teilweise abgeschafft.[5] Auf Island wird eine

---

3 Anders BÄCKSTRÖM / Ninna Edgardh BECKMAN / Per PETTERSSON, Religious Change in Northern Europe. The Case of Sweden. From State Church to Free Folk Church. Final Report (Verbum 2006), Kapitel 6; Bernt T. OFTESTAD / Tarald RASMUSSEN / Jan SCHUMACHER, Norsk Kirkehistoria (Oslo 2005) 306f. Betreffend Island, siehe: http://www2.kirkjan.is/frett/2012/07/11373 (2012-10-21).

4 Siehe: http://miliki.dk/kirke/kirkestatistik/; http://www.ssb.no/kirke_kostra/: http://evl.fi/EVLsv.nsf/Documents/278336EAD7F90B16C2257308002972CC?OpenDocument&lang=SV; http://www.kirken.no/?event=doLink&famID=228; http://www.Svenskakyrkan.se/statistik/; (2012-10-21).

5 Ingmar BROHED, Religionsfrihetens och ekumenikens tid. Sveriges kyrkohistoria 8 (Stockholm 2003) 276–283; Ole Herman FISKNES, Den norska kyrkan och staten. Signum (2012/5) 18–22. Siehe auch: http://kirkeaktuelt.no/ikke-lenger-statskirke/ (2012-10-21).

ähnliche Änderung seit einigen Jahren diskutiert.⁶ Die Tätigkeit der evangelischen Landeskirchen wird aber in sämtlichen Ländern wie bisher vom Staat mitfinanziert. In Finnland gilt dies auch der Orthodoxen Kirche, die eine Stellung als „Nationalkirche" innehat.⁷ Wie sieht die Kirchenfinanzierung konkret aus? Was ist der historische Hintergrund? Und wie kommt es, dass die in kultureller Hinsicht so säkularisierten Länder des Nordens so lange an dem Staatskirchensystem festgehalten haben? Diese Fragen bilden den Ausgangspunkt für meinen Beitrag.⁸

Kirche und Gesellschaft

In der vormodernen, agrarischen Gesellschaft, wo die christliche Religion das Fundament der rechtlichen und politischen Ordnung ausmachte, wurde die kirchliche Tätigkeit durch den Zehent, freiwillige Abgaben und die Erträge des kirchlichen Grundbesitzes finanziert. Kirchensteuer im modernen Sinn ist erst mit der Umwandlung des Wirtschaftssystems im 19. Jahrhundert entstanden und hängt mit der Einführung eines modernen Steuersystems zusammen. In den skandinavischen Ländern wurde dieser Übergang Anfang des 20. Jahrhunderts abgeschlossen, und zu dieser Zeit wurden auch die letzten Reste des Zehent-Systems durch eine Kirchensteuer im modernen Sinn ersetzt.⁹

---

6 Siehe: http://kirkjan.is/stjornarskra/kirkja-og-riki/ (2012-10-21). In einer beratenden Volksabstimmung am 20. Oktober 2012 hat sich eine Mehrheit für die Beibehaltung des Staatskirchensystems ausgesprochen. Siehe: http://www.mbl.is/frettir/innlent/ 2012/10/21/68_prosent_i_kraganum_stydja_tillogurnar/ (2012-10-21).
7 Einen guten Überblick über die kirchenpolitische Entwicklung in den nordischen Ländern bietet Carl Henrik MARTLING, De nordiska nationalkyrkorna. Från Kalmarunionen till Borgådeklarationen (Stockholm 1997).
8 Dieser Beitrag ist eine bearbeitete Version meines Artikels: Kirche, Staat und Gesellschaft in den nordischen Ländern, in: Was eint Europa? Christentum und kulturelle Identität, hg. von Günter BUCHSTAB / Rudolf UERTZ (Freiburg im Breisgau u.a. 2008) 306–334.
9 Ensio ERÄ-ESKO, Beskattningsrätt och skattskyldighet för kyrkan i Finland [Steuerrecht und Versteuerung der Kirche in Finnland mit einer deutschen Zusammenfassung] (Helsingfors 2009). Kapitel 3,2 behandelt die Kirchensteuer in den übrigen skandinavischen Ländern. Martin SCHWARZ-LAUSTEN, A Church History of Denmark (Aldershot 2002) 284f; Jes Fabricius MØLLER, Folkekirkens økonomi og staten. *Dansk Kirketidende* (2006/10) 162–167; Gunnar EDQVIST et al, Kyrkoordning för Svenska kyrkan 2010 med kommentarer och angränsande lagstiftning (Stockholm 2010).

Mit der protestantischen Reformation wurde die Kirche enger an die Staatsgewalt gekoppelt. Die Pfarrer nahmen wichtige gesellschaftliche Funktionen wie Zivilregistrierung, Schulaufsicht und Beerdigung wahr. Im Unterschied zu vielen anderen europäischen Ländern, wo diese Funktionen im 19. Jahrhundert auf staatliche und kommunale Behörden übertragen wurden, haben die skandinavischen Länder die alte Ordnung oder Teile davon bis in die heutige Zeit aufrechterhalten. Dass die Kirche als religiöse Institution mehr und mehr von ihrem Einfluss verlor und dass die Gottesdienstfrequenz nach der Abschaffung des alten Zwangssystems Mitte des 19. Jahrhunderts schnell abwärts ging, wurde in diesem Zusammenhang geringe Bedeutung beigemessen.[10] Man kann dies als eine Folge eines spezifisch skandinavischen Staatskirchensystems betrachten.

Das Prinzip der Oberhoheit des Staates über die Kirche und der Primat der Politik über die Religion im Gesellschaftsleben sind zwei Konstanten nordischer Denkart und Mentalität, die als Erbe der reformatorischen Tradition bezeichnet werden können. Ein anderer wichtiger Faktor ist die Idee der Glaubens- und Gewissensfreiheit des Individuums. Auch wenn das in dieser neuen Konzeption eingebaute radikale Freiheitsprinzip lange mehr Theorie als Praxis gewesen ist und durch eine rigide Religionsgesetzgebung unterdrückt oder kanalisiert wurde, so war es doch in Lehre und Verkündigung vorhanden und konnte somit nicht umhin, auf die Mentalität der Bevölkerung einzuwirken. So beriefen sich die seit dem 18. Jahrhundert auftretenden und im folgenden Jahrhundert schnell ausbreitenden, pietistischen und evangelikalen Erweckungsbewegungen Skandinaviens auf diese Ideen bei ihrer Forderung nach religiösen und zivilrechtlichen Freiheiten.[11] Es sollte aber lange dauern, bis das Prinzip der religiösen Gewissensfreiheit auch in der staatlichen Gesetzgebung allgemein zum Durchbruch kam und die Verzahnung zwischen Staats-

---

10 Peter LODBERG / Björn RYMAN, Church and Society, in: Nordic Folk Churches: A Contemporary Church History, hg. Björn RYMAN et al (Grand Rapids, Michigan 2005) 99–121.

11 Sven-Erik BRODD / Ola TJØRHOM, Protestantism eller katolicitet? Om Kyrkans väsen i en ekumenisk tid (Skellefteå 2001); Värdetraditioner i nordiskt perspektiv. Rapport från ett symposium i Helsingfors, hg. von Göran BEXELL / Henrik STENIUS (Lund 1997). Siehe auch Yvonne Maria WERNER, Rätt, religion och katolsk motkultur. Nordiska katoliker mellan katolsk och nordisk rättstradition, in: Rätten. En festskrift till Bengt Ankarloo, hg. von Lars M. ANDERSSON et al. (Lund 2001) 101–128.

bürgerschaft und evangelischer Religion aufgehoben wurde. Bis zur Mitte des 19. Jahrhunderts galten die alten, aus der Zeit des konfessionellen Staatsabsolutismus' geltenden Gesetze, wonach Untertanen, die von „der reinen evangelischen Lehre" abfielen, mit strengen Strafen bedroht wurden. Noch 1858 wurden in Schweden sechs Frauen, die zum katholischen Glauben übergetreten waren, aus dem Lande gewiesen.[12]

Dänemark ging hier den anderen skandinavischen Nachbarländern voran. Mit der Verfassung von 1849 wurde das Land von einer absoluten Monarchie in einen liberalen Verfassungsstaat transformiert. Zugleich trat eine neue Religionsgesetzgebung in Kraft, wodurch die freie Religionsausübung der Bürger garantiert wurde. Zwar behielt die Evangelischlutherische Landeskirche, von nun an „Die Volkskirche" (Folkekirken) genannt, ihre privilegierte Stellung als Staatskirche bei, und der kirchliche Einfluss auf das öffentliche Schulwesen wurde bis in die 1930er Jahre aufrechterhalten. Die Bürgerrechte waren aber nicht mehr von der Zugehörigkeit zur Staatskirche abhängig und das Recht der Eltern, selber über die religiöse Erziehung ihrer Kinder zu entscheiden sowie die Möglichkeit Privatschulen zu gründen, war gesetzlich garantiert. In der neuen Verfassung von 1953 wurde die Stellung der Volkskirche als eine vom Staat unterstützte öffentlich-rechtliche Institution bestätigt.[13] Auf Island, das bis 1918 Teil der dänischen Monarchie war, wurde 1874 eine ähnliche Religionsgesetzgebung eingeführt.[14]

Finnland, das bis 1809 ein Teil des schwedischen und danach des russischen Reiches war, erklärte sich nach der Proklamierung seiner Unabhängigkeit Ende 1918 als ein religiös neutraler Staat. Vier Jahre später wurde ein Religionsfreiheitsgesetz vom Parlament verabschiedet, das anstelle des restriktiven Religionsgesetzes von 1889 trat. Das Staatskirchensystem, das wie gesagt auch die Orthodoxe Kirche einbezieht, wurde jedoch beibehalten. In formeller Hinsicht wird jedoch nicht von Staatskir-

---

12 Yvonne Maria WERNER, Schwedentum und Katholizismus: Die historischen Wurzeln einer nationalen Antiphati, in: Ab Aquilone. A Scandinavian Tribute to Leonard Boyle, hg. von Marie-Louise RODÉN (Stockholm 2000) 182f.
13 SCHWARZ / LAUSTEN, A Church History (wie Anm. 9) 229–233, 281–284.
14 PÉTERSSON, Island (wie Anm. 2) 235f.

chen, sondern von „Volkskirchen" gesprochen.[15] In Schweden und Norwegen wurde die Religionsfreiheit als Prinzip des gesellschaftlichen Lebens erst 1951 bzw. 1956 eingeführt. Bis dahin wurden die Rechte anderer Religionsgemeinschaften durch sogenannte Dissentergesetze geregelt. In Schweden wurde erst mit dem Religionsfreiheitsgesetz von 1951 die formale Möglichkeit gegeben, aus der Staatskirche auszutreten, ohne einer anderen, vom Staat anerkannten Religionsgemeinschaft beitreten zu müssen. Mitglieder anderer religiöser Gemeinschaften waren dadurch diskriminiert, dass sie von der Teilhabe an gewissen demokratischen Rechten und auch von der Möglichkeit einer staatlichen Anstellung als Volksschullehrer oder Krankenschwester sowie den damit verbundenen Ausbildungen ausgeschlossen waren und zudem Kirchensteuer an die Staatskirche zu zahlen hatten. Diese Regelungen hatten zur Folge, dass die Mehrheit der Mitglieder der protestantischen Freikirchen ihre Mitgliedschaft in der schwedischen Staatskirche beibehielt.[16]

Dass die Religionsfreiheit in Norwegen und Schweden so spät eingeführt wurde, war nicht zuletzt eine Folge des im Norden tief verwurzelten Antikatholizismus. Weit verbreitet war die Befürchtung, dass die Katholische Kirche, wie dies in Ländern wie England, den Niederlanden und zum Teil auch in Dänemark, unter dem Schutz einer liberalisierten Religionsgesetzgebung der Fall war, eine offensivere Missionstätigkeit entwickeln und dabei erstarken könne. In allen skandinavischen Ländern, wo das Erbe der Reformation einen wichtigen Teil nationaler Identität und Kultur ausmachte, wurde der Katholizismus als eine Bedrohung der nationalen Sicherheit und Integrität des eigenen Landes betrachtet. Hier spielten der übernationale Charakter der Katholischen Kirche und die damit zusammenhängende Forderung nach Unabhängigkeit gegenüber der Staatsgewalt eine wichtige Rolle. Bis in die 1960er Jahre hinein war „die katholische Gefahr" ein immer wiederkehrendes Thema in den nordischen Medien. Auch die anfänglich negative Einstellung der nordischen Länder zu dem in den 1950er Jahren eingeleiteten europäischen Integrati-

---

15 Susan SUNDBACK, Förändringar av kyrka-stat relationerna i Finland, in: Mellom prinsipper og pragmatisme, hg. von Hans STIFOSS-HANSSEN / Inger FURSETH (Oslo 2008) 185–200.
16 BROHED, Religionsfrihetens och ekumenikens tid (wie Anm. 5) 255–258; WERNER, Rätt, religion (wie Anm. 11) 108–111.

onsprozess hing mit antikatholischen Ressentiments zusammen. Die starke katholische Präsenz in der damaligen Europapolitik diente als Argument gegen eine nähere politische Zusammenarbeit. Hier hat die durch das II. Vatikanische Konzil eingeleitete Neuorientierung der Katholischen Kirche und ihre ökumenische Öffnung eine Wende gebracht und den Weg für eine positivere Beurteilung des Katholizismus bereitet.[17]

Der Kampf um die Religionsgesetzgebung war aber vor allem durch die von den protestantischen Erweckungsbewegungen ausgehende Herausforderung bestimmt. In Dänemark, wo die rasche Ausbreitung der von Nicolai Frederik Grundtvig ins Leben gerufenen religiösen Laienbewegung die Aufrechterhaltung der strengen Staatskirchlichkeit unmöglich gemacht hatte, wurde mit dem Religionsfreiheitsgesetz von 1849 ein Rahmen geschaffen, innerhalb dessen sich das religiöse Leben frei entfalten konnte. Auch das von den Grundtvigianern geforderte Recht auf freie Gemeindegründung und Priesterwahl wurde anerkannt. Die mehr pietistisch orientierte Erweckung wurde im Verein für die Innere Mission Dänemarks zusammengefasst, der vor allem in den Großstädten zahlreiche Anhänger gewann. Der elastische Charakter des dänischen Staatskirchensystems hat dazu beigetragen, dass die dänischen Erweckungsbewegungen sich im Rahmen des Staatskirchensystems entwickeln konnten. Dies hat die Legitimität der Staatskirche gestärkt.[18]

In Schweden war die Entwicklung mehr durch Konfrontation geprägt, und hier wurde die Erweckungsbewegung in eine innerkirchliche und eine freikirchliche Richtung gespalten. Auch in Norwegen, das bis 1814 zu Dänemark gehörte und zwischen 1814 und 1905 in einer Personalunion mit Schweden verbunden war, haben sich Teile der Erweckungsbewegung zu Freikirchen entwickelt. Wie in den anderen nordischen Ländern zielten diese Bewegungen, die zum Teil von Pastoren der Staatskirche geleitet wurden, keineswegs auf die Gründung neuer kirchlicher Gemeinschaften, sondern auf die Rückführung der jeweiligen Landeskirche zur

---

17 Yvonne Maria WERNER, Schwedentum, Katholizismus und europäische Integration. Die katholische Kirche in Schweden nach 1945, in: Christliche Beiträge zur Europäischen Integration. Die politische Rolle der Kirchen. *Kirchliche Zeitgeschichte* 19 (2006) 81–106; Anti-Catholicism in a Comparative and Transnational Perspective, 1750–2000, hg. von Yvonne Maria WERNER (in Druck, Amsterdam 2013).
18 SCHWARZ / LAUSTEN, A Church History of Denmark (wie Anm. 9) 200–233, 239–257.

althergebrachten evangelischen Lehre und Ordnung. In Norwegen wurden die Mitte des 19. Jahrhunderts gegründeten Missionsvereine zur Gesellschaft für Innere Mission zusammengeführt, die in der Folgezeit eine starke Stellung innerhalb der Norwegischen Kirche einnehmen sollte und dazu beigetragen hat, dem norwegischen Luthertum ein konservatives Gepräge zu geben. Sie spielte eine wichtige Rolle bei der Gründung einer theologisch konservativen Freien Theologischen Fakultät an der Universität Oslo, die 1908 ihre Arbeit aufnahm und seitdem einen bedeutenden Einfluss auf die Priesterausbildung der Norwegischen Kirche ausgeübt hat. Unter den lutherischen Freikirchen in Schweden und Norwegen ragen vor allem der kongregationalistische Norwegische Missionsbund, der Schwedische Missionsbund, die Heilsarmee und die Pfingstkirche heraus. In Finnland entwickelten sich die überwiegend von Priestern angeführten Erweckungsbewegungen nur in Ausnahmefällen zu Freikirchen. Von außen kommende Freikirchen wie die Pfingstbewegung hatten nur wenig Einfluss auf die religiöse Entwicklung, die mehr noch als in den anderen skandinavischen Ländern vom lutherischen Konfessionalismus geprägt war.[19]

Die skandinavischen Erweckungsbewegungen können als betont konfessionalistische Volksbewegungen charakterisiert werden, die, ähnlich wie der katholische Ultramontanismus, überlieferte christliche Normen und Werte mit Hilfe moderner Organisationsformen verteidigten. Sie beriefen sich auf die Bibel sowie auf das von den Reformatoren stark herausgestellte allgemeine Priestertum. Ihre Forderungen waren damit in gewissem Sinne eine Frucht der lutherischen Personalisierung des Glaubens und standen zugleich im Einklang mit der liberalen Freiheitsdoktrin. In der skandinavischen Forschung werden die religiösen Erweckungsbewegungen deshalb oft als Wegbereiter der modernen, pluralistischen Gesellschaft dargestellt. Durch ihre Bibel- und Volkshochschulen, ihre religiös motivierten Vereine und ihr sozialpolitisches Engagement haben sie das Kirchenvolk zur demokratischen Partizipation und zur Infragestellung der vorherrschenden politischen Ordnung mobilisiert. Gleichzeitig trugen

---

19 Harald HEGSTAD, Den lavkirkelige vekkelsebevegelse i Norge, in: Nordiske Folkekirker (wie Anm. 2) 258ff, 266; OFTESTAD / RASMUSSEN / SCHUMACHER, Norsk Kirkehistoria (wie Anm. 3); MARTLING, De nordiska nationalkyrkorna (wie Anm. 7) 122–148, 152–177.

sie, obwohl ungewollt und entgegen ihrer Intention, zum Prozess der Säkularisierung der Gesellschaft bei, indem sie die Kompetenz des Staates in Religionsfragen bestritten und religiöser Glaube und Praxis als eine Sache der freien Entscheidung des Individuums darstellten.[20]

Das Verhältnis von Kirche und Staat

Seit dem Ende des 19. Jahrhunderts wurde in den skandinavischen Ländern das Staatskirchensystem von vielen Seiten stark in Frage gestellt und in den Parlamenten und kirchlichen Gremien fortlaufend diskutiert. In Schweden und Norwegen haben Vertreter der Kirche die Initiative ergriffen, um die Freiheit der Kirche gegenüber staatlichen Eingriffen zu wahren. So schlugen die Bischöfe der Schwedischen Kirche in einer gemeinsamen Erklärung von 1929 eine derartige Reform des Staatskirchensystems vor, welche aber vom Parlament abgewiesen wurde. Die in den folgenden Jahren durchgeführten Reformen haben die Einflussmöglichkeiten der Schwedischen Kirche in der Gesellschaft bedeutend geschwächt.[21] Die norwegischen Bischöfe waren in dieser Hinsicht erfolgreicher. Aus Protest gegen die deutsche Okkupation legten sie ihre Ämter als Staatsdiener nieder, behielten aber ihre Funktionen als Hirten. Ein Großteil des norwegischen Klerus folgte ihrem Beispiel. Während der drei letzten Kriegsjahre war die Evangelische Kirche Norwegens de facto eine Freikirche. Nach dem Krieg wurde die alte Staatskirchenordnung wiederhergestellt, aber die Norwegische Kirche konnte lange eine relativ selbstständige Stellung gegenüber dem Staat behaupten. Auch in Dänemark und Finnland gingen die evangelischen Nationalkirchen gestärkt aus dem Krieg hervor.[22]

Nach dem Zweiten Weltkrieg kam die Frage des Staatskirchensystems wieder auf die Tagesordnung. Eine Ausnahme bildete Island, wo die Stellung der Evangelischen Landeskirche eng mit dem Kampf um die 1944 erworbene Souveränität des Landes verbunden war und deswegen bis in

---

20 Religiösa väckelserörelser i Norden, hg. von Anders GUSTAVSSON (Lund 1984); Hanne SANDERS, Bondevækkelse og sekularisering. En protestantisk folkelig kultur i Danmark og Sverige 1820–1850 (Stockholm 1995).
21 BROHED, Religionsfrihetens och ekumenikens tid (wie Anm. 5) 26–40.
22 NORDERVAL, Den norske kirke (wie Anm. 2) 191–195, 203–206; Ingmar BROHED, Inledning. Kyrka-statfrågan (wie Anm. 2) 164–168.

die Gegenwart nicht ernstlich in Frage gestellt worden ist. Mit dem Kirchengesetz von 1997 wurde die isländische Gesetzgebung in kirchlichen Angelegenheiten auf die vierzig Jahre zuvor eingerichtete Kirchensynode übertragen.[23] In Dänemark, Norwegen, Finnland und Schweden wurden nach dem Krieg staatliche, parlamentarische und auch kirchliche Kommissionen eingesetzt, um Vorschläge zur Neuregelung der Beziehungen zwischen Kirche und Staat auszuarbeiten. Die Initiativen hierzu gingen meist von den Sozialdemokraten aus, die ideologisch gesehen dem Prinzip der Religion als Privatsache verpflichtet waren. In der praktischen Politik traten die Sozialdemokraten, die eine Verstärkung der konservativen Tendenzen in einer vom Staat unabhängigen Landeskirche befürchteten, jedoch oft eher als Verteidiger des Staatskirchensystems auf.[24] Sie scheuten sich auch nicht, dieses System zur Förderung eigener kulturpolitischer Ziele auszunutzen.

Dies trat besonders deutlich in Schweden hervor, wo die seit 1932 mit kurzen Unterbrechungen regierenden Sozialdemokraten eine ganze Reihe kirchenpolitischer Reformen durchsetzten, die zu einer Demokratisierung und Parteipolitisierung der kirchlichen Strukturen unter gleichzeitiger Schwächung des religiösen Inhalts führten. Als Folge dieser Reformen werden die kirchlichen Gremien nach den gleichen Prinzipien gewählt wie der Reichstag. Dies gilt auch für die Kirchensynode, die seit 1864 das höchste Organ der Schwedischen Kirche ist. Um wählbar zu sein, muss man zwar Kirchenmitglied, aber weder getauft noch gläubig sein. Durch eine 1982 beschlossene Reform wurde die schwedische Kirchengesetzgebung ganz dem Reichstag vorbehalten. Zugleich verlor die Kirchensynode ihr bis dahin geltendes Vetorecht. Die Machtbefugnisse der Bischöfe wurden reduziert und auf parteipolitisch gewählte Gremien übertragen. Es wurde weiterhin beschlossen, dass die Mitglieder der höchsten Kirchenleitung, das Zentralamt in Stockholm, nach Maßgabe der parteipolitischen Mehrheitsverhältnisse der Synode ausgewählt werden sollten.[25] Diese Parteipolitisierung der kirchlichen Strukturen war zum Teil von

---

23 PÉTURSSON, Island (wie Anm. 2) 238–241.
24 BROHED, Inledning. Kyrka-statfrågan (wie Anm. 2) 163–168, 171–174.
25 BROHED, Folkkyrkans ordning, staten och de politiska partierna, in: Nordiske Folkekirker (wie Anm. 2) 175–186.

dem Streben bestimmt, dem Einfluss sogenannter bekenntnistreuer und hochkirchlicher Gruppen eine effektive Grenze zu setzen.[26]

Ein weiterer großer Konfliktbereich zwischen Kirche und Staat betraf die Schule, wo kirchliche und säkulare Interessen einander gegenüberstanden. In den ersten Jahrzehnten des 20. Jahrhunderts wurde der Einfluss der evangelischen Landeskirchen auf den Schulunterricht abgeschwächt. Nach dem Zweiten Weltkrieg wurden in allen nordischen Ländern außer Finnland Schulreformen durchgeführt, die zu einer allmählichen Entkonfessionalisierung des Religionsunterrichts und zum Verlust der noch verbliebenen kirchlichen Kontrollmöglichkeiten führten. In Dänemark und Norwegen war man jedoch von politischer Seite eher geneigt, auf die Interessen der jeweiligen Landeskirche Rücksicht zu nehmen als in Schweden, und in den schulpolitischen Richtlinien wird die Bedeutung der kulturellen und ethischen Aspekte der evangelischen Tradition für die Gesellschaft hervorgehoben.[27] In Finnland wird das christliche Fundament der Grundschule auch heute noch betont, und der Religionsunterricht hat eine konfessionelle Ausrichtung. Mit dem neuen Religionsfreiheitsgesetz von 2003 haben alle Kinder das Recht, in ihrer eigenen Religion unterrichtet zu werden.[28]

Mit der Trennung von Kirche und Staat im Jahre 2000 bekam die Schwedische Kirche eine weitgehende Autonomie, die von einem Rahmengesetz geregelt ist, wonach sie evangelisch-lutherisch, offen, demokratisch und reichsumfassend sein soll. Zugleich trat eine neue Kirchenordnung in Kraft, welche die synodale Struktur der Schwedischen Kirche bestätigte. Einige Jahre vorher waren die Aufgaben des Einwohnermelde- und Standesamtes, die dahin von der Schwedischen Kirche durchgeführt wurden, in den Aufgabenbereich der staatlichen Steuerbehörden überführt worden. Zugleich wurde die bis dahin für jeden Schweden mit der Geburt automatisch geltende Mitgliedschaft in der Schwedischen Kirche

---

26 Daniel ALVUNGER, Nytt vin i gamla läglar. Socialdemokratisk kyrkopolitik under perioden 1944–1973 (Göteborg 2006) 170–181.
27 Lennart TEGBORG / Thorkild C. LYBY / Sigurd HJELDE / Gunnar BJÖRKS-TRAND / Hjalti HUGASON, Kirke og skole i et pluralistiskt Norden, in: Nordiske Folkekirker (wie Anm. 2) 315–375.
28 Siehe: http://evl.fi/EVLsv.nsf/Documents/5931A34239346496C22570FC002CACB3?OpenDocument&lang=SV (2012-10-21).

abgeschafft. Jetzt kann man also nur durch die Taufe Mitglied der Schwedischen Kirche werden.[29]

Die bisherige Kirchensteuer, die alle Bürger des Landes zu entrichten hatten, wurde durch eine Kirchengebühr ersetzt, die wie vorher die Steuer von den staatlichen Steuerbehörden erhoben wird. Diese Gebühr wird von allen Mitgliedern der Schwedischen Kirche entrichtet und beträgt etwa ein Prozent des steuerpflichtigen Einkommens. Die Höhe dieser Abgabe wird von den kirchlichen Gremien beschlossen. Um ökonomisch schwächeren Gemeinden zu helfen, gibt es ein Ausgleichssystem, aber die Kirchengebühr ist dennoch oft etwas höher in wirtschaftlich schwächeren Gemeinden auf dem Lande als in den Städten. Auch andere kirchliche und religiöse Gemeinschaften können sich der staatlichen Unterstützung bei der Erhebung ihrer Mitgliederbeiträge bedienen. Von dieser Möglichkeit haben die katholische Kirche und mehrere protestantische Freikirchen und auch einige islamische Gemeinden Gebrauch gemacht. Bis zum Jahr 2000 haben auch Nichtmitglieder der Schwedischen Kirche eine reduzierte Kirchensteuer an diese Kirche bezahlt. Nach der Neuregelung des Verhältnisses zwischen Kirche und Staat wurde eine besondere Beerdigungsabgabe, die von allen steuerpflichtigen Bürgern entrichtet wird und etwa 0,25 Prozent des Einkommens beträgt, eingeführt. Im Normalfall wird die Beerdigung von den Gemeinden der Schwedischen Kirche verwaltet und von der jeweiligen Kreisverwaltung überwacht. Es gibt auch besondere Beerdigungsbeauftragte, welche die Interessen derer, die nicht Mitglieder der Schwedischen Kirche sind, wahrnehmen. Die Kirchengebäude und andere kirchliche Kulturgüter werden teils durch die Kirchenabgabe, teils durch besondere staatliche Zuschüsse finanziert.[30]

Das kirchenrechtliche System Finnlands ist dem schwedischen ähnlich. Auch hier gibt es seit der Mitte des 19. Jahrhunderts eine Kirchensynode als höchstes kirchliches Organ der Evangelischen Kirche. Im Unterschied zu Schweden wurden die Rechte der Kirchensynode im Laufe des 20. Jahrhunderts verstärkt. Durch eine 1993 beschlossene Reform ist die Gesetzgebung in kirchenpolitischen Fragen der Kirchensynode vorbehalten. Das Parlament hat zwar ein Vetorecht, kann aber keine eigenen

---

29 BROHED, Religionsfrihetens och ekumenikens tid (wie Anm. 5) 276–281.
30 BÄCKSTRÖM / BECKMAN / ETTERSSON, Religious Change (wie Anm. 3) 41; ERÄ-ESKO, Beskattningsrätt (wie Anm. 9) 77–80.

Initiativen ergreifen. Neben der Kirchensynode gibt es seit 1908 auch eine Bischofskonferenz, deren Leitungsfunktionen 1974 auf den dreißig Jahre zuvor eingerichteten kirchlichen Zentralrat übertragen wurde, dem Geistliche und Laien angehören.[31] Die Tätigkeit der Evangelischen Kirche Finnlands wird zum großen Teil durch eine Kirchensteuer finanziert, die von den staatlichen Steuerbehörden eingezogen wird. Sie beträgt 1 bis 2 Prozent des zu versteuernden Einkommens, wobei auch Unternehmen kirchensteuerpflichtig sind. Eine ähnliche Regelung gilt für die Orthodoxe Kirche des Landes, die wie die Evangelische Kirche eine öffentlich-rechtliche Stellung hat. Auch die Erhaltung der Kirchengebäude und dazugehörigen Inventarien wird durch die Kirchensteuer finanziert.[32]

In Norwegen lag die oberste Kirchenleitung bis 1984 bei der Regierung, während die Kirchengesetzgebung vom Parlament ausgeübt wurde. Die 1917 errichtete Bischofskonferenz hatte nur eine beratende Funktion. Die nach dem Zweiten Weltkrieg geführten Diskussionen zur Frage des Staatskirchensystems galten vor allem dem Umfang kirchlicher Selbstbestimmung und Einfluss auf die Gesellschaft. In den 1950er Jahren verschärften sich die Gegensätze zwischen den regierenden Sozialdemokraten, die gemäß ihrem Prinzip ‚Religion ist Privatsache' den Einfluss der Kirche in sozialethischen und erziehungspolitischen Fragen einzudämmen suchte, und führenden Vertretern der Kirche. Ein Beispiel ist der sogenannte Höllenstreit, ein Konflikt zwischen dem theologisch konservativen Laienführer und Professor an der Freien Theologischen Fakultät in Oslo, Ole Hallesby, und dem liberaltheologisch geprägten Bischof von Hamar, Vilhelm Kristian Koren Schjelderup, über die Existenz ewiger Höllenstrafen. Der von konservativer Seite gegen den Bischof erhobene Vorwurf mangelnder Bekenntnistreue hat die Regierung veranlasst, die Oberhoheit des Staates über die Kirche stärker auszudehnen. In den 1970er Jahren haben die Sozialdemokraten eine positivere Einstellung zur Kirche und kirchlichen Selbstbestimmung entwickelt. Verschiedene Reformvorschläge zur Modernisierung der kirchlichen Strukturen wurden diskutiert und zum Teil auch durchgeführt. So wurde 1984 eine Kirchensynode als höchstes kirchliches Repräsentationsorgan eingerichtet, dem

---

31 Juha SEPPO, Finland: Folkkyrka i ett alltmer pluralistiskt samhälle, in: Nordiske Folkekirker (wie Anm. 1) 213–223.
32 ERÄ-ESKO, Beskattningsrätt (wie Anm. 9) 54ff, 143–154.

Bischöfe, Pfarrer und Laien angehörten. Zugleich erhielt die Bischofskonferenz einen offiziellen Status als Zentralorgan der Norwegischen Landeskirche. Die neuen Regelungen wurden in dem neuen Kirchengesetz von 1996 zusammengefasst, wo die identitätsstiftende Funktion und der demokratische Charakter der Norwegischen Kirche unterstrichen werden.[33]

Auf Initiative der norwegischen Kirchensynode hat das Kirchendepartement 2003 eine Kommission eingesetzt, um Vorschläge zur Reform des Verhältnisses zwischen Kirche und Staat vorzulegen. Nach umfassenden Begutachtungen und „Hearings" einigte sich das norwegische Parlament auf ein Gesamtpaket zur Reform des Staatskirchensystems, das nach einer Verfassungsänderung im Mai 2012 in Kraft getreten ist. Der Monarch ist nicht mehr Oberhaupt der Kirche und der Status des lutherischen Bekenntnisses als „öffentliche Religion" wurde abgeschafft. Stattdessen ist künftig von einer „nationalen Kirche Norwegens" die Rede, die aber wie früher vom Staat finanziert wird und deren Stellung in der norwegischen Verfassung festgeschrieben ist. Das kirchliche Personal bleibt dienstrechtlich im Status von Staatsbeamten und die kirchlichen Verwaltungsstrukturen sind auch weiterhin Teil des Staatsapparats. Für die Erhaltung der kirchlichen Kulturgüter werden wie bisher besondere Steuermittel veranschlagt. Bestehen geblieben ist auch das Gesetz, nach dem Neugeborene automatisch Mitglieder der Evangelischen Kirche Norwegens werden, wenn mindestens ein Elternteil ihr angehört. Die Erklärung beider Elternteile ist erforderlich, um das Kind von der Kirche abzumelden.[34]

In Dänemark hat man das Staatskirchentum bewahrt, teils weil man keine einigende Lösung für eine Neuregelung des Staat-Kirche-Verhältnisses finden konnte, teils weil die meisten Beteiligten keine Änderung wünschten. Das dänische Kirchensystem ist dezentral aufgebaut. Von dem 1954 gebildeten Rat für Ökumene und zwischenkirchlichen Beziehungen einmal abgesehen, fehlen öffentlich-rechtliche, zentrale kirchliche Gremien. Alle Versuche zur Einführung einer Kirchensynode als

---

33 NORDERVAL, Den norske kirke (wie Anm. 2) 191–210; Bernt T. OFTESTAD, Den norske statsreligionen; fra øvrighetskirke til demokratisk statskirke (Kristiansand 1998) 204–247, 262–287.
34 FISKNES, Den norska kyrkan och staten (wie Anm. 5) 18–22.

oberstes kirchliches Leitungsorgan sind fehlgeschlagen. Es gibt zwar eine Dänische Bischofssynode, aber die Bischöfe vertreten nur ihre Diözesen, nicht die Dänische Landeskirche als solche. Die kirchenpolitische Entwicklung wurde von der volkskirchlichen Linie der Sozialdemokraten bestimmt, die auf eine stärkere Anpassung der Kirche an die demokratische Struktur der Gesellschaft angelegt war und so als eine Alternative zu dem bis dahin vorherrschenden bekenntnisorientierten Modell grundtvigianischer Prägung hervortrat. Eine 1953 durchgeführte Reform des Dänischen Grundgesetzes bestätigte die alten Bestimmungen, wonach die kirchliche Gesetzgebung vom Parlament (Folketinget) und die kirchliche Verwaltung vom Kirchenministerium wahrgenommen werden. Die dezentrale Struktur der Dänischen Volkskirche wird auch durch die starke Stellung der Gemeinden und Gemeinderäte markiert. Diese aus Laien und Geistlichen bestehenden Räte, deren Rechte zuletzt durch ein 1984 erlassenes Gesetz bestätigt wurden, nehmen auch an Pfarrer- und Bischofswahlen teil.[35]

Die Dänische Volkskirche wird aus staatlichen Mitteln unterstützt. Die Kirchensteuer, die im Jahre 1920 nach Abschaffung des Zehents eingeführt wurde, wird von der örtlichen Kirchengemeinde festgesetzt und muss von der politischen Gemeinde und vom Kirchenministerium bestätigt werden. Sie ist lokal unterschiedlich, kann bis zu 7 Prozent betragen und wird mit der Lohn- und Einkommenssteuer eingehoben. Etwa drei Fünftel der kirchlichen Haushalte werden direkt aus staatlichen Mitteln finanziert. In dem Kirchenbudget sind auch Mittel zur Erhaltung der Kirchengebäude und der Friedhöfe inbegriffen. Die Zivilregistrierung wird mit Ausnahme von Sønderjylland (nördliche, dänische Teil von Schleswig) von der Dänischen Kirche gehandhabt. In Sønderjylland, das bis 1920 zum Deutschen Reich gehörte, wird sie von den Kommunen besorgt.[36]

Auf Island wurde nach der Erlangung der staatlichen Unabhängigkeit 1918 die evangelische Landeskirche enger an den Staat gebunden und ähnlich wie in Dänemark eine moderne Kirchensteuer eingeführt. Seit

---

35 Peter LODBERG, The Evangelical Lutheran Church in Denmark, 1940–2000, in: Nordic Folk Churches (wie Anm. 10) 22–26; STENBÆK, Danmark (wie Anm. 2) 224–234.
36 ERÄ-ESKO, Beskattningsrätt (wie Anm. 9) 73ff. Siehe auch: http://www.folkekirken.dk/om-folkekirken/kirkeskat/ (2012-10-21).

dem Jahr 2000 hat der Staat auch die Verantwortung für die Einziehung der Kirchenbeiträge der Mitglieder anderer, offiziell anerkannter Religionsgemeinschaften. Bürger, die keiner Religionsgemeinschaft angehören, zahlen statt Kirchensteuer eine Abgabe an die Universitäten. Ähnlich wie in Schweden gibt es neben der Kirchensteuer auch eine Beerdigungsabgabe.[37]

Abschließende Bemerkungen

Die kirchenpolitische Entwicklung in den skandinavischen Ländern weist viele Ähnlichkeiten auf. In sämtlichen Ländern ging es um die Frage, wie sich die evangelischen Landeskirchen in die demokratische Wohlfahrtsgesellschaft integrieren und welche Freiheiten den Kirchen zugestanden werden sollten. Vor allem aber ging es darum, wie man sich staatlicherseits verhalten sollte, wenn die überlieferte christliche Wertordnung als ein Hindernis zur Durchführung politischer Reformen empfunden wurde.

Die starke Bindung der evangelischen Volkskirchen an den Staat hat dazu beigetragen, dass die Möglichkeit, eine eigene, von der christlichen Tradition geprägte Linie in ethischen Fragen zu vertreten sehr gering ist, wenn diese Prinzipien mit den in der übrigen Gesellschaft vorherrschenden Normen in Konflikt geraten. Ein gutes Beispiel bietet hier die Debatte um die Legitimierung außerehelicher und homosexueller Gemeinschaften und des Schwangerschaftsabbruchs. Die evangelischen Volkskirchen haben sich gewiss dagegen gewehrt und konservative kirchliche Gruppen haben dagegen starken Widerstand geleistet. Heute aber werden die staatlichen Regelungen auf diesem Gebiet von den offiziellen Vertretern der evangelisch-lutherischen Landeskirchen akzeptiert oder stillschweigend hingenommen.[38]

Rund 75 Prozent der Skandinavier sind Mitglieder der jeweiligen evangelischen Volkskirche. Die Mitgliedschaft beruht aber zumeist nicht auf religiöser Überzeugung sondern darauf, dass die evangelischen Volkskirchen eng mit der nationalen Identität verbunden sind. Religiös motivierte Forderungen auf persönlichem Gebiet, die im Gegensatz zu

---

37 PÉTURSSON, Island (wie Anm. 1) 238f; ERÄ-ESKO, Beskattningsrätt (wie Anm. 9) 76, 261. Siehe auch: http://www2.kirkjan.is/stjornsysla/fjarmal (2012-10-21).
38 LODBERG / RYMAN, Church and Society (wie Anm. 10) 105–121.

den von der Gesellschaft sanktionierten Normen stehen, werden abgelehnt. Allgemein verbreitet ist die Ansicht, dass die Kirche sich den allgemein geltenden Normen und Werteordnungen anpassen solle. Hierfür bietet nicht zuletzt die Forderung nach Zulassung homosexueller Paare zur kirchlichen Trauung ein gutes Beispiel.[39] In den letzten Jahren wurden in allen skandinavischen Ländern außer Finnland eine geschlechtsneutrale Ehegesetzgebung und als Folge die Möglichkeit einer kirchlichen Segnung gleichgeschlechtlicher Partnerschaften eingeführt. Der nächste Schritt, der jetzt diskutiert wird und der 2009 von der Synode der Schwedischen Kirche und 2012 von dem dänischen Parlament beschlossen wurde, ist die kirchliche Trauung gleichgeschlechtlicher Paare.[40]

Die Tätigkeit der evangelischen Nationalkirchen wird in sämtlichen nordischen Ländern vom Staat mitfinanziert; in Finnland gilt dies auch für die Orthodoxe Landeskirche. Dänemark, Finnland, Norwegen und Island haben eine Kirchensteuer, während in Schweden nach Neuregelung des Verhältnisses zwischen Kirche und Staat im Jahre 2000 diese durch eine Kirchengebühr ersetzt wurde, die aber auch hier von den staatlichen Steuerbehörden erhoben wird. Schweden und Island haben dazu eine besondere Beerdigungsabgabe, die von allen steuerpflichtigen Bürgern entrichtet wird. In Dänemark und Finnland wird nur die Tätigkeit der Volkskirchen mit staatlichen Mitteln unterstützt, während in Schweden, Norwegen und auf Island auch andere kirchliche und religiöse Gemeinschaften sich der staatlichen Unterstützung bei der Erhebung ihrer Mitgliederbeiträge bedienen können.

Trotz vieler Gemeinsamkeiten gibt es auch Unterschiede zwischen den kirchenpolitischen Systemen der nordischen Länder. In Schweden und Finnland ist die kirchliche Struktur stärker zentralistisch ausgerichtet als in Dänemark, auf Island und teilweise auch in Norwegen, wo das kirchli-

---

39 Susan SUNDBACK, Medlemskapet i de lutherska kyrkorna i Norden; Anders BÄCKSTRÖM: De kyrkliga handlingarna som ram, relation och välbefinnande, in: Folkkyrkor och religiös pluralism – den nordiska religiösa modellen, hg. von Göran GUSTAFSSON / Thorleif PETTERSSON (Stockholm 2000) 34–73, 134–171.
40 Siehe: http://www.kirken.no/index.cfm?event=doLink&famId=296372; http://www.kirken.no/?event=doLink&famID=6892;http://www.kristeligt-dagblad.dk/homoseksuelle-vielser;http://evl.fi/EVLUutiset.nsf/Documents/A7D550F318C68B76C22572660 05B7B7D?OpenDocument&lang=SV; http://www.svenskakyrkan.se/default.aspx?id = 708602 (2012-10-21).

che System von unten nach oben strukturiert und das Selbstbestimmungsrecht der Gemeinden seit alters her viel stärker ist als in den beiden anderen skandinavischen Ländern. Die Stellung sogenannter bekenntnistreuer und konservativer Gruppen ist im Laufe der Zeit immer schwächer geworden. Dies ist nicht zuletzt in Schweden der Fall, wo liberaltheologische Ideen lange die Oberhand gehabt haben. Auf dem liturgischen Gebiet sind die Entwicklungen dagegen zum großen Teil von der hochkirchlichen Bewegung bestimmt worden, was zu einer Ritualisierung und weitgehenden Umgestaltung des evangelischen Gottesdienstes nach katholischen und auch ostkirchlichen Vorbildern geführt hat. Ähnliche Tendenzen machen sich auch in der evangelischen Kirche Finnlands und Norwegens bemerkbar. Die evangelischen Volkskirchen Dänemarks und Islands halten dagegen an überlieferten, evangelischen Gottesdienstformen fest.[41]

---

41 BROHED, Religionsfrihetens och ekumenikens tid (wie Anm. 5) 248, 292ff; Gunnar HEIENE, Theology and spirituality, in: Nordic Folk Churches (wie Anm. 10) 145–148. Siehe auch: http://www.svenskakyrkan.se/default.aspx?id=656216; http://www.Folkekirken.dk/gudstjeneste/;http://evl.fi/EVLsv.nsf/Documents/20579AEE40B79595C2 2572C900426053?OpenDocument&lang=SV; http://www.kirken.no/?event=doLin k& famID=178213 (2012-10-21).

Hat Österreichs Kirchenbeitragsgesetz aus der NS-Zeit Zukunft oder ist Steuerwidmung für Kirchen und Staat die Alternative?

Rudolf K. Höfer

Die provokante Frage kann nicht vorschnell beantwortet werden, sondern die historische Entwicklung des österreichischen, in Europa heute einzigartigen Kirchenbeitragssystems soll dargestellt werden, bei dem vier Kirchen, die Katholische, Evangelische, Reformierte und die Altkatholische auf der Grundlage eines staatlichen Gesetzes Beiträge selbst einheben. Einige Folgewirkungen sowie Überlegungen und Möglichkeiten einer Änderung der Finanzierung im Rahmen der europäischen Entwicklung sollen aufgezeigt werden.

Bis zum Jahr 1939 wurde die Katholische Kirche in Österreich aus dem Religionsfonds, der unter Kaiser Joseph II. ab dem Jahr 1782 aus der Vermögenssubstanz von 700 bis 800 aufgehobenen Klöstern gebildet worden war, und durch die staatliche Kongrua finanziert, weil die Erträge aus dem Religionsfonds für die vielfältigen Erfordernisse nicht mehr ausreichend waren. Es ist positiv hervorzuheben, dass Joseph II. diese Vermögenssubstanz für kirchliche Zwecke sichergestellt wissen wollte.

Nach dem Einmarsch deutscher Truppen am 12. März 1938 in Österreich unterzeichneten eine Woche später die österreichischen Bischöfe die sogenannte *„Feierliche Erklärung"*, die Metropoliten von Wien und Salzburg, Kardinal Theodor Innitzer und Erzbischof Sigismund Waitz hierzu noch ein *Vorwort*. Kardinal Innitzer unterschrieb schließlich das *Begleitschreiben* mit dem vielkritisierten, eigenhändigen *„Heil Hitler"*, nicht ahnend, dass kurz darauf alle drei Dokumente als Propaganda für die Anschlussabstimmung am 10. April dienen sollten.[1] Die Verhandlungen über einem Modus vivendi mit den neuen NS-Machthabern wurden im Sommer 1938 abgebrochen. Nach dem Rosenkranzfest am 7. Oktober 1938, das zu einer Widerstandsdemonstration der katholischen Jugend geworden war, wurde am Tag darauf das Wiener erzbischöfliche Palais von Nationalsozialisten verwüstet, dabei auch ein Priester aus einem Fenster gestürzt und schwer verletzt.[2]

Kirchenbeitragsgesetze in den von Adolf Hitler annektierten Ländern

Mit sofortiger Wirkung und ohne Übergangsfrist wurde ab 1. Mai 1939 vom NS-Regime das Kirchenbeitragsgesetz in Österreich für vier anerkannte Religionsgemeinschaften (Katholiken, Evangelische, Reformierte und Orthodoxe) oktroyiert. Gleiches geschah nach der Annexion im Sudetenland und in Polen bei der Annexion von Schlesien, in Polen im Warthegau, im Westen im Gebiet von Eupen-Malmedy (Belgien), in Elsass-Lothringen (1940), in der Untersteiermark und Oberkrain (1941). Verträge und Gesetze in diesen besetzten Ländern wurden ignoriert und die bisherigen finanziellen Leistungen an die Kirchen ersatzlos gestrichen.[3] Das Gesetz sollte zum Modell für eine „spätere reichseinheitliche Regelung" im gesamten Deutschen Reich werden. In den von den alliierten Truppen im Jahr 1945 befreiten Ländern hat man die NS-Kirchenbeitragsgesetze wieder beseitigt, nur in Österreich blieb dieses erhalten.

---

1 Maximilian LIEBMANN, Vom März zum Oktober 1938. Die katholischen Diözesanbischöfe und der Nationalsozialismus in Österreich, hg. von der Arbeitsgemeinschaft der österreichischen Pastoral- und Seelsorgeämter (St. Pölten 1988) 6–9.

2 Maximilian LIEBMANN, Von der Dominanz der katholischen Kirche zu freien Kirchen im freien Staat – vom Wiener Kongreß 1815 bis zur Gegenwart, in: Geschichte des Christentums in Österreich. Von der Spätantike bis zur Gegenwart, hg. von Rudolf LEEB / Maximilian LIEBMANN / Georg SCHEIBELREITER / Peter G. TROPPER (Österreichische Geschichte, Wien 2003) 361–456, 517–536; 431.

3 Erwin GATZ, Wie es zur Kirchensteuer kam. Zum Wandel der Kirchenfinanzierung in Mitteleuropa. *Herder Korrespondenz* 54 (2000) 564–569, 567; ders., Die Zeit der nationalsozialistischen Herrschaft in Deutschland und in den annektierten Gebieten, in: Die Kirchenfinanzen, hg. von Erwin GATZ (Geschichte des kirchlichen Lebens 6, Freiburg-Basel-Wien 2000) 272–280, 276–279.

Zur Genese des Kirchenbeitragsgesetzes in Österreich

Einen entscheidenden Schritt zu diesem Gesetz in Österreich sah der anerkannte Wiener Professor für Kirchenrecht, Willibald Plöchl, in einem Brief des Gauinspektors Hans Berner vom 6. Dezember 1938 an den Gauleiter Josef Bürckel, in dem sich folgender Satz findet: „Bei der Mentalität der hiesigen Bevölkerung, welcher der Begriff einer katholischen Kirchensteuer völlig fremd ist, würde die Einführung einer solchen einen vernichtenden Schlag gegen die Kirchenorganisation bedeuten".[4] Einen Entwurf des geplanten Kirchenbeitragsgesetzes hat dann der nationalsozialistische Staatskommissar Friedrich Plattner, Leiter der Abteilung IV im österreichischen Ministerium für innere und kulturelle Angelegenheiten, unter Beteiligung des nach Wien beorderten Oberregierungsrates Kurt Krüger verfasst. Durch den Chef der Reichskanzlei, Hans Lammers, wurde der Gesetzesentwurf Adolf Hitler vorgelegt, der verlangt hat, die im Entwurf vorgesehene staatliche Verwaltungsvollstreckung zu streichen und die Kirchen in Österreich auf den Zivilrechtsweg zu verweisen.[5] Auf Weisung Hitlers durfte das für Österreich entworfene Gesetz auch nicht wie in Deutschland seit dem Jahr 1919 Kirchensteuergesetz (staatliche Steuer), sondern nur Kirchenbeitragsgesetz (Beiträge wie für private Vereine) heißen.[6] Die Aufnahme der kleineren anerkannten Religionsgemeinschaften – wie auch der israelitischen in Österreich – in das neue Gesetz hielten die NS-Machthaber für entbehrlich. Hitler erklärte das Ös-

---

4 Willibald M. PLÖCHL, Zur Vorgeschichte und Problematik des Kirchenbeitragsgesetzes in Österreich, in: Für Kirche und Recht. Fs. für Johannes Heckel zum 70. Geburtstag, hg. von Siegfried GRUNDMANN (Köln-Graz 1959) 108–119, 108; Maximilian LIEBMANN, Die Genese des Kirchenbeitragsgesetzes vom 1. Mai 1939, in: Kirchliches Finanzwesen in Österreich. Geld und Gut im Dienste der Seelsorge, hg. von Hans PAARHAMMER (Thaur bei Innsbruck 1989) 93–115, 93.
5 Helmut SLAPNICKA, Geschichtliche Entwicklung der Kirchenfinanzierung in Österreich seit 1938, in: PAARHAMMER, Finanzwesen (wie Anm. 4) 77–92, 82; Hans R. KLECATSKY, Lage und Problematik des österreichischen Kirchenbeitragsgesetzes, in: Essener Gespräche zum Thema Staat und Kirche, hg. von Joseph KRAUTSCHEIDT / Heiner MARRÉ (Münster 1972) 54–102, 54; Maximilian LIEBMANN, Theodor Innitzer und der Anschluß. Österreichs Kirche 1938 (Grazer Beiträge zur Theologiegeschichte und kirchlichen Zeitgeschichte 3, Graz-Wien 1988) 221.
6 Gesetz: Erhebung von Kirchenbeiträgen im Lande Österreich. *Gesetzblatt für Österreich,* 111. Stück, Jg. 1939, Nr. 543; Maximilian LIEBMANN, Theodor Innitzer, und der Anschluss. Österreichs Kirche 1938 (Grazer Beiträge zur Theologiegeschichte und Kirchlichen Zeitgeschichte 3, Graz-Wien-Köln 1988) 209–238, 217.

terreichische Konkordat von 1933/34 am 22. Mai 1938 für ungültig und schuf einen Konkordats freien Raum.[7]

Das Kirchenbeitragsgesetz

Gerade zwei Druckseiten umfasst das Kirchenbeitragsgesetz, es wurde im Gesetzblatt für das Land Österreich veröffentlicht und lautet: „Gesetz: Erhebung von Kirchenbeiträgen im Lande Österreich". Es wurde vom Reichsstatthalter Seyß-Inquart mit der Publikation in Kraft gesetzt.[8]

In der NS-Politik hatten die genannten Kirchen keinen Platz in der Öffentlichkeit, nur die verschiedenen NS-Formationen sollten den öffentlichen Raum beherrschen, die Kirchen dagegen verdrängt werden.[9] Der einseitigen Erklärung Hitlers, dass das Österreichische Konkordat mit dem Hl. Stuhl nicht mehr existiere, folgte bald ein Kirchenkampf in Österreich mit Beschlagnahmung hunderter Klöster, dem Verbot der religiösen Vereine und der Auflösung von etwa 1400 Privatschulen als praktische Umsetzung dieser Ideologie.[10] Betroffen von dieser Politik waren auch die Evangelische und die Altkatholische Kirche sowie weitere Religionsgemeinschaften.

Erklärtes Ziel war es, „die Kirchen als private Vereine verkümmern zu lassen und sie zu gegebener Zeit zu liquidieren".[11] Eine mit dem Gesetz erhoffte Austrittsbewegung sollte die Kirchen finanziell aushungern. Die Folgen wurden rasch sichtbar. In einer ersten Austrittswelle von 1939 bis 1942 verließen ca. 300.000 Gläubige die Katholische Kirche in Österreich. Erst als sich die Niederlage der Wehrmacht abzeichnete, begannen die Eintritte wieder zu steigen.

Mit der dritten Durchführungsverordnung wurde per Erlass vom 30. Juli 1940 rückwirkend ab 1. April 1940 der Religionsfonds in Österreich aufgelöst, aus dem bis dahin die Finanzierung des Klerus und der

---

7 Klaus SCHOLDER, Österreichisches Konkordat und nationalsozialistische Kirchenpolitik. *Zeitschrift für evangelisches Kirchenrecht* 20 (1985) 230–243, 232–234.
8 Gesetz: Erhebung (wie Anm. 6) Nr. 543, Faksimile gedruckt bei Maximilian LIEBMANN, Genese (wie Anm. 4) 107, wo auch die Gesetzesentwürfe abgedruckt sind. KLECATSKY, Lage und Problematik (wie Anm. 5) 54.
9 Rudolf K. HÖFER, Kulturkampfversuch, der an Zeiten des Terrors erinnert. *Die Presse*, 6. April 2013, 33.
10 SLAPNICKA, Geschichtliche Entwicklung (wie Anm. 5) 82.
11 GATZ, Kirchensteuer (wie Anm. 3) 567f.; SCHOLDER, Konkordat (wie Anm. 7) 232f.

kirchlichen Bauten erfolgt war, und das Vermögen dem deutschen Reichsministerium für Finanzen einverleibt, d. h. beschlagnahmt. Die Verwaltung des Religionsfonds wurde bis 31. März 1941 den Gauleitern übertragen, während die davon betroffenen Religionsgemeinschaften ihre Baulichkeiten nun selbst zu erhalten hatten.[12]

Bischöfe protestieren gegen das Beitragsgesetz

Die katholischen Bischöfe protestierten am 31. Mai 1939 schriftlich und geschlossen gegen das vom NS-Regime verordnete Kirchenbeitragsgesetz, indem sie „die ernstesten Vorstellungen gegen dieses Gesetz" erhoben. Sie wiesen darauf hin, dass „den Gläubigen eine Last auferlegt [wurde], (wohl) ohne dafür der Allgemeinheit eine entsprechende Ermäßigung der staatlichen Steuern zu bringen". Weiter heißt es im Protestschreiben: „Wogegen wir uns aber mit allem Nachdruck zunächst wenden müssen, ist, dass durch das Gesetz alle Verpflichtungen des Staates, der in staatlicher Verwaltung stehenden Fonds, der Gemeinden, der Pfarrverbände und der öffentlichen Patrone zur Deckung der kirchlichen Sach- und Personalbedürfnisse aufgehoben werden."[13] Ebenso haben die Bischöfe „den Geist der Verdrängung der christlichen Religion aus der staatlichen Öffentlichkeit" benannt.[14]

Der Aufbau des Kirchenbeitragssystems

Nach der Publikation des NS-Gesetzes wurden Vorbereitungen zur Einhebung der Kirchenbeiträge getroffen. Die Budgetplanung wurde erstellt, Diözesankirchenräte auf der Diözesanebene beschlossen die Höhe der Kirchenbeiträge und die Pfarrkirchenräte in den Pfarreien wurden bestellt bzw. ernannt, die bei der Einhebung der Beiträge unterstützen oder diese tragen sollten.[15] Um 1952 wurden Kirchenbeitragsstellen für mehrere Pfarreien oder ein ganzes Dekanat eingerichtet und die Katholikenkartei-

---

12 Schreiben des Reichsstatthalters von Niederdonau vom 28. Aug. 1940, im DA St. Pölten, Memelauer 2; Helmut BEROUN, St. Pölten, in: PAARHAMMER, Finanzwesen (wie Anm. 4) 510–523, 510.
13 Klaus SCHOLDER, Konkordat (wie Anm. 7) 239; LIEBMANN, Genese (wie Anm. 4) 108.
14 Ebd. 108.
15 Burkhard KRONAWETTER, Gurk, in: PAARHAMMER, Finanzwesen (wie Anm. 4) 559–567, 561.

en dorthin übergeben.[16] Heute heben neun diözesane Beitragsämter die Kirchenbeiträge ein.

Als Leiter des Seelsorgeamtes in Wien hat Karl Rudolf schon 1940 in einem Merkblatt über die Erfahrungen seit der Einführung der Kirchenbeiträge die neue Aufgabe so umschrieben: „Die Tätigkeit für die Kirchenbeiträge ist zunächst nicht wesentliche Seelsorgeaufgabe ... gehört zu ihr wie der Leib zur Seele, wie der äußere Aufbau der Kirche zum Reich Gottes auf Erden oder zu Christus ... wir sehen in ihr auch unser Amt."[17] Der Gurker Finanzkammerdirektor Burkhard Kronawetter schrieb diese Sicht fort: „Die Seelsorger mussten sich daran gewöhnen, als Steuerbeamte und Steuereintreiber angesehen zu werden ... ein dauerndes Spannungsfeld zwischen Seelsorge und Geldsorge".[18] Das Resümee, dass „der Kirchenbeitrag ... zum modernen Seelsorgemittel wurde"[19], wirkt angesichts der in der Gegenwart höchsten Austrittszahlen in Europa seltsam.

Kirchenbeitragsgesetz blieb 1945 bestehen

Die noch während des Krieges steigenden Kirchenbeitragsaufkommen wurden auch damit erklärt, dass kaum Möglichkeiten bestanden, Geld zu verbrauchen, weshalb auch Spenden den Kirchen zuflossen. Aus Berichten geht hervor, dass viele Menschen die Beitragsleistung als Zeichen ihrer Ablehnung des NS-Regimes verstanden haben.[20]

Die Eintritte haben 1945 wieder zugenommen. Die Bereitschaft, den Beitrag zu entrichten, war zurückgekehrt. Die Bischöfe konnten allein über den eingehobenen Kirchenbeitrag verfügen. Bald stellte die Kirche ehemalige Nationalsozialisten, die ihre Arbeit im staatlichen Bereich verloren hatten, ein. So z. B. hat Bischof Ferdinand Stanislaus Pawlikowski von Graz-Seckau ehemalige und außer „Dienst gestellte nationalsozialis-

---

16 Siegfried PRIMETSHOFER, Linz, in: PAARHAMMER, Finanzwesen (wie Anm. 4) 525–532, 528.
17 DAW, Finanzkammer, Diözesanhaushaltsplan und Rechnungen 1940–41, 1942, zit. Brigitta KLIEBER, Wien. in: PAARHAMMER, Finanzwesen (wie Anm. 4) 483–501, 488.
18 KRONAWETTER, Gurk (wie Anm. 15) 559.
19 Ebd. 561.
20 Josef SCHOISWOHL, Beginn der Kirchenbeitragseinhebung in Österreich und Gründung der Finanzkammer Wien. Ein Zeitzeuge erzählt, in: PAARHAMMER, Finanzwesen (wie Anm. 4) 253–266, 262.

tische Polizisten, Gendarmen in einem Akt der Versöhnung in der Kirchenbeitragsstelle beschäftigt". Sie brachten „die fachlichen Voraussetzungen für die Erfassung der zur Beitragsleistung verpflichteten Katholiken mit", schreibt Josef Gross, der ehemalige Finanzkammerdirektor von Graz-Seckau.[21]

Auseinandersetzung um das Konkordat in der Zweiten Republik

Über die gesamte Besatzungszeit durch die alliierten Mächte ab 1945 hinaus blieb in Österreich die politische Auseinandersetzung um die Frage, ob das von Adolf Hitler für ungültig erklärte Österreichische Konkordat weiterhin gelten solle oder nicht, ohne Konsens. Erst am 21. Dezember 1957 einigte sich die Koalitionsregierung von Österreichischer Volkspartei und Sozialdemokratischer Partei und teilte dem Hl. Stuhl eigens die Gültigkeit des 1933 abgeschlossenen Konkordats mit.[22] Der neu gewählte Bundespräsident Adolf Schärf sagte zum neuen Klima in Österreich: „Ich will alles daran setzen, dass in diesem Klima eine Regelung des Verhältnisses zwischen dem Staat und der römisch-katholischen Kirche erfolgt, ohne dass dabei Sentimentalitäten von einst geweckt werden."[23] Aufgrund des Staatsvertrages von 1955 musste die Republik Österreich Restitutionsverpflichtungen eingehen. Darin ist die Wiedergutmachung für verursachte Schädigungen am kirchlichen Vermögen durch § 5 des Kirchenbeitragsgesetzes und Schäden infolge Auflösung des Religionsfonds sowie der Verstaatlichung seines Vermögens verlangt. Die weiteren Verhandlungen führten zum Zusatzvertrag von 1960,[24] in dem zwischen der Republik Österreich und dem Hl. Stuhl die Weiterverwaltung des Religi-

---

21 Josef GROSS, Rezeption des Kirchenbeitrages, in: PAARHAMMER, Finanzwesen (wie Anm. 4) 469–480, 575.
22 Alfred KOSTELECKY, Anerkennung der Rechtsgültigkeit des österreichischen Konkordats durch die Zusatzverträge mit dem Hl. Stuhl in den Jahren 1960 bis 1976, in: Kirche und Staat. Fritz Eckert zum 65. Geburtstag, hg. von Herbert SCHAMBECK (Berlin 1976) 215–239.
23 *Wiener Zeitung,* 23. Mai 1957, 2; Hans PAARHAMMER, Kirche und Staat in der zweiten Republik, in: Im Dienst von Kirche und Staat. In memoriam Carl Holböck, hg. von Franz POTOTSCHNIG / Alfred RINNERTHALER (Kirche und Recht 17, Wien 1985) 557–576, 564.
24 LIEBMANN, Dominanz (wie Anm. 2) 444.

onsfonds durch die Republik Österreich festgelegt wurde.[25] Außerdem wurde im Art. II, Abs. 4 des Vermögensvertrages der Kirchenbeitrag aufgenommen: „Die Kirchenbeiträge werden weiter eingehoben".[26] Gegen die Einsichtnahme in die kirchlichen Haushaltspläne wandte sich 1946 die diözesane Finanzkammer Salzburgs an Erzbischof Andreas Rohracher: „die geforderte Einsichtnahme in die Verwendung eigener kirchlicher Mittel durch den Staat wiederspricht der Freiheit der Kirche, die nach dem Kirchenrecht eine societas perfecta darstellt".[27] Diese Sicht ist heute bisweilen erschüttert. Beim Vermögensvertrag fielen die im KB-Gesetz § 4 enthaltenen Bestimmungen zur Vorlage eines Haushaltsplanes und eines Rechnungsabschlusses an die staatliche Kultusbehörde und damit ein Element der Kontrolle weg. Ebenso wird seither auf die staatliche Genehmigung von Änderungen der Kirchenbeitragsordnung verzichtet, sie werden lediglich zur Kenntnis genommen.[28] Im Vermögensvertrag von 1960 zwischen der Republik Österreich und dem Hl. Stuhl wurde die öffentlich-rechtliche Stellung der Katholischen Kirche in Österreich festgehalten, „als eine unter zahlreichen anerkannten Religionsgemeinschaften". Der Kirchenbeitrag hat aber nicht den Charakter einer öffentlich-rechtlichen Abgabe, obwohl ein staatliches Gesetz die Grundlage dafür bildet.[29] Der Sprecher der SPÖ, Max Neugebauer, betonte am 12. Juli 1960 zum neuen Verhältnis von Kirche und Staat: „Die Vereinigten Staaten haben Kirche und Staat getrennt, unsere Tradition ist eine andere, für uns existiert das Prinzip des Zusammenwirkens".[30] Die jährlichen Leistungen des Staates sind seit 1967 unter dem Titel „Kultus" verzeichnet.[31]

---

25 Richard PUZA, Die Entwicklungen in Österreich seit dem Zweiten Weltkrieg, in: GATZ, Kirchenfinanzen (wie Anm. 3) 341–357, 343
26 PUZA, Entwicklungen (wie Anm. 25) 349.
27 Diözesan-Finanzkammer Salzburg an Fürsterzbischof Rohracher, 1. 10. 1946, Zl.: Fk - 2351/46, KAS, Akten, 20/76, zit. nach Peter SCHERNTHANER, Salzburg, in: PAARHAMMER, Finanzwesen (wie Anm. 4) 543–557, 549.
28 SLAPNICKA, Geschichtliche Entwicklung (wie Anm. 5); auch der Vermögensvertrag von 1960 scheint an der Forderung nach staatlicher Genehmigung nichts geändert zu haben, siehe Hugo SCHWENDENWEIN, Österreichisches Staatskirchenrecht (Essen 1992) 272, Anm. 197.
29 Alfred KOSTELECKY, Das Kirchenbeitragsgesetz. Seine Entstehung und Auswirkung bis heute, in: PAARHAMMER, Finanzwesen (wie Anm. 4) 123–137, 127.
30 LIEBMANN, Dominanz (wie Anm. 2) 445.
31 KOSTELECKY, Anerkennung (wie Anm. 22) 236.

Initiativen zur Änderung des Kirchenbeitragsgesetzes

Die Überlegungen um die Einführung eines anderen Beitragssystems setzten schon zwei Jahre nach dem Ende des Zweiten Weltkrieges ein und gehen mit unterschiedlicher Intensität bis zum heutigen Tag weiter. Angestoßen hat die Diskussion um den Modus der Einhebung der St. Pöltener Finanzkammerdirektor, Kanonikus Karl Draxler, in der Finanzkammer-Direktorenkonferenz am 13. März 1947 in Salzburg. Er bezeichnete den Kirchenbeitrag als „NS-Kuckucksei". Sein Vorschlag war nach bayerischem Vorbild eine vom Staat eingehobene „Kultussteuer" (was immer er damit gemeint haben mag). Die Mehrheit der Direktoren stimmte für Draxlers Vorschlag. Der Wiener FK-Direktor, Prälat Otto Taschner, der seine Position für die Beibehaltung schon vor dem Referat von Draxler vorgetragen hatte, brachte Draxlers Vorschlag und das Abstimmungsergebnis gleichzeitig mit seinen eigenen Gegenargumenten vor die Bischofskonferenz. Im Protokoll der BK steht dann: „Die Bischöfe befassen sich mit der grundsätzlichen Frage, ob auf das Kirchensteuergesetz [!] nicht überhaupt verzichtet werden soll zugunsten eines Kirchensteuergesetzes nach bayerischem Vorbild".[32]

Mehrere Diözesen drängten in den ersten Nachkriegsjahren darauf, ein Kirchensteuersystem nach deutschem Vorbild einzuführen.[33] Der neu ernannte Wiener Erzbischof, Franz König, hat in seinen Notizen zum Protokoll der Bischofskonferenz am 13. November 1956 festgehalten, dass ein einstimmiger Beschluss gefasst wurde, „die Einhebung einer allgemeinen Kultussteuer durch den Staat als die günstigste Form ... zur Verhandlungsgrundlage für die Regierung zu nehmen." Der Beschluss war streng vertraulich, „damit nicht die Finanzkammerbeamten in unnötige Aufregung gelangen", sickerte aber an den Wiener Finanzkammerdirektor Taschner durch, der darauf beim zuständigen Referenten der Bischofskonferenz, Josef Schoiswohl, vorstellig wurde.[34] Finanzminister

---

32 BEROUN, St. Pölten (wie Anm. 12) 503–523, 518; Prot. BK vom 25. März 1947 in Wien. DA St. Pölten, Memelauer 4.
33 Peter SCHERNTHANER, Salzburg, in: PAARHAMMER, Finanzwesen (wie Anm. 4) 543–557, 549.
34 Maximilian LIEBMANN, Kirchenbeitrag/Kirchensteuer-Kultussteuer/Kultursteuer. *Theologisch-Praktische Quartalschrift* 156 (2008) 19–33, 27; DAG, Nachlass Pawlikowski, Bischofskonferenz (BIKO); Maximilian LIEBMANN, Kirche in Gesellschaft

Reinhard Kamitz, ehemals selbst NSDAP-Mitglied[35], lehnte unter der Regierung Julius Raab (1953–1956), nach beiden ist der „Raab-Kamitz-Kurs" benannt, jedoch die damals ventilierte Einhebung durch den Staat ab. Prälat Taschner „jubelte über das Scheitern dieser Bemühungen tief befriedigt".[36]

Ein seit 1966 in Leben gerufenes Kontaktkomitee der Katholischen, Evangelischen und Altkatholischen Kirche arbeitete einen Entwurf einer Neuregelung des Kirchenbeitragswesens aus. In der Frühjahrssitzung der Bischofskonferenz ist im Protokoll festgehalten, dass der Entwurf zum Kirchenbeitragsgesetz „der Bundesregierung überreicht werden kann mit dem Ersuchen, auf Grund dieses Entwurfes das Weitere zu veranlassen. Das Bundesministerium für Unterricht wird den Entwurf mit einem Motiven Bericht an den Nationalrat weitergeben. Die Konferenz stimmte zu, dass der Entwurf mit einem Begleitbrief an das Bundeskanzleramt weitergeleitet wird."[37] Kardinal Franz König übersandte ihn dem damaligen Bundeskanzler Josef Klaus am 7. März 1967 mit dem Ersuchen, dass „das aus der nationalsozialistischen Zeit stammende Gesetz zur Gänze durch ein österreichisches Gesetz ersetzt würde, das den heutigen Verhältnissen freundschaftlicher Zusammenarbeit zwischen Staat und Kirchen entspricht."[38] Im September 1968 folgte der „Entwurf eines Bundesgesetzes über die staatliche Mitwirkung bei der Erhebung von Kirchenbeiträgen, wobei die Vorschreibung von Kirchenbeiträgen als innere Angelegenheit im Sinn Art. 15 StGG den Kirchen frei überlassen werden und ihnen auf dem Verwaltungsweg die Einbringung vollstreckbarer Bescheide eingeräumt werden solle."[39] Die Kirchen wären nicht mehr als private Kläger aufgetreten, eine Abkehr von der Grundstruktur des NS-Gesetzes hätte das aber nicht bedeutet. Heute über den vorgelegten Gesetzesentwurf zu urteilen mag leicht sein, aber vom Ansatz her war er

---

und Politik. Von der Reformation bis zur Gegenwart. Beiträge zur Geschichte der Kirche in Österreich von der Reformation bis zur Gegenwart. Festgabe für Maximilian Liebmann zum 65. Geburtstag, hg. von Michaela KRONTHALER u. a. (Graz 1999) 443.
35 Hans-Werner SCHEIDL, Am Anfang gab es nur drei Listen. *Die Presse*, 27. Aug. 2013.
36 LIEBMANN, Kirchenbeitrag (wie Anm. 34) 28f.
37 DAG, Protokoll der Bischofskonferenz vom 1.–3. April 1968, Wien, 16.
38 Begleitnote vom 12. Sept. 1968, Zl. 118-520-Kc/68, KLECATSKY, Lage und Problematik (wie Anm. 5) 63, Anm. 41.
39 PUZA, Entwicklungen (wie Anm. 25) 352.

überzogen und nicht durchsetzbar, vollstreckbare Beitragsvorschreibungen ohne staatliche Kontrolle würden heute noch weniger akzeptiert.

Medialer, politischer und kirchlicher Widerstand gegen Gesetzesentwurf

Der vom Bundesministerium für Unterricht im September 1968 ausgesandte Entwurf war im Begutachtungsverfahren massiver Kritik ausgesetzt,[40] und wurde sofort in den Medien kritisiert und abgelehnt. Die Kleine Zeitung in der Trägerschaft des Katholischen Pressvereins, Graz, hat unter dem seit 1960 verantwortlichen Chefredakteur, Fritz Csoklich, in der Berichterstattung von Beginn an eine reservierte Haltung eingenommen. Bereits dem ersten Bericht *„Staat soll Kirchensteuer einheben?"* wurde kursiv eine Mahnung der Redaktion angeschlossen: *„Die ungemein starken antiklerikalen Affekte in der Bundesrepublik Deutschland, die nicht zuletzt durch die staatliche Mitwirkung bei der Einhebung des Kirchenbeitrages* (dort ist es die Kirchensteuer) *immer wieder aufs Neue angeheizt wurden, sollten zur Vorsicht mahnen. Die Redaktion"*. Die Linie der Kleinen Zeitung dazu war vorgegeben.[41] Eine Stellungnahme von Bischof Josef Schoiswohl im Namen des Verhandlungskomitees für die Katholische, Evangelische und Altkatholische Kirche am folgenden Tag sollte beruhigend wirken.[42] Die Neue Zeit hatte schon im ersten Bericht auf der Titelseite ein „Gesetz über direkten Lohnabzug" behauptet.[43] Die Presse, Wien, berichtete am 11. September sachlich über die Vorlage eines Gesetzesentwurfs durch Unterrichtsminister Theodor Piffl-Perčević,[44] und informierte auch am folgenden Tag neutral über die Stellungnahme von Schoiswohl. Die Neue Zeit brachte ebenso die bischöfliche Stellungnahme und wies dabei auf die „Verwaltungsvollstre-

---

40 KLECATSKY, Lage und Problematik (wie Anm. 5) 65.
41 Staat soll Kirchensteuer einheben? *Kleine Zeitung*, 11. Sept. 1968, 2. Mit der Verwendung des für Deutschland zutreffenden, aber negativ besetzten Begriffs „Kirchensteuer", während für Österreich richtig „Kirchenbeitrag" gewesen wäre, und die damit absehbare staatliche Durchsetzung, war der Widerstand dagegen vorprogrammiert.
42 Es ändert sich wenig. Bischof Dr. Schoiswohl nimmt zum geplanten Kirchenbeitragsgesetz Stellung. *Kleine Zeitung*, 12. Sept. 1968, 5.
43 Staat will Kirchensteuer eintreiben. *Neue Zeit*, 11. Sept. 1968, 1.
44 Hilfe der Behörden für die Kirchen. *Die Presse*, 11. Sept. 1968, 2.

ckung" hin.⁴⁵ In einem Kommentar fürchtete Sepp Raminger auf der nächsten Seite „eine krasse Benachteiligung aller Arbeitnehmer gegenüber den einkommensteuerpflichtigen selbständigen Berufstätigen."⁴⁶ Die Emotionen vieler Personen angeheizt haben dürfte wohl ein Bericht in der Neuen Zeit knapp zwei Wochen später, der die Einsicht in die Steuerlisten in der Überschrift thematisierte.⁴⁷

Fünf Wochen nach der Präsentation des Gesetzesentwurfs berichtete die Kleine Zeitung am 16. Oktober über einen Brief an Bischof Schoiswohl, in dem sich 51 steirische Pfarrer und Kapläne des Arbeitskreises für Industrie- und Stadtseelsorge gegen die Novellierung des Kirchenbeitragsgesetzes aus Sorge vor einem „Anwachsen der kirchenfeindlichen Stimmung" aussprachen. Die Kleine Zeitung brachte Schoiswohls Dementi am gleichen Tag, dass in „keiner Weise an eine Einsicht kirchlicher Stellen in staatliche Steuerunterlagen gedacht" sei.⁴⁸ Am 18. Oktober berichtete die Presse über den Antwortbrief von Schoiswohl an die 51 steirischen Pfarrer und Kapläne.⁴⁹ Wenige Tage später hat in der Kleinen Zeitung der Kommentar *„Das Misstrauen der Arbeiter"* von Helmut Grieß erhebliches Aufsehen erregt.⁵⁰ Am Tag darauf alarmierte die Kleine Zeitung förmlich mit einem Bericht über ungewöhnlich viele Kirchenaustrittsschreiben aus dem Industrieort Veitsch an die zuständige Bezirkshauptmannschaft Mürzzuschlag, die fast alle mit gleicher Schreibmaschine geschrieben waren und viele das Datum 1. Oktober sowie die gleichen Briefumschläge aufwiesen.⁵¹

Auch politische Institutionen wie Gewerkschaftsfraktionen, Arbeiterkammer und ÖAAB meldeten sich zu Wort und politischen Widerstand an. Vom FCG (Bundesfraktion Christlicher Gewerkschafter) wurde der

---

45 Grazer Bischof zur Kirchensteuerfrage. *Neue Zeit*, 12. Sept. 1968, 1.
46 Sepp RAMINGER, Kirchensteuer und soziales Gewissen. *Neue Zeit*, 12. Sept. 1968, 2.
47 Kirchen können Steuerlisten einsehen. *Neue Zeit*, 24. Sept. 1968, 2, dazu auch der Kommentar „Zwischen gestern und morgen", ebd., 3.
48 Um das neue Kirchenbeitragsgesetz. *Kleine Zeitung*, 16. Okt. 1968, 4; „Steuergeheimnis wird nicht verletzt". *Kleine Zeitung*, 16. Okt. 1968, 4, berichtet auf der gleichen Seite über eine Meldung in der Kathpress.
49 Schoiswohl beruhigt Pfarrer. *Die Presse*, 18. Okt. 1968, 2.
50 Helmut GRIEß, Das Misstrauen der Arbeiter. *Kleine Zeitung*, 22. Okt. 1968, 3. Einen zusammenfassenden Abschlussbericht von Betriebsseelsorgern auf der gleichen Seite hat die Zeitung provokant übertitelt „Die Pfaffen tun doch nichts".
51 Veitsch: Plötzlich eine Kirchenaustritts-Welle. *Kleine Zeitung*, 23. Okt. 1968, 2.

zur Begutachtung ausgesandte Entwurf in einer geheimen Abstimmung mit überwiegender Mehrheit abgelehnt und zwar vor allem deshalb, weil „das Recht auf unbeschränkte Datenauskunft bei öffentlichen Dienststellen" vorgesehen sei, und es wurde auch dagegen Stellung genommen, weil „nicht bezahlte Beiträge ohne Anrufung eines Gerichts sofort exekutierbar werden".[52] Am gleichen Tag hatte die Presse eine brisante Meldung, wonach aus Kreisen der Arbeiterkammer „in zahlreichen Punkten ernste verfassungsrechtliche Bedenken" gehegt würden.[53]

Drei Tage später schleuderte am 19. Oktober 1968 die SPÖ-nahe Neue Zeit in Graz auf der Titelseite dem Bischof von Graz-Seckau pointiert den Aufmacher entgegen: „Salzburger Erzbischof lehnt das Kirchensteuergesetz ab". Der Metropolit hatte auf der stattfindenden Salzburger Diözesansynode einer Resolution von 122 Synodalen folgend zugesichert, gegen das geplante Kirchensteuergesetz in der Bischofskonferenz aufzutreten.[54]

Die Neue Zeit griff zuletzt noch den politisch nicht zu unterschätzenden Widerstand durch den ÖAAB (Österreichischer Arbeiter- und Angestelltenbund) auf und erinnerte dabei an die Ablehnung durch den FCG. Abgelehnt wurde die Auskunftserteilung durch Gebietskörperschaften, ebenso vollstreckbare Kirchenbeiträge im Verwaltungswege. Auskünfte der Sozialversicherungsträger könnten „nur bis zur gesetzlichen Höchstbemessungsgrundlage erfolgen, die Spitzenverdiener also ausgeklammert wären", somit auch „nicht zur Erreichung einer Steuergerechtigkeit" führen, wurde argumentiert.[55] Die medialen Wogen nach der Vorlage des Gesetzesentwurfs und die Ablehnung durch demokratische Institutionen von FCG, ÖAAB und Arbeiterkammer sowie auch der Salzburger Diöze-

---

52 Widerstand gegen Kirchensteuergesetz. *Kleine Zeitung*, 15. Okt. 1968, 4; FCG gegen Kirchenprivileg. *Die Presse*, 15. Okt. 1968, 2; Erstes Votum gegen Kirchensteuergesetz. Christliche Gewerkschafter lehnen die beabsichtigte Zwangseintreibung ab. *Neue Zeit*, 15. Okt. 1968, 2.
53 Konflikt um Kirchensteuer. Front quer durch Parteien? – Christliche Fraktion exponiert. *Die Presse*, 16. Okt. 1968, 2.
54 Salzburger Erzbischof lehnt Kirchensteuergesetz ab. Rückziehung des kirchlichen Antrags verlangt – Grazer Stadtsenat und Sozialversicherungen lehnen Mitwirkung bei Eintreibung ab. *Neue Zeit,* 19. Okt. 1968, 1.
55 Auch ÖAAB gegen Kirchensteuergesetz. *Neue Zeit,* 25. Okt. 1968, 2.

sansynode, ließen die Annahme des Gesetzesentwurfs bald aussichtslos erscheinen.

In der Herbstsitzung der Bischofskonferenz 1968 wird im Protokoll unter TOP 28 berichtet, „dass Äußerungen staatlicher, kirchlicher und privater Stellen der Sache sehr geschadet haben."[56] Noch am 14. März 1969 berichtete die Kathpress, dass aufgrund einer Empfehlung der Konferenz der Finanzkammerdirektoren aller österreichischen Diözesen die Bischöfe beschlossen, „den Entwurf eines neuen Kirchenbeitragsgesetzes nicht zurückzuziehen, sondern nach Neubearbeitung auf Grund der im Begutachtungsverfahren eingelangten Stellungnahmen" weiter zu behandeln.[57] In der Frühjahrssitzung der Bischofskonferenz vom 24. und 25. März 1969 steht im Punkt B des Protokolls: „Die Bischofskonferenz schließt sich der Meinung an, die Einreichung eines umgearbeiteten Entwurfs soll erst nach der Wahl erfolgen."[58] Nach der Nationalratswahl am 1. März 1970 und der von der FPÖ unterstützten Minderheitsregierung Bruno Kreiskys wurden aber vorerst von den Kirchen keine weiteren Initiativen gesetzt.[59] Der Historiker Harry Slapnicka meinte, der erste Versuch scheiterte 1968 – nachdem er bereits den Ministerrat passiert hatte – an der innerkirchlichen Kritik gegen die darin vorgesehene Auskunftspflicht der Behörden und die Verwaltungsvollstreckung. Ein zweiter Versuch ist eingeleitet.[60]

Einen neuen Vorstoß startete am 9. März 1982 die Bischofskonferenz mit dem Ersuchen an den Apostolischen Nuntius, „auf die Notwendigkeit eines neuen Kirchenbeitragsgesetzes in einer Note an das Bundesministerium für auswärtige Angelegenheiten hinzuweisen."[61] Die Bischöfe Österreichs hielten damals eine völkerrechtliche Regelung eines neuen Gesetzes für entbehrlich, ein Bundesgesetz schien ihnen dafür ausreichend zu sein. Die Antwort auf die Verbalnote der Nuntiatur durch das Bundesministerium für auswärtige Angelegenheiten (Außenminister war der parteifreie Willibald Pahr) vom 1. Juni 1982 *Zl. 1055.250/2-I.2.a/82* lau-

---

56 KOSTELECKY, Kirchenbeitragsgesetz (wie Anm. 29) 130.
57 Ebd. 131; *Kathpress*, Nr. 61, 14. März 1969.
58 KOSTELECKY, Kirchenbeitragsgesetz (wie Anm. 29) 131.
59 Ebd. 131.
60 SLAPNICKA, Geschichtliche Entwicklung (wie Anm. 5) 91.
61 KOSTELECKY, Kirchenbeitragsgesetz (wie Anm. 29) 131.

tete, „dass der vorgelegte Entwurf eines Kirchenbeitragsgesetzes den österreichischen Zentralstellen zur Prüfung zugeleitet wurde. Diese Prüfung wird längere Zeit in Anspruch nehmen".[62] Seit dieser Antwort des Außenministeriums sind schon mehr als dreißig Jahre vergangen.

Warum trat Bischof Schoiswohl 1968 zurück?

Der Oberhirte von Graz-Seckau, der führend in der Kommission für die Änderung des Beitragssystems tätig gewesen war, trat noch 1968 zurück. Die Gründe für seinen Rücktritt sind bis heute nicht völlig aufgeklärt. Einer der Gründe scheint in einem am 29. Juni 1967 gehaltenen Grundsatzreferat „Neue Wege in der Laienarbeit und in der KA" (Katholische Aktion) des Bischofs vor seinem „Collegium Presbyterorum" gefunden zu sein, in dem er darlegte, „das Konzil sieht die Aufgabe des Laien ganz anders". Schoiswohl weiter: „Es erhebt sich die Frage nach dem Apostolat jener, die nicht in der KA sind und denen es deswegen oft abgesprochen wird".[63] Diese grundlegende, vom Bischof gestellte Frage an die Katholische Aktion als nach Pius XI. von der Hierarchie beauftragtem Apostolat führte im Juli 1967 zu einem Brief des Generalsekretärs der steirischen KA, der dem Bischof schriftlich das Vertrauen entzog.[64] Wäre dieser Brief ausschlaggebend gewesen, dann hätte Schoiswohl schon 1967 seinen Rücktritt eingereicht. Dieser Krise folgte mehr als ein Jahr später im September und Oktober 1968 mit dem Gesetzesentwurf für eine veränderte Kirchenbeitragseinhebung medialer, politischer und kirchlicher Widerstand.[65] Ob damals die Berichterstattung zum vorgelegten Entwurf eines neuen Kirchenbeitragsgesetzes durch kirchennahe Medien

---

62 KOSTELECKY, Kirchenbeitragsgesetz (wie Anm. 29) 132f.
63 Maximilian LIEBMANN, „Das Konzil sieht die Aufgabe des Laien ganz anders". Laienvereine und Laientheologie im Strom zeitgeistiger ekklesiologischer Entwicklung des 20. Jahrhunderts, in: Identität und offener Horizont. Festschrift für Egon Kapellari, hg. von Franz LACKNER / Wolfgang MANTL (Wien-Graz-Klagenfurt 2006) 317–332, 325; DAG, Nachlass Schoiswohl.
64 Ebd. 325, 330; Brief des Generalsekretärs Hans Hafner in DAG, Nachlass Schoiswohl, Mappe KA; Maximilian LIEBMANN, Die Katholische Kirche – getrennt vom Staat, in: Vom Bundesland zur europäischen Region. Die Steiermark von 1945 bis heute, hg. von Joseph F. DESPUT (Geschichte der Steiermark 10, Graz 2004) 643–704, 678f.
65 Vgl. Abschnitt „Medialer, politischer und kirchlicher Widerstand", 97–100.

(Kleine Zeitung) in einen Zusammenhang mit Schoiswohls Referat im Jahr davor zu bringen ist, ist bis heute nicht geklärt.

Der Resolution der Salzburger Diözesansynodalen folgend, versprach der Metropolit und Salzburger Fürsterzbischof Andreas Rohracher gegen die Änderung des Kirchenbeitragsgesetzes aufzutreten,[66] die er zuvor in der Bischofskonferenz mitbeschlossen hatte. Die Situation mag für Bischof Schoiswohl vielleicht schon durch die Krise mit der KA innerdiözesan angespannt gewesen sein, ein Jahr später standen eine breite (auch kirchliche) Medienfront, politische Institutionen und sein Metropolit Rohracher gegen ihn.[67] Wann Schoiswohl seinen Rücktritt in Rom eingereicht hat, ist der Literatur nicht zu entnehmen, ebenso schweigen die Akten darüber.[68] Der Bischof dürfte noch vor Allerheiligen 1968 oder kurz danach seinen Rücktritt in Rom eingereicht haben. Sein Gesuch war mit Datum 28. November 1968 angenommen.[69] Dass er sich dann in seine Heimatgemeinde Guntramsdorf zurückgezogen hat, ist verständlich.

Finanzkammerdirektoren verteidigen NS-Kirchenbeitragssystem

Mit dem Rücktritt von Bischof Schoiswohl ist ein Stimmungswandel eingetreten. Die Finanzkammerdirektoren (FK) und die Pastoralkommission Österreichs haben nach der Tagung am 28. September 1970 in Wien eine gemeinsame Eingabe an die österreichische Bischofskonferenz gerichtet, in der sie grundsätzlich für die Beibehaltung des Kirchenbeitragssystems eingetreten sind und eine „enge Zusammenarbeit zwischen Finanzkammern und pastoralen Gremien auf allen Ebenen als dringend geboten" bezeichnet haben.[70] In der Eingabe des Vorsitzenden der Pastoralkommission Monsignore Schramm mit dem Vorsitzenden der Konferenz der FK-Direktoren Ernst Pieber heißt es: „Um die Information über das kirchliche Leben und Wirken in der Öffentlichkeit zu intensivieren, wird in allen Diözesen ein Pressereferent – soweit nicht schon vorhanden – bestellt, der zusammen mit den zuständigen Stellen auch für eine verständliche

---

66 Salzburger Erzbischof lehnt Kirchensteuergesetz ab. *Neue Zeit*, 19. Okt. 1968, 1.
67 Vgl. Anm. 57.
68 Auskunft von Em. Univ.-Prof. Dr. Maximilian Liebmann, für die ich herzlich danke.
69 LIEBMANN, Katholische Kirche (wie Anm. 64) 479.
70 KLECATSKY, Lage und Problematik (wie Anm. 5) 67.

und durchsichtige Information über Aufbringen und Verwendung der finanziellen Mittel der Kirche zu sorgen hat."[71]

Seit 1970 treten FK-Direktoren bzw. Beitragsstellenleiter und Pastoralämter für den vom NS-Regime diktierten Kirchenbeitrag ein. Das zeigt auch eine 16-seitige Hochglanzbroschüre „Kirchenbeitrag in Österreich" von 2012, die der Pastoralamtsleiter der Diözese Feldkirch, Walter Schmolly, und die Leiterin der Kirchenbeitragsstelle von Graz-Seckau, Hertha Ferk, einleiten. Darin wird noch eine seit dem Jahr 2000 in Schweden beseitigte Staatskirche behauptet und die dort seit 2004 für die Katholische Kirche vom Staat erhobene Kirchensteuer als „die Katholische Kirche lebt überwiegend von Spenden" dargestellt.[72]

In der genannten Broschüre steht: „Transparenz ist selbstverständlich: detaillierte Aufstellungen der Einnahmen und Ausgaben sind bei der Wirtschaftsdirektion bzw. Finanzkammer erhältlich."[73] Bei den ins Internet gestellten diözesanen Jahresabschlüssen ist kein Vergleich möglich, jede Diözese hat die Ausgaben anders dargestellt. Nur Feldkirch und Wien weisen z. B. die Kosten der Einhebung aus. Die erhaltenen Auskünfte bei den Recherchen waren unbefriedigend.

Mediale Diskussion hält an

Die Diskussion in der Öffentlichkeit zur Änderung des Beitragssystems reicht bis zur Gegenwart. Ohne Vollständigkeit sei doch auf einige Äußerungen hingewiesen. Im Jahr 1993 war der Dekan der Grazer Katholisch-Theologischen Fakultät, Univ.-Prof. Maximilian Liebmann, am Beispiel des italienischen Modells für einen „Kulturbeitrag" eingetreten. Bischof Johann Weber von Graz-Seckau lehnte den Vorstoß postwendend ab.[74] Im Jahr 1996 hat der 2011 verstorbene ORF-Journalist Werner Ertel ein

---

71 DAG, Ordinariatsakten Neubestand, Bischofskonferenz 1969–1976 Schachtel I, Protokoll der Bischofskonferenz, 3. bis 5. Nov. 1970 in Wien, 5.
72 Hochglanzbroschüre: Es geht nicht nur ums Geld. Kirchenbeitrag in Österreich. Argumente und Fakten, hg. von den österreichischen diözesanen Finanzkammern. Red. Hertha FERK u.a. (Mattersburg 2012) 1–16, 14; Werner G. JEANROND, Ausstrahlungskraft und Selbstblokaden. Herausforderungen für die katholische Kirche in Schweden. *Herder Korrespondenz* 58 (2004) 202–207, 205; vgl. Yvonne WERNER, Kirchenfinanzierung, oben 80.
73 Es geht nicht nur ums Geld (wie Anm. 72) 12.
74 Kirchenbeitrag: Weber skeptisch zu Liebmann-Vorschlag. *Kathpress*, 30. Nov. 1993.

Volksbegehren für einen wahlweise zu widmenden Kulturbeitrag zu starten versucht, überzeugt, „dass mit dem Wegfall des Zwangs in den Christen ungeahnte ‚Kräfte der Solidarität' wach würden". Die grüne Klubobfrau Madeleine Petrovic unterstützte die Initiative voll und ganz, auch Heide Schmidt vom Liberalen Forum sprach sich gegen die „Zwangseintreibung" durch die Kirchen aus. Unterstützung kam auch vom ÖVP-Klubobmann Andreas Kohl. Der Sekretär der Österreichischen Bischofskonferenz, Msgr. Michael Wilhelm, äußerte sich strikt dagegen und nannte einen 4 bis 6 Prozent hohen Steuersatz für die von ihm so bezeichnete „Kultursteuer", um die bisherige Finanzierung aufrecht zu erhalten.[75] Wilhelms Begründung folgte einer Publikation des Österreichischen Pastoralinstituts, deren Intention die Abwehr des italienischen Modells der Steuerwidmung gewesen sein dürfte, in der ein 4- bis 6-prozentiger Zuschlag zur Einkommensteuer behauptet wurde.[76] Die Seriosität dieser Behauptung hat schon Karl Schwarz, Leiter des Kultusamtes in Wien, bezweifelt.[77] Ähnlich tendenziell meinte Wolfgang Paset, Leiter des Kirchenbeitragsdienstes der Erzdiözese Wien, am 9. November 2013 beim Forschungsseminar „Wenn das Geld im Kasten klingt, die Seele aus dem Fegfeuer springt" in Wien an der Katholischen Theologischen Fakultät in der Diskussion nach dem Referat von Bischof Klaus Küng, beim italienischen Modell „ottopermille" würden „20 Prozent der Erträge für Werbung ausgegeben". In Wahrheit sind es exakt 2,05 Prozent.[78]

Im Jahr 2000 unterstützte der katholische AKV-Präsident Johannes Martinek Liebmanns Vorschlag.[79] Im Jänner 2011 wurde angesichts der ho-

---

75 Volksbegehren gegen Kirchenbeitrag „unrealistisch". *Kathpress*, 2. Febr. 1996. Vgl. unten die Berechnungen, bei einer Steuerwidmung von 2 % müsste für anerkannte Religionsgemeinschaften sogar eine Steigerung des Aufkommens gegeben sein.

76 Kirchenfinanzierung – „Kultursteuer" in Italien und Spanien – ein Diskussionsbeitrag, hg. von Alois SCHWARZ (Wien 1995) 10.

77 Karl SCHWARZ, Zwischen Subvention, Mitgliedsbeitrag und Kultursteuer: Wege der Kirchenfinanzierung in Österreich. *Österreichisches Archiv für Recht und Religion* 52 (2004) 244–260, 260; siehe die Berechnungen auf Basis Steuerleistung im Jahr 2012, vgl unten 117.

78 Vgl. Mitterhofer, unten 136, Anm. 33, für Fernsehwerbung wird weniger als die Hälfte, etwa 0,8–0,9 Prozent aufgewendet. Für die Zahlen danke ich Michael Mitterhofer herzlich.

79 Liebmann will Debatte über Kultursteuer statt Kirchenbeitrag. *Kathpress*, 4. Aug. 2000; Katholische Verbände für „Kultursteuer statt Kirchenbeitrag". *Kathpress*, 5. Aug. 2000.

hen Austrittszahlen mehrfach ein frei zu widmender Kulturbeitrag bzw. eine Steuerwidmung analog zum italienischen Modell vorgeschlagen. Für Kurt Appel, Fundamentaltheologe in Wien, ist der Kirchenbeitrag „der Grund, warum die Kirche in kaum einem anderen Land der Welt so abgelehnt wird wie in Österreich".[80] Im Jahr darauf verstärkte Appel sein Urteil und sah im Kirchenbeitrag einen doppelten Konstruktionsfehler: „Diese Behördenmentalität widerspricht dem Wesen der Kirche. Außerdem ist der Hass auf die Kirche in keinem Land so ausgeprägt wie hier, das hängt auch mit der Kirchensteuer zusammen ... Wer die Kirche als Unternehmen versteht, versteht sie falsch."[81] Vor allem der Vorstoß des Oberösterreichischen Bauernbund-Obmannes, Max Hiegelsberger, wurde wegen seiner Ausrichtung abgelehnt.[82] Darauf meldete sich unmittelbar FK-Direktor Herbert Beigelböck, Graz-Seckau, es gebe „ein sehr bewährtes System der Kirchenfinanzierung" und „es obliege nicht der Kirche, sich einzumischen, wer wie besteuert würde".[83]

Als Vorsitzender der Bischofskonferenz-Finanzkommission hat Bischof Klaus Küng, St. Pölten, zur neuerlichen Diskussion im Jahr 2012 festgestellt: „Eine allgemein verpflichtende Steuerabgabe im Sinne eines Kultur- und Sozialbeitrages mit der Möglichkeit einer Zweckwidmung an die Kirche – ähnlich der Regelung in Italien und Spanien – scheint mir interessant und diskussionswürdig".[84] Der Wiener Erzbischof, Kardinal Christoph Schönborn, hat am 16. Jänner 2012 bei einer Pressekonferenz

---

80 Kurt APPEL, Weg mit der Kirchensteuer. *Der Standard*, 13. Jän. 2011, 27; Rudolf K. HÖFER, Kultur- statt Kirchenbeitrag. *Die Presse*, 14. Jän. 2011, 30; ders., Ein Kulturbeitrag wäre gerechter. *Wiener Zeitung*, 3. Juni 2011, 2.
81 Conrad SEIDL, Pro Kulturbeitrag statt Kirchensteuer: Geld für weltliche Leistungen. *Der Standard*, 6. Jänner 2012, http://derstandard.at/1325485791642/Pro-Kulturbeitrag-statt-Kirchensteuer-Geld-fuer-weltliche-Leistungen; Rudolf K. HÖFER, Was für die Einführung eines Kulturbeitrages spricht. *Die Presse*, 20. Jänner 2013, 30; Lukas KAPELLER, „Du darfst Kirchensteuer zahlen, bis du tot umfällst". *Der Standard*, 13. März 2012, http://derstandard.at/1331206950084/Du-darfst-Kirchensteuer-zahlen-bis-du-tot-umfaellst.
82 „Kulturbeitrag": Kirchenvertreter für Diskussion offen. *Kathpress*, 5. Jän. 2012; Bauernbund-Vorschlag „Kultusbeitrag" findet keinen Anklang. *Der Standard*, 5. Jän. 2012, http://derstandard.at/1325485712538/Reaktionen-Bauernbund-Vorschlag-Kultusbeitrag-findet-keinen-Anklang [abgefragt am 10.9.2013]
83 „Kulturbeitrag" (3) – Diözese Graz-Seckau äußert Bedenken. *Kathpress*, 5. Jän. 2012.
84 Doris KNECHT, Jetzt erst Knecht: Debatte mit Nebenwirkung. *Kurier*, 6. Jänner 2012; „Kulturbeitrag": Kirchenvertreter für Diskussion offen. *Kathpress*, 5. Jän. 2012.

die Diskussion begrüßt: „Es lohnt sich, andere Modelle der Kirchenfinanzierung zu diskutieren".[85] Eine informative Zusammenfassung möglicher Kirchenfinanzierung hat Karl Schwarz schon im Jahr 2004 vorgelegt.[86]

Wie entsteht eine Kirchenbeitragsvorschreibung in Österreich?

Zunächst gilt es für die Beitragsämter über das Meldeamt an die Daten des Wohnortes und Religionsbekenntnisses zu kommen. Es gibt am Beginn der Beitragseinstufung nur Schätzungen der Beitragsstellen. „Wir schätzen die Leute etwas zu hoch, und dann kommen sie schon", berichtete 1974 Prof. Wolfgang Rüfner, Kiel, eine Aussage ihm gegenüber, die er von einer Beitragsstelle in Österreich erhalten hatte, auf einer Tagung bei den Essener Gesprächen zwischen Kirche und Staat.[87] Der ehemalige Finanzkammerdirektor Josef Gross bestätigte die Schwierigkeiten: „Nicht minder zeitaufwendig gestaltet sich das händische Höherschätzen und der Erlagscheinversand, der von jährlich einmal schrittweise auf Quartalsaussendung" im Jahr 1989 ausgeweitet worden war.[88] Die Diözese Graz-Seckau verschickt derzeit jährlich eine Million Beitragsaufforderungen.[89]

In der Literatur werden die mangelhafte Erfassung und der damit eintretende Verlust mit etwa einem „Drittel der Kirchenbeitrags-,Soll'-Einnahmen" beziffert.[90] In Gesprächen berichteten Beschäftigte im Tourismus in Westösterreich, die aus Deutschland kommen, nie eine Beitragsforderung erhalten zu haben. Von Beschäftigten in Österreich ist auch bekannt, dass sie aus einer Kirche austreten, zu Hause in Südosteuropa in der Pfarrei spenden und völlig integriert sind. Eine neue Entwicklung gibt es in der Diözese Chur in der Schweiz, wo Spenden an einen bischöflichen Sozialfonds eingeführt wurden.[91]

---

85 Schönborn offen für Diskussion über Kirchenfinanzierungsmodelle. *Kathpress*, 16. Jän. 2012.
86 SCHWARZ, Zwischen Subvention (wie Anm. 77).
87 KLECATSKY, Lage und Problematik (wie Anm. 5) 71.
88 GROSS, Rezeption, in: PAARHAMMER, Finanzwesen (wie Anm. 4) 575.
89 Auskunft von Hertha Ferk, Graz, für die ich herzlich danke.
90 Heiner MARRÉ, Die Kirchenfinanzierung in Kirche und Staat der Gegenwart. (Christliche Strukturen in der modernen Welt 28, Essen 1982) 19.
91 Schweiz: Bundesgerichtsurteil zu Kirchenaustritt [abgefragt am 20.9.2013]; http://de.radiovaticana.va/news/2012/08/04/schweiz:_bundesgerichtsurteil_zu_kirchenaustritt/ted–610389 des Internetauftritts von Radio Vatikan; Gehäufte Kirchenaustritte der

Nach der Kirchenbeitragsordnung für die Diözesen in Österreich werden für die Beitragsvorschreibungen auch Einkommen von Personen zugrunde gelegt, die sonst keine Steuern zahlen (Mindestpensionisten, Bezieher von Ausgleichszulagen, Arbeitslosengeld, Kindergeld[92], Pflegegeld[93]). In Deutschland sind diese Personen mit der Bindung an die Steuerleistung von der Kirchensteuer befreit wie überhaupt nur etwa ein Viertel der Bevölkerung Kirchensteuer zahlt.[94]

Für Meldeauskünfte waren 1982 aufgrund eines Erkenntnisses des Verwaltungsgerichtshofes pro Auskunft eine Bundesverwaltungsabgabe von 10,-- Schilling durch Beitragsstellen zu entrichten. Nach dem Abgabenänderungsgesetz 1984 werden die Haushaltslisten nur mehr alle fünf Jahre neu aufgelegt. Das erschwerte weiter die Erhebung aktueller Daten.[95] Gemäß Durchführungsverordnung zum Meldegesetz beträgt die Verwaltungsabgabe 3,-- € je Abfrage.[96]

Zu den Änderungen des Meldegesetzes stellte der Sekretär der Österreichischen Bischofskonferenz, Bischof Alfred Kostelecky, im Jahr 1989 fest: „Die staatliche Beistandspflicht wurde … immer mehr ausgehöhlt. Es ist nun tatsächlich an der Zeit … eine einvernehmliche Lösung zwischen Kirche und Staat zu suchen".[97] Die Folgen des NS-Gesetzes umschrieb Bischof Alfred Kostelecky 1994 so: „Und die Absicht Adolf Hitlers, die Kirche in finanzielle Schwierigkeit zu bringen, geht immer mehr

---

Katholiken im Bistum Chur. *Südostschweiz.ch*, 20. Juni 2012; http://www.suedostschweiz.ch/vermischtes/gehaeufte-kirchenaustritte-der-katholiken-im-bistum-chur [abgefragt am 10.9.2013].

92 Die Nachfrage von Kirchenbeitragsstellen nach Dauer und Modell des Kindergeldes und daraus resultierende Vorschreibung löst viel Unmut aus, weil das Kindergeld dem Namen nach den Kosten für das Kind gewidmet ist.

93 Wenn von Pension und Pflegegeld nur ein kleines Taschengeld bleibt, ist eine Beitragsvorschreibung von 28 € für die Person im Pflegeheim einfach ärgerlich. Ein solcher Fall liegt mir vor.

94 Richard PUZA, Modalitäten der Kirchenfinanzierung in der Europäischen Union. *Österreichisches Archiv für Kirchenrecht* 42 (1993) 178–195. Inzwischen liegt der Anteil bei 30 bis 40 Prozent. Freundliche Mitteilung von Univ.-Prof. Dr. Stephan Häring, München, am 9. Nov. 2013 in Wien.

95 KOSTELECKY, Kirchenbeitragsgesetz (wie Anm. 29) 133.

96 SCHWARZ, Zwischen Subvention (wie Anm. 77) 257.

97 KOSTELECKY, Kirchenbeitragsgesetz (wie Anm. 29) 134.

auf".⁹⁸ Im Jahr 2004 hat Karl Schwarz, Ministerialrat und Leiter des Kultusamtes in Wien, in einem Gastvortrag an der Theologischen Fakultät in Graz den erschwerten Zugang zu Daten für anerkannte Religionsgemeinschaften deutlich kritisiert: „Die staatlicherseits vorgesehene Auskunftspraxis ist absolut unbefriedigend, sie ist viel zu kostspielig und insgesamt der öffentlich-rechtlichen Stellung der gesetzlich anerkannten Kirchen nicht angemessen".⁹⁹ Da nach dem österreichischen Meldegesetz Religionszugehörigkeit nicht verpflichtend ausgefüllt werden muss, fehlt die Möglichkeit, die Religionszugehörigkeit festzustellen.¹⁰⁰

Die Kosten der Beitragseinhebung in Österreich

In der Evangelischen Kirche, so eine mündliche Auskunft von Kirchenrat Walter Gösele aus Wien, heben Gemeinden die Beiträge selbst ein und dürfen 25 bis 29 Prozent als Anteil behalten. Außerdem können sie zusätzlich eine Gemeindeumlage einheben. Die Finanzierung der Evangelischen Kirche deckt sich zu 66 Prozent aus den Beiträgen. Angaben zu Kosten der Einhebung konnten nicht mitgeteilt werden.¹⁰¹

Für die Katholische Kirche sind nur Zahlen herangezogen, die publik sind oder mitgeteilt wurden. In der Literatur wird der Sach- und Personalaufwand für Kirchenbeitragseinhebung um 1968/69 mit ca. 10 Prozent angegeben, höhere Kosten galten damals als nicht mehr vertretbar.¹⁰² Sie scheinen gestiegen zu sein. Der Sekretär der österreichischen Bischofskonferenz, Alfred Kostelecky, schrieb 1989: „Die kircheneigene Beitragsverwaltung kostet etwa 10 bis 15 Prozent der Kirchenbeitragseinnahmen, während in Deutschland die staatliche Einhebung mit 2 bis 4 Prozent – nach Ländern verschieden – großzügig abgegolten wird".¹⁰³

Für die Diözesen, Innsbruck, Linz, St. Pölten, Salzburg, Klagenfurt, Salzburg, Graz-Seckau, Eisenstadt fehlen in den Jahresabschlüssen der

---

98 *Kathpress*, 19. Jän. 1994, 2; *Die Presse*, 19. Jän. 1994, 7; LIEBMANN, Kirchenbeitrag (wie Anm. 34) 32.
99 Diskussion über Kirchenfinanzierung geht weiter. *Kathpress*, 20. Dez. 2004; SCHWARZ, Zwischen Subvention (wie Anm. 77) 258.
100 Ebd., 257.
101 Freundliche Mitteilung von Herrn Walter Gösele, Kirchenrat, Wien, für die ich herzlich danke.
102 KLECATSKY, Lage und Problematik (wie Anm. 5) 61.
103 KOSTELECKY, Kirchenbeitragsgesetz (wie Anm. 29) 127.

jeweiligen Diözesanhomepage Angaben zu den Einhebungskosten. Nur die Diözesen Feldkirch und Wien geben die Höhe der Kosten der Einhebung an. Feldkirch führt in der Budgetübersicht für 2011 an, dass die Einhebung des Kirchenbeitrages 9 Prozent des Gesamtbudgets der Diözese kostet, das sind 2.035.000,-- € bei einem Gesamtbudget von 22.475.000,-- € oder 10,64 Prozent des Kirchenbeitragsaufkommens.

Der Jahresabschluss der Erzdiöze Wien weist 2010 für Kirchenbeitragsdienst und Matrikenreferat Kosten von 7.631.247,-- € aus, das sind 8,2 Prozent des Kirchenbeitragsaufkommens von 92.888.104,-- €, bei Gesamteinnahmen von 105.175.802,72 €. Von der Diözese Innsbruck wurden mir per E-Mail die Kosten der Beitragseinhebung mit Matrikenreferat für 2011 mit 2.935.000,-- € angegeben, bei Kirchenbeitragseinnahmen von 28.994.000,-- € sind das für die Einhebung Kosten in der Höhe von 10,12 Prozent.[104] Für die Diözese Graz-Seckau betrug das Kirchenbeitragsaufkommen 2010 nach der Statistik 57.703.000,-- €.[105] Vom stellvertretenden Wirtschaftsdirektor, Gottfried Moik, wurden per E-Mail die Kosten der Einhebung mit 8,63 Prozent des Beitragsaufkommens beziffert, das sind für 2010 Kosten in der Höhe von 4.979.768,90 €.[106]

Die Zahlen zusammengefasst: Die Diözesen der Katholischen Kirche in Österreich hatten 2010 Einkünfte von ca. € 498,61 Millionen, davon waren € 393,26 Millionen Kirchenbeiträge. Die Angaben der Einhebungskosten schwanken zwischen 8,2 und über 10 Prozent. Geht man von 9 Prozent aus, so haben die Einhebungskosten ca. 35,39 Millionen € betragen. Die staatliche Einhebung am Beispiel eines deutschen Bundeslandes mit 2 Prozent Abgeltung würde in Österreich ca. 7,86 Millionen € an Kosten ausmachen. Vom Sekretär der Österreichischen Bischofskonferenz, Bischof Kostelecky, wurden 1989 die Einhebungskosten sogar mit 10–15 Prozent angeführt. Der ehemalige Wiener Generalvikar, Helmut Schüller, vertrat bei der Tagung zur Kirchenfinanzierung am 17. November 2012 in Eisenstadt die Meinung, dass nach seinem Wissen die Kosten der Einhebung etwa 15 Prozent betragen. Damit könnten die Kos-

---

104 E-Mail von Mag.ª Marlies Hofer-Perktold, für die ich sehr danke, http://www.katholisch.at/pages/kirchenfinanzierung/istdiekirchereich/article/103028.html.
105 http://www.katholisch.at/pages/kirchenfinanzierung/istdiekirchereich/archiv/article/102239.html [abgefragt am 3. 9. 2013]
106 E-Mail von Dr. Gottfried Moik, 20. Sept. 2012, wofür ich herzlich danke.

ten für die Einhebung bis zu 56 Millionen € ausmachen. Eine objektive Prüfung der Kosten ist nicht möglich, sie erfolgt durch bischöflich beauftragte Prüfer, ein Punkt, der schon bisher Kritik ausgelöst hat.[107] Die Einnahmen der Katholischen Kirche in Österreich bestehen zu ca. 80 Prozent aus Kirchenbeiträgen.[108]

Kirchenbeitragsaufkommen der österreichischen Diözesen

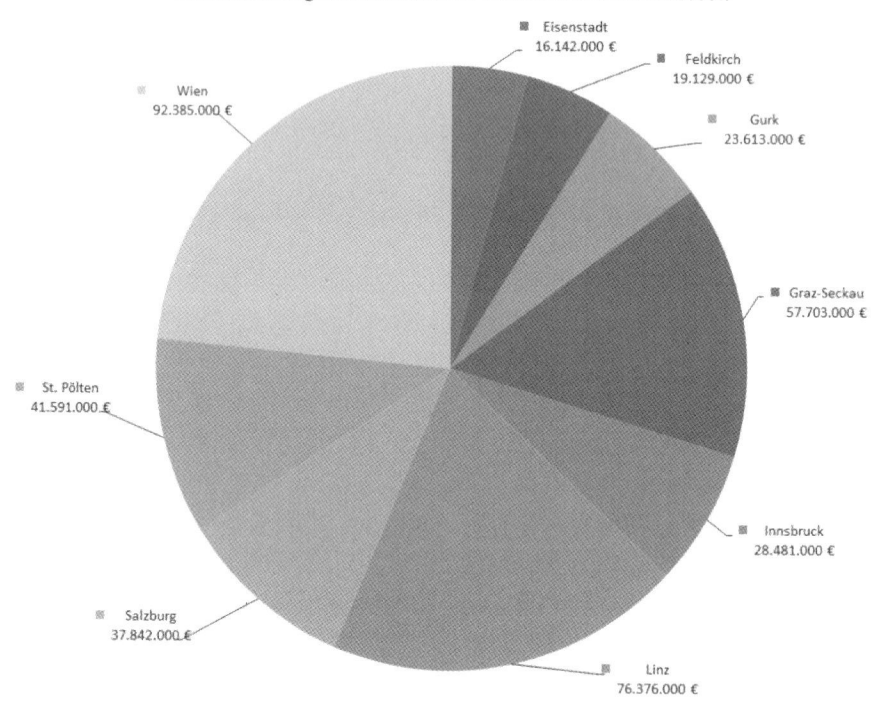

- Eisenstadt 16.142.000 €
- Feldkirch 19.129.000 €
- Gurk 23.613.000 €
- Graz-Seckau 57.703.000 €
- Innsbruck 28.481.000 €
- Linz 76.376.000 €
- Salzburg 37.842.000 €
- St. Pölten 41.591.000 €
- Wien 92.385.000 €

Graphik: Kathpress, Beitragsaufkommen 2010

---

107 Peter PAWLOWSKY, Kirchenbeitrag – Zahlen ohne Mitbestimmung. *Kirche In* 1/2013, 24–27, 27. „Die Bischöfe kontrollieren sich selbst". In Eisenstadt hielten am 17. Nov. 2012 die Reformbewegungen eine Tagung zum Thema Kirchenfinanzierung ab und verabschiedeten eine Resolution: Wer zahlt, muss mitbestimmen können. Kirchliche Finanzhoheit im Rechtsstaat. *Kirche in,* 76/ Dez. 2012, IXf.; Peter PAWLOWSKY, Der Umgang mit Geld in den religiösen Gemeinschaften, in: Wer zahlt, muss mitbestimmen können. Kirchliche Finanzhoheit im Rechtsstaat. Dokumentation eines Studientags am 17. November 2012 in Eisenstadt. Febr. 2013, 54–56.
108 Es geht nicht nur ums Geld (wie Anm. 76) 6.

Gerichtliche Klagen und Exekutionen wegen der Kirchenbeiträge

Der öffentlich-rechtliche Status der Kirchen in Österreich ist bei der Einhebung wegen Hitlers 1939 diktierten Verweis auf den Zivilrechtsweg nicht wirksam. Die Kirchen sind bis heute bei Säumigkeit zu klagen genötigt. Wurden im Jahr 2009 bereits 27.244 gerichtliche Mahnklagen durch die Katholische Kirche bei den Gerichten eingebracht, so stieg die Zahl im Jahr 2010 auf 30.691 Fälle an, ein Plus von 12,7 Prozent. Die Zahl der gerichtlichen Exekutionen, bei denen auch Miet- und Pachtforderungen enthalten sind, stieg von 9.697 auf 12.130 Fälle, ein Plus von 25,1 Prozent.[109]

Erinnerungen wegen ausstehender Kirchenbeiträge wurden im Jahr 2012 in der Steiermark per SMS an etwa 17.000 Beitragspflichtige verschickt. Die Fernmeldebehörde für Steiermark und Kärnten sah darin einen Gesetzesverstoß und leitete ein Verfahren ein, bei dem nach dem Telekommunikationsgesetz 2003, § 107 Abs. 3, Z. 20, und §109 Abs. 3 eine Geldstrafe bis zu 37.000 Euro verhängt werden kann. Das Verwaltungsstrafverfahren wurde rechtskräftig durch Bescheid abgeschlossen, die Diözese Graz-Seckau hat eine Strafzahlung unter 10.000 € geleistet.[110]

Die Folgen des Beitragssystems

Sind die Kirchenaustritte durch das Beitragssystem verursacht? Ein Vergleich mit Deutschland bestätigt diese Annahme. Die Zahl der Kirchenaustritte ist in keinem europäischen Land so hoch wie in Österreich. Während Deutschland im Jahr 2010 genau 181.193 Austritte bei 24,5

---

109 Kirchenbeitrag: Klagen und Exekutionen angestiegen. *Kleine Zeitung*, 16. April 2011. www.kleinezeitung.at/nachrichten/chronik/missbrauch/27233098/kirchenbeitrag

110 Katholische Kirche verschickt SMS an säumige Kirchenbeitragszahler. *Der Standard*, 23. Mai 2012. http://derstandard.at/1336697727357/Spam-Katholische-Kirche-verschickt-SMS-an-saeumige-Kirchenbeitragszahler. Steiermark: Massen-SMS an säumige Kirchenbeitragszahler. *Tiroler Tageszeitung*, 25. Feb. 2012; http://www.tt.com/Nachrichten/4850102-2/massen-sms-wegen-ausst-c3%a4ndiger-kirchenbeitr%c3%a4ge-ermittlungen.csp [abgefragt am 16.7.2012]. Renate GRABER, SMS: Grazer Diözese muss Verwaltungsstrafe zahlen. *Der Standard*, 24. Sep. 2013, 8; Renate GRABER, Kirche darf keine Massen-SMS verschicken. *Der Standard*, 23. Sept. 2013; [Renate GRABER], Massen-SMS: Diözese zahlte Strafe. *Der Standard*, 24. Sept. 2013, 8; *Kleine Zeitung*, 25. Sept. 2013, 28; Graz: SMS an säumige Kirchenbeitragszahler war unzulässig. *Kathpress*, 25. Sept. 2013.

Millionen Katholiken, also 0,75 Prozent der Gesamtzahl verzeichnen musste,[111] sind in Österreich im gleichen Jahr von ca. 5,45 Millionen Katholiken 87.393 ausgetreten,[112] das sind knapp 1,6 Prozent der Katholiken, eine mehr als doppelt so hohe Austrittsrate.

Unmut hört man öfters bei Maturanten und Jugendlichen, wenn sie eine Vorschreibung oder Aufforderung bekommen, einen Einkommensnachweis vorzulegen. Häufig folgt der ersten Kontaktaufnahme durch die Beitragsstelle der Austritt. Die Austrittsrate für 2009 bis 2011 ist in der Steiermark mit über 25 Prozent bei Männern und über 17 Prozent bei Frauen in der Altersgruppe von 19 bis 30 Jahren am höchsten.[113]

Als Hauptgrund für den Anstieg der Austritte werden gerne das Bekanntwerden von Missbrauchsfällen im kirchlichen Bereich oder andere negative Schlagzeilen genannt. Zweifellos trägt negative mediale Präsenz auch dazu bei. Ein weiterer Grund dürfte in der demokratischen gesellschaftlichen Entwicklung mit abnehmender Bindung an Institutionen insgesamt liegen. Dazu kommt der Zwangscharakter des vom NS-Regime eingeführten Kirchenbeitrages, der als Bevormundung empfunden und immer weniger akzeptiert wird.

Das Amtsblatt der Österreichischen Bischofskonferenz aus dem Jahr 1998 benennt den Hauptgrund präziser: „Aus internen Umfragen wissen wir, dass zwei Drittel der Ausgetretenen – neben anderen Gründen – den Kirchenbeitrag als Motiv für den Austritt angeben." Die Bischöfe weiter: „Mit vielen dieser Katholiken hatten unsere Mitarbeiter in den Pfarren und Kirchenbeitragsstellen zu wenig persönlichen Kontakt. Das möchten wir ändern".[114] Seither sind fünfzehn Jahre mit überwiegend höheren Austrittsraten vergangen, ohne dass sich eine Wende abzeichnet. Nicht

---

111 Nach Missbrauchsfällen: Katholiken treten massenhaft aus der Kirche aus, in: http://www.spiegel.de/panorama/gesellschaft/nach-missbrauchsfaellen-katholiken-treten-massenhaft-aus-der-kirche-aus-a-777407.html 29. Juli 2011, http://www.kath.net/detail.php?id=32516 [abgefragt am 24.9.2012].

112 Rekordhoch: Kirchenaustritte stiegen 2010 um 64 Prozent auf 87.393 Personen. *Der Standard*, 11. Jän. 2011; http://derstandard.at/1293370377600/Rekordhoch-Kirchenaustritte-stiegen-2010-um-64-Prozent-auf-87393-Personen.

113 Eine statistische Aufstellung bei Hertha FERK „Kirchenbeitrag – Kirchenaustritt und Kirchenbindung. Pastoralkonferenz 9. Februar 2012", für die ich Frau Hertha Ferk herzlich danke.

114 Kirchenbeitrag. *Amtsblatt der Österreichischen Bischofskonferenz*, Nr. 22, 20. Mai 1998, 2.

weniger gravierend ist der Einfluss der Kirchensteuer auf die Austritte in Deutschland. Bei einer Umfrage des Instituts für Demoskopie in Allensbach gaben 72 Prozent die Kirchensteuer als Grund für den Austritt aus einer Kirche an.[115]

Mathematisch bemerkenswert ist, dass trotz der von 2010 bis 2012 erfassten 87.393, 58.603, 52.425 Austritte, insgesamt 198.521, in Österreich in den drei Jahren das Beitragsaufkommen von 393.262 Millionen € auf 399.427 und 2012 auf 418.498 Millionen € gestiegen ist, wobei in der Gruppe der Personen mit Jahreseinkommen von 50.000 bis 150.000 € der Anteil der Ausgetretenen mit 44 Prozent um exakt 100 Prozent über allen anderen Personengruppen mit niedrigeren oder höheren Einkommen liegt.[116] Lässt sich die Zunahme beim Beitragsaufkommen mit der günstigen Wirtschaftslage erklären oder sind „erfolgreiche" Schätzungen wirksam? Wird damit die Bereitschaft zum Austritt nicht in einer die Kirche gefährdenden Weise beschleunigt?

Steuerwidmung in Europa auf dem Vormarsch

Seit den 80er Jahren gewinnt in Europa bei der Kirchenfinanzierung die Widmung eines definierten Prozentsatzes der individuellen Steuerleistung entweder an den Staat oder eine anerkannte Religionsgemeinschaft zunehmend Raum. In Italien kann seit 1984 jeder Steuerpflichtige 8 Promille völlig frei und demokratisch dem Staat oder einer anerkannten Religionsgemeinschaft widmen und mit der Steuererklärung zuweisen.[117] Ein ähnliches Widmungsmodell ist eingeführt in Spanien (1978)[118], Ungarn (2004)[119], Slowenien (2007)[120], Polen[121] ab 2014[122], in Liechtenstein[123]

---

115 PUZA, Modalitäten (wie Anm. 94) 188.
116 Wie Anm. 113.
117 PUZA, Modalitäten (wie Anm. 94) 190f.
118 3. Jän. 1979, Vertrag mit dem Hl. Stuhl ein Grundsatzabkommen, konkretisiert 23. Dez. 1987, 1988 erstmals die Widmung umgesetzt. Heiner MARRÉ, Die Kirchenfinanzierung in Kirche und Staat der Gegenwart (Beihefte zum Münsterischen Kommentar 4, Essen ^{4}2006) 34f.
119 János WILDMANN, Durchwachsene Bilanz, Religion und Kirche in Ungarn im Spiegel einer neuen Untersuchung. *Herder Korrespondenz* 63 (2009) 520–525, 521.
120 Seit 2007, allerdings mit Tausenden Empfangsberechtigten wie Sportvereinen u.a. Vgl. Saje, unten 232.

und in der Slowakei[124] ist es in Verhandlung. In diesen Ländern dürfen Steuerpflichtige völlig frei einem staatlichen Kulturfonds oder anerkannten Religionsgemeinschaften einen Teil der bereits bezahlten Steuer widmen bzw. zuweisen. Dabei wurde keine neue Steuer eingeführt.

Steuerwidmung als Weg der Bürgerbeteiligung

Die Idee der Steuerwidmung als neuer Form der Bürgerbeteiligung hat in Österreich der damalige Staatssekretär und jetzige Außenminister Sebastian Kurz 2012 in die politische Diskussion gebracht.[125] Die BürgerInnen erhalten von den gewählten Vertretern die Entscheidung über die Verwendung eines Teiles ihrer geleisteten Steuern zurück übertragen, und können völlig frei und ohne Zwang entscheiden. Deshalb sind Begriffe wie „Kultursteuer oder Mandatssteuer" fälschlich und irreführend, auch wenn sie in der Literatur verwendet wurden. Sie suggerieren nämlich eine neue Steuer, die aber in keinem der genannten Länder eingeführt wurde. Richtig und zutreffend ist es, von Steuerwidmung der eigenen Steuerleistung zu sprechen. Der Behauptung der Gegner der Steuerwidmung, es handle sich um eine Finanzierung durch den Staat, ist entgegenzuhalten, dass die Lohn- und Einkommenssteuern von den Bürgern stammen, de-

---

121 Polens Bischöfe für Reform der Kirchenfinanzierung. *Kathpress*, 12. Okt. 2011. Schon bisher konnten Polens Bürger ein Prozent ihrer Einkommenssteuer kirchlichen Stiftungen oder für Caritas zuweisen. Die Bischöfe Polens haben 2011 noch ein weiteres Prozent als mögliche Widmung gefordert, um im Gegenzug auf Staatsgelder aus dem seit 1950 bestehenden Kirchenfonds zu verzichten.
122 Kirchenfinanzierung: Polen übernimmt 2014 italienisches Modell. *Kathpress*, 22. Feb. 2013; ab 2014 sollen 0,5 % eines Steueranteils für die Religionsgemeinschaften gewidmet werden können. Darüber haben sich der Minister für Staatsverwaltung, Michal Boni, und der Warschauer Erzbischof, Kardinal Kazimierz Nycz, verständigt.
123 Liechtenstein: Konkordat mit Vatikan wird aufgeschoben. *Kathpress*, 9. Jän. 2013, weil dies „demokratischer als ein ausgehandelter Beitrag" sei. Liechtenstein: Staat-Kirche-Verhältnis vor Neuordnung. *Kathpress*, 24. Sept. 2012. Die für Liechtenstein ausgehandelte, zur Beratung vorgelegte Gesetzesvorlage sieht für die Bürger die Möglichkeit vor, dem Staat oder den Religionsgemeinschaften 2 % der Lohn- und Einkommenssteuer widmen zu können.
124 Slowakische Kirchenfinanzierung: Italienisches Modell präsentiert. *Kathpress*, 8. Feb. 2012. Die geplante Widmung in der Slowakei für eine der 18 anerkannten Kirchen oder den „dritten Sektor" soll nach dem Entwurf ein Prozent der Steuer betragen.
125 Kurz will Steuer-Zweckwidmung. *Kurier*, 26. März 2012.

nen die gewählten Vertreter eine Entscheidungsmöglichkeit übergeben. Wenn das im April 2013 in Österreich durchgeführte Kirchenprivilegien-Volksbegehren nur von 0,89 Prozent der Wahlberechtigten unterstützt wurde – die wenigsten Unterstützer aller bisherigen Volksbegehren in Österreich –, so zeigt dies, dass die Initiatoren als Vertreter des Staates zu agieren nicht bestätigt wurden, zumal eine überwiegende Mehrheit der österreichischen Bevölkerung christlichen Religionsgemeinschaften angehört.

Sollte in Österreich die Steuerwidmung eingeführt werden, ist die Möglichkeit zum Austritt aus einer Religionsgemeinschaft jedenfalls aufrecht zu erhalten, damit nicht der Eindruck entsteht, es würde ein seit 1868 eingeführtes Recht beseitigt. Italien kennt kaum Kirchenaustritte, weil ein finanzieller Anreiz dafür fehlt.

Gerechtigkeit und Gleichbehandlung ist bei der Widmung eines Steueranteils mit der Bindung an die Steuerleistung im Höchstmaß gegeben. In Deutschland ist nur rund ein Viertel bzw. Drittel der Kirchenmitglieder steuerpflichtig und zahlt Kirchensteuer.[126] Wie hoch die öffentliche Hand abgegolten wird, hängt von politischer Übereinkunft und dem Zusammenhalt in der Gesellschaft ab. Die Abgeltung in Deutschland in der Höhe von 2 bis 4 Prozent der erhobenen Kirchensteuer wurde kritisiert, weil diese festgelegt wurde, als Finanzämter noch mit Karteikarten arbeiteten.[127] Selbst in Deutschland sind im Jahr 2012 Politiker und Bundestagsabgeordnete des Bündnisses 90/Grüne beim Katholikentag in Mannheim für das italienische Modell mit Widmung eines Steueranteils eingetreten.[128] Sprecher der großen Kirchen haben den Vorschlag sofort zurückgewiesen und sich für die Beibehaltung des bisherigen Kirchensteuersystems ausgesprochen.[129] Zudem forderten Jungpolitiker aus der FDP, SPD und der Linkspartei die Abschaffung des staatlichen Kirchensteuerein-

---

126 PUZA, Modalitäten (wie Anm. 94) 186.
127 Vgl. Beitrag Hartmann, Anm. 23.
128 Kirche, Steuer und Austritte. *Frankfurter Allgemeine Zeitung*, 5. Juni 2012; http://www.seiten.faz-archiv.de/faz/20120605/fd2201206053519026.html [abgefragt am 30.10.2013].
129 Die Kirchen- in eine Kultursteuer umwandeln? Die EKD ist dagegen: Das jetzige System ist „sehr gerecht". http//www.ekbo.de/.

zugs mit dem Hinweis auf „Trennung von Kirchen und Staat". Dagegen wurde argumentiert, dass der Staat vom Einzug profitiere.[130]

Widmung und zugleich Steuersenkung

Welche Auswege sind aus der schwierigen Kirchenfinanzierungslage in Österreich mit der höchsten Austrittsrate Europas überhaupt möglich? Der Versuch, die staatliche Vollstreckung 1968 zu erreichen, ist zu Recht gescheitert. Die Mitteilung von Daten an die Kirchenbeitragsstellen ist ebenso wenig durchsetzbar. Eine Annexsteuer, wie sie in Deutschland besteht, in Österreich einzuführen, würde eine neue zusätzliche Steuer bedeuten, und hat überhaupt keine Aussicht auf politische Umsetzung. Bleibt also nur der Weg der Steuerwidmung an Staat und Kirchen zur gesicherten Finanzierung der Religionsgemeinschaften und ihrer vielfältigen Leistungen und zum Erhalt der Kulturgüter.

Mit Einführung der Steuerwidmung müsste gleichzeitig der nach der Okkupation Österreichs im Jahr 1939 von den Nazis eingeführte Kirchenbeitrag gänzlich entfallen, was für die überwiegende Mehrheit von ca. 80 Prozent der Bevölkerung in Österreich eine reale Senkung der Steuerbelastung bedeuten würde. Dem Kirchenbeitrag liegt bis heute ein staatliches Gesetz zu Grunde und er ist damit ein Teil der Steuerquote. Ihn wegen der Austrittsmöglichkeit als freiwillig zu bezeichnen, stellt auch der Kirchenrechtsprofessor Richard Puza, Tübingen, in Frage.[131]

Ohne eine neue Steuer müsste die Widmung eines Steueranteils an den Staat oder an die anerkannten Religionsgemeinschaften in Österreich ihnen absehbar gleich viel Geld bringen, wie sie gegenwärtig durch kostenintensive Einhebung erreichen.

Steuerwidmung ohne neue Steuer finanzieren

Ein Bericht des Rechnungshofes hat für die steuerliche Absetzbarkeit für den „Kirchenbeitrag" in Österreich für das Jahr 2009 bereits €135 Milli-

---

130 Debatte um Kirchensteuer ist neu entbrannt. *Kath.net*, 8. April 2013; http://www.kath.net/news/40806 [abgefragt am 2.10.2013].
131 PUZA, Modalitäten (wie Anm. 94) 186.

onen an Kosten errechnet,[132] die durch die Erhöhung der jährlichen Absetzmöglichkeit auf € 400 ab 2012 auf ein noch nicht absehbares, erst 2016 bekanntes Ausmaß ansteigen wird. Wenn nach Wegfall des Kirchenbeitrages und seiner Absetzbarkeit, auch der Entfall staatlicher Kosten für ca. zehntausend Exekutionen, für ca. 30.000 Klagen sowie für die Bearbeitung von etwa 50.000–80.000 Austrittsakten bei den Bezirksämtern pro Jahr hinzugerechnet werden, ist die Umstellung auf Steuerwidmung für den Staatshaushalt ohne neue Steuer kostenneutral möglich. Der Entfall des Kirchenbeitrages würde eine spürbare Abgabensenkung bedeuten. Entscheidend dabei wird sein, ob nicht gewidmete Steuerleistung nach dem Verhältnis der Widmungen proportional den Kirchen bzw. dem Staat zugewiesen wird.[133]

Grundlage für die Berechnung ist das Lohnsteueraufkommen von etwa 30 Milliarden € in Österreich im Jahr 2012. Danach kann bis ca. 2 Prozent der Steuerleistung nach Entfall der Kirchenbeiträge und durch Einsparungen bei Absetzbarkeit, Kosten für Klagen, Exekutionen und Bearbeitung von Austrittsakten, ohne Abgang für den Staatshaushalt, einem staatlichen Kulturfonds oder anerkannten Kirchen gewidmet werden. Der Prozentsatz sollte in einem Akt gesellschaftlichen Zusammenwirkens zwischen Staat und Kirchen so angesetzt werden, dass den Religionsgemeinschaften Einkünfte in bisheriger Höhe sichergestellt und ihre Leistungen sowie der Erhalt der Kulturgüter gesichert werden können.

Die freie und demokratische Entscheidung bei der Widmung an einen staatlichen Kulturfonds oder anerkannte Religionsgemeinschaften, wie sie mittlerweile in Ungarn, Italien, Spanien gegeben und in mehreren Ländern geplant ist, sollte für alle Bürgerinnen akzeptabel sein, weil sie solidarischer ist und auf gesellschaftlicher Übereinkunft aufbaut. Zur gegenwärtigen Steuer darf keine weitere Belastung kommen. Kirchen und Pfarrgemeinden erhalten bisher schon Kulturgüter, ohne die kein Tourismus denkbar ist. Bei Renovierungen wird Mehrwertsteuer geleistet und von den Personalkosten für vielfältige kirchliche Aufgaben profitiert der

---

132 Luise UNGERBOECK, Des Fiskus' Kreuz mit Kirchenbeiträgen. *Der Standard*, 29. April 2013, http://derstandard.at/1363706508350/Des-Fiskus-Kreuz-mit-Kirchenbeiträgen.
133 SCHWARZ, Zwischen Subvention (wie Anm. 77) 258.

Staatshaushalt in hohem Maße. Auch dem Staat würden zusätzliche definierte Mittel für die Kulturgüter zur Verfügung stehen.

Behauptungen, dass mit der Steuerwidmung wie sie in Italien, Spanien und Ungarn eingeführt wurde, eine neue Steuer käme, entsprechen nicht der Wahrheit und sind als Argument für das NS-Kirchenbeitragssystem zu werten, das auf Zerstörung der Religionsgemeinschaften und gesellschaftlichen Solidarität abzielte. Eine Gefährdung des religiösen Friedens durch Werbung für Widmung ist in Italien bisher nicht festgestellt worden. Das Argument der Unabhängigkeit vom Staat mag für Diktaturen und vergleichbare Regime gelten, ist aber für die demokratische Republik Österreich seit 1945 nicht relevant, zumal ca. 80 Prozent der Bevölkerung christlichen Religionen angehören. Auch wird kein Staatskirchentum wiederhergestellt, wenn gewählte politische Vertreter den BürgerInnen die Entscheidung über einen Teil ihrer Steuerleistung übergeben. Die etwa 500 Beitragsangestellten sind bei Widmungseinführung abzusichern.

Kulturgüter und Denkmalschutz

Zu den gemeinsamen Angelegenheiten von Staat und Kirchen gehört die Sicherung der Kulturgüter. Das ist in Österreich auch im Art. 15 Staatsgrundgesetz festgelegt[134] und heute zunehmend ein Anliegen im öffentlichen Bewusstsein.[135] Der Erhalt der Kulturgüter ist nur in der Wahrnehmung der gemeinsamen Verantwortung aller möglich.[136]

In Frankreich, wo die vor 1905 errichteten Kirchengebäude im Staats-, Département- oder Gemeindebesitz sind und erhalten werden[137], wurde im Jahr 2005 ein Gesetz für den „gesellschaftlichen Zusammenhalt" beschlossen, das Spenden bis zu 66 Prozent der Summe wieder den Spen-

---

134 Elisabeth KANDLER-MAYR, Die Erweiterung einer denkmalgeschützten Kirche – Überlegungen zu § 5 Abs. 4 DSchG, in: PAARHAMMER, Finanzwesen (wie Anm. 4) 467–480, 469.
135 Helmut PREE, Österreichisches Staatskirchenrecht (Wien–New York 1978) 188; Johann HIRNSPERGER, Das neue kirchliche Gesetzbuch und die Kulturgüter, in: PAARHAMMER, Finanzwesen (wie Anm. 4) 453–466.
136 HIRNSPERGER, Gesetzbuch (wie Anm. 134) 453.
137 PUZA, Modalitäten (wie Anm. 94) 183, 186; Rainer SIEGEL, Die Finanzierung anerkannter Kirchen und Religionsgemeinschaften. Ein Vergleich zwischen Österreich und Frankreich (Linz 1994) 109ff.

dern zurückleitet.[138] Der Vorschlag des Pfarrers Wolfgang Pucher, Graz „dass Kirchengebäude dem Staat überantwortet" werden sollen, setzt die Möglichkeit und den Willen durch die öffentliche Hand voraus.[139]

Die Katholische Kirche hat in Österreich ca. 10.000 bis 12.000 Baudenkmäler zu erhalten. Mit dem NS-Gesetz 1939 wurden im § 5 alle „Leistungen des Staates, der in staatlicher Verwaltung stehenden Fonds (Religionsfonds) der Gemeinden, der Kultusverbände und der öffentlichen Patrone aufgehoben, soweit sie nicht auf dem privaten Patronat oder Privatrechtstiteln beruhen",[140] und die Baulast den Religionsgemeinschaften auferlegt.

Der staatliche Beitrag ist bei herausragenden Bauwerken bisweilen höher, aber bei den übrigen Kulturdenkmälern kaum existent. Das Bundesdenkmalamt macht bei Renovierungen genaue Vorgaben, steuert aber oft nur 5 Prozent oder weniger als die an den Staat geleistete Mehrwertsteuer bei. So wurde in der Pfarrei St. Johannes in Leonding-Hart ein Pfarrhof aus dem Jahr 1905 mit einem Aufwand von 1,5 Millionen € saniert. Vom Bundesdenkmalamt kamen „ins Geld gehende" Auflagen (doppelte Kastenfenster), „der Beitrag des Bundesdenkmalamtes war: null €".[141] Kardinal Christoph Schönborn hat am 16. Jänner 2012 die Erhaltungskosten angesprochen: „Es ist einfach nicht gerecht, dass die Kirche weit mehr an Mehrwertsteuer zahlt, als sie an Zuschüssen dafür bekommt".[142] Pfarrgemeinden bringen für Kulturgüter oft 80 Prozent und mehr der Kosten auf.

---

138 Vgl. den Beitrag MOISSET, unten 204.
139 Christian WENIGER, „Haben den Weg der Armen verlassen". *Kleine Zeitung*, 20. Okt. 2013.
140 Richard PUZA, Die Kirchenfinanzierung in Österreich seit dem Zweiten Weltkrieg, in: Die Kirchenfinanzen, hg. von Erwin GATZ (Geschichte des kirchlichen Lebens in den deutschsprachigen Ländern seit dem Ende des 18. Jahrhunderts – die Katholische Kirche, Freiburg i. B. 2000) 353; Hugo SCHWENDENWEIN, Die Finanzierung des Religionsunterrichts, in: PAARHAMMER, Finanzwesen (wie Anm. 4) 608ff.
141 Freundliche Mitteilung von Dr. Fritz Punz, Leonding-Hart, Oberösterreich, per E-Mail, 11. Feb. 2011.
142 Schönborn offen für Diskussion über Kirchenfinanzierungsmodelle. *Kathpress*, 16. Jän. 2012.

Wer vorschlägt, Kirchengebäude für profane Zwecke umzuwidmen, sei daran erinnert, dass in der NS-Zeit die Kirche des Chorherrenstiftes Vorau, Steiermark, in ein Schwimmbad umzuwandeln geplant wurde.[143]

Resümee

Sollen Kirchenbeitragsvorschreibungen auf der Basis von Schätzungen, Mahnungen, Klagen, Exekutionen, SMS und Kosten der Einhebung von ca. 35,4 bis zu vielleicht €56 Millionen in Österreich der Vergangenheit angehören, dann sollten sich Kirchenleitungen und verantwortungsvolle politische Kräfte einigen und freie, teilweise Steuerwidmung ohne neue Steuer den Steuerpflichtigen in die Hand geben. Das würde ein bisher nicht absehbares neues Engagement sowohl für Religionsgemeinschaften wie auch für den Staat ermöglichen. Damit wäre ein Zwangsgesetz aus der NS-Zeit überwunden. Oder muss eine Republik, die regelmäßig der Gräuel des NS-Regimes gedenkt, an einem zum Schaden der Religionsgemeinschaften eingeführten NS-Gesetz nach 75 Jahren immer noch festhalten?

---

143 Ferdinand HUTZ, Die Vorauer Stiftskirche als Hallenbad. Ein geplanter Umbau aus dem Jahr 1941. *Blätter für Heimatkunde* 71 (1997) 81–84; Neuabdruck in *Chorherren-Jahrbuch* (2000) 138–142; Markus RIEGLER, Die Zeit des Nationalsozialismus, in: Stift Vorau im 20. Jahrhundert, red. von Ferdinand HUTZ (Vorau 2004) 90–163, 136f.

8x1000 – *ottopermille*
Das System der Kirchenfinanzierung in Italien

Michael Mitterhofer

„8 ‰, jede Unterschrift zählt! Nur gemeinsam sind wir stark!", „Eine Unterschrift für die Katholische Kirche kostet nichts, hilft aber viel", „Ihre Steuern. Sie entscheiden. Danke für Ihre Unterschrift." – „La Sua firma fa la differenza. Grazie".[1]

Mit diesen und ähnlichen plakativen Schlagworten wird den Bürgern der Republik Italien in Bewusstsein gerufen, bei der jährlichen Steuererklärung ihre Unterschrift in ein eigens ausgewiesenes Feld des Steuerformulars zu setzen und damit die Wahl für die Zuweisung von 0,8 Prozent des Steueraufkommens zu treffen.

Dieser Mechanismus geht zurück auf die Revision des Laterankonkordates von 1929 durch den Accordo di Villa Madama vom 18. Februar 1984, durch den die Beziehungen zwischen der Republik Italien und der Katholischen Kirche in Italien neu definiert wurden. Dabei kam es zu bedeutenden Änderungen, die vor allem das bis dahin geltende System der Finanzierungen der kirchlichen Bereiche und des Klerus in revolutionärer Weise modifizierten. Angelpunkt dieses neuen Konzeptes ist die Abschaffung des bisherigen jahrhundertealten Benefizialsystems, das durch Geldzuwendungen von Seiten des Staates ergänzt war, welche ihre Begründung in der Säkularisation der kirchlichen Güter im 19. Jahrhundert hatten.

---

1 Slogans auf Plakaten und Handzetteln der 8 ‰-Werbung in der Diözese Bozen-Brixen. Allerdings gibt es auch eine gewisse Gegenwerbung, so etwa die Vereinigung Uaar (Unione degli Atei e Agnostici Razionalisti) im Internet: „Otto per mille: ogni anno devolvi dalle tue tasse alla chiesa cattolica. E non lo sai." (Jedes Jahr wendest du von deinen Steuern einen Teil der katholischen Kirche zu. Und du weißt es nicht.): http:// www.uaar.it/laicita/otto_per_mille/uaar-pubblicita-otto-per-mille.pdf (29. 09. 2012); ebenso http://vivereaorecchio.blogspot.it/2011/04/otto-per-mille-ogni-anno-devolvi-le-tue.html (29. 09. 2012).

Vorweg sei bemerkt, dass es sich bei diesem System, das zwar eng mit der Berechnung und Bezahlung der Einkommenssteuer gekoppelt ist, nicht um eine zusätzliche Steuer im Sinne einer „Kirchensteuer" handelt und somit auch nicht um eine „Kultursteuer"; denn diese Begriffe insinuieren in gewisser Weise zusätzliche Abgaben und Tribute, die, sollte der Anlassgrund wegfallen, so nicht mehr geschuldet sind. Es geht auch nicht um einen „Kirchenbeitrag", den eben jene zu entrichten hätten, die gegebener Weise Mitglieder einer Kirche sind, wie dies auch sonst im privaten oder auch staatlich abgesicherten Vereinsrecht der Fall ist.

Beim System des 8x1000 – ottopermille handelt es sich auch nicht um eine „Mandatssteuer", sondern, kurz gesagt, um die Einkommenssteuer, die jede physische Person auf alle Fälle zu entrichten hat, wobei allerdings die einzelnen Personen entscheiden können, welcher von den angegebenen Institutionen der Anteil von 0,8 Prozent oder 8 Promille des gesamten Aufkommens der Einkommenssteuer zugewiesen werden soll.

I. Wie ist es zu diesem System gekommen?

1. Das Konkordat zwischen dem Heiligen Stuhl und Italien

Kirche und Staat standen in Italien seit jeher in einer besonderen Beziehung zueinander. Ein Großteil des Gebietes der heutigen Republik Italien wurde seit dem Untergang des römischen Reiches (476 n. Chr.) vom Papst in Rom verwaltet und bildete über Jahrhunderte hinweg den Kirchenstaat. Seit der Mitte des 19. Jahrhunderts intensivierten sich die Bestrebungen zur Einigung Italiens, die vor allem vom Königreich Piemont aus betrieben wurden, so dass 1861 das Königreich Italien proklamiert und schließlich am 20. September 1870, während des I. Vatikanischen Konzils, mit der Einnahme der Stadt Rom, der Kirchenstaat vom Königreich Italien annektiert wurde. Dem Papst, in den Vatikan geflüchtet, wurden mit einem eigenen Gesetz[2] gewisse Einkünfte, Immunität und Garantien zugesichert, ohne allerdings die sogenannte „Römische Frage" nach der territorialen Souveränität und damit nach der Unabhängigkeit des Heiligen Stuhls und der Kirche zu klären. Der Heilige Stuhl stimmte

---

2 L. n. 214/13. 05. 1871. Legge delle guarentigie (Garantiegesetz).

deshalb diesem Gesetz nicht zu und beharrte auf einer klaren, völkerrechtlich abgesicherten Lösung, die nach langwierigen Verhandlungen am 11. Februar 1929 mit dem Staatsvertrag (Trattato) und dem Konkordat, zusammenfassend als „Lateranverträge" bezeichnet, gefunden werden konnte.

In diesen Lateranverträgen[3] wird einerseits die Souveränität und damit die Rechtspersönlichkeit des Heiligen Stuhles bzw. des „Staates der Vatikanstadt" (Stato della Città del Vaticano) anerkannt und andererseits werden jene Bereiche geregelt, die im Interesse der katholischen Kirche einerseits und des Staates Italien andererseits stehen.[4] So wird die katholische Religion als Staatsreligion anerkannt, eine Reihe von Privilegien und Ausnahmen für kirchliche Würdenträger werden festgelegt, dazu gehörte auch die vorausgehende Zustimmung der staatlichen Autorität bei der Ernennung von Bischöfen und Pfarrern. Vereinbarungen werden getroffen hinsichtlich der Steuerbegünstigungen für die kirchlichen Anstalten; ebenso geregelt werden die finanziellen Zuschüsse an den Klerus (Congrua sustentatio), der Religionsunterricht an den öffentlichen Schulen, die Anerkennung der zivilen Wirkungen der kirchlichen Eheschließung, die Zuständigkeit der kirchlichen Gerichte bei Ehenichtigkeitsklagen und die Dispenserteilung bei geschlossenen, nichtvollzogenen Ehen. Dieses Konkordat ist seiner rechtlichen Natur nach ein juristischer Akt mit internationalem Charakter und hängt eng mit dem Staatsvertrag zusammen, so dass das eine mit dem anderen steht und fällt.[5]

Die politischen Veränderungen in der ersten Hälfte des 20. Jahrhunderts mit den Erfahrungen und Auswirkungen der Monarchie, der faschistischen und nationalsozialistischen Systeme und die nachfolgende Demokratisierung, die Veränderungen in der Gesellschaft sowie die Umsetzung der neuen Prinzipien hinsichtlich der Religionsfreiheit und der Beziehung zwischen Kirche und Staat, wie sie im II. Vatikanischen Konzil zum Aus-

---

3 L. n. 810/27. 05. 1929. Esecuzione del Trattato, dei quattro allegati annessi, e del Concordato, sottoscritti in Roma, tra la Santa Sede e l'Italia, l'11 febbraio 1929: Gazzetta Ufficiale del Regno d'Italia, n. 13, 08. 06. 1929.
4 Siehe: Luigi MUSSELLI, Kirche und Staat in Italien. Grundlinien ihres bisherigen Verhältnisses und neue Entwicklungstendenzen: Essener Gespräche zum Thema Staat und Kirche 15 (Essen 1981) 148–172.
5 Vgl. Chirograph von Papst PIUS XI. an Pietro Card. GASPARRI vom 30. 05. 1929. *AAS* 21 (1929) 297f.

druck kamen, machten eine Revision des Laterankonkordates unumgänglich.

Nach vielen diplomatischen Kontakten und nach ca. achtjährigen offiziellen Verhandlungen[6] wurden am 18. Februar 1984 im Palazzo di Villa Madama der Accordo di revisione del Concordato lateranese und ein Zusatzprotokoll (protocollo addizionale) von Kardinalstaatssekretär Agostino Casaroli und von Ministerpräsident Bettino Craxi unterzeichnet[7] und anschließend vom Parlament ratifiziert.

Dieser Accordo bzw. diese Übereinkunft zur Revision des Laterankonkordates sowie die damit verbundenen Gesetze stellen also in Wirklichkeit ein „neues Konkordat"[8] dar, das hauptsächlich aus folgenden Dokumenten besteht:

---

6 Im Jahre 1967 beauftragte das Parlament die Regierung, dem Heiligen Stuhl eine bilaterale Revision einiger Normen des Konkordates vom 11. 02. 1929 vorzuschlagen. 1968 wurde eine Kommission zum Studium der anstehenden Fragen eingesetzt. Am 23. 09. 1972 bekundete Papst PAUL VI. dem Präsidenten der Republik Italien, Giovanni LEONE, die Bereitschaft des Heiligen Stuhles zur vorgeschlagenen Revision. Die inzwischen gebildeten Verhandlungsdelegationen (für den Heiligen Stuhl: Mons. Agostino CASAROLI, Mons. Achille SILVESTRINI und P. Salvatore LENER SJ bzw. nach der Ernennung von Mons. Agostino CASAROLI zum Kardinal-Staatssekretär, Mons. Audrys Juozas BACKIS. Für die Republik Italien: Sen. Guido GONELLA, Arturo Carlo JEMOLO und Roberto AGO bzw. nach dem Tod von JEMOLO (1981) und Guido GONELLA (1982), Pietro GISMONDI und Paolo ROSSI) erarbeiteten im Zeitraum von 1976 bis 1980 fünf Entwürfe für die Revision des Laterankonkordates. Sergio LARICCA, Diritto ecclesiastico (Padova ³1986) 159–165, geht näher auf die Behandlung dieser Frage im italienischen Parlament ein. Der Heilige Stuhl beteiligte, was bisher in ähnlichen Fällen noch nie geschehen war, in der Vorbereitungsphase auch die Italienische Bischofskonferenz (CEI) bzw. den Ständigen Rat der CEI (Consiglio permanente CEI), da es in diesen Verhandlungen in erster Linie um die katholische Kirche in Italien ging.

7 Vgl. *L'Osservatore Romano* vom 19. 02. 1984, 1. Andrea DALLAGO, Das Konzil neu gelesen. Italiens Kirche nach dem Kongreß von Loreto und der Konkordatsrevision. *HK* 39 (1985) 412, bemerkt: „die Konkordatsrevision als solche war zunächst einmal ein politischer Prestigeerfolg der Regierung Craxi nach fast 17jähriger Vorbereitungszeit und verschiedenen erfolglosen Anläufen christlich-demokratischer Regierungen, und nicht wie antiklerikale Laizisten meinen, der Verhandlungskunst vatikanischer Diplomaten".

8 Der Ausdruck „Konkordat" wird für dieses Vertragswerk nicht gebraucht, obwohl in der Verhandlungsphase Bestrebungen vorhanden waren, ein neues „Konkordat" zu schaffen. Es wird hier weniger feierlich vom „Accordo" gesprochen, d. h. von einer Vereinbarung bzw. Übereinkunft, die, wie die meisten Rechtsgelehrten annehmen, ebenso durch die Italienische Verfassung (Art. 7, Abs. 2) garantiert ist.

1. Accordo tra la Santa Sede e la Repubblica Italiana che apporta modificazioni al Concordato lateranense mit dem „Protocollo addizionale", das integrierender Bestandteil des „Accordo" ist und Präzisierungen enthält, um dadurch Interpretationsschwierigkeiten zu beheben (18. Februar 1984).[9]
2. Ratifizierung und Ausführung des Protokolls vom 15. November 1984 mit der Annahme der Normen, die von der paritätischen Kommission gemäß Art. 7, n. 6 des Accordo ausgearbeitet wurden.[10]
3. Gesetzliche Bestimmungen hinsichtlich der kirchlichen Güter und Einrichtungen in Italien sowie der finanziellen Verpflichtungen des italienischen Staates und dessen Art und Weise der Intervention in der kirchlichen Vermögensverwaltung, wie dies vor allem im Gesetz 222/20. 05. 1985 festgelegt ist.[11]

Die Revision des Laterankonkordates durch das Abkommen von Villa Madama (Accordo di Villa Madama) vom 18. Februar 1984 stellt die Beziehung zwischen Kirche und Staat in Italien auf eine neue Grundlage. Dieses Abkommen, das effektiv den Rang eines Konkordates hat, auch wenn dieser Name aus Rücksicht auf unmittelbar darauf folgende Verträge mit anderen Religions- bzw. Konfessionsgemeinschaften[12] nicht ge-

---

9 *AAS* 77 (1985) 521–535 bzw. L. n. 121/25. 03. 1985. Ratifica ed esecuzione dell'Accordo, con protocollo addizionale, firmato a Roma il 18 febbraio 1984, che apporta modificazioni al Concordato lateranense dell'11 febbraio 1929, tra la Repubblica italiana e la Santa Sede: G.U. Suppl.ord. 10. 04. 1984, n. 85.

10 *AAS* 77 (1985) 536–537 bzw. L. n. 206/20. 05. 1985. Ratifica ed esecuzione del protocollo, firmato a Roma il 15 novembre 1984, che approva le norme per la disciplina della materia degli enti e beni ecclesiastici formulate dalla commissione paritetica istituita dall'articolo 7, n. 6, dell'accordo, con protocollo addizionale, del 18 febbraio 1984 che ha apportato modificazioni al Concordato lateranense del 1929 tra lo Stato italiano e la Santa Sede: G.U. Suppl.ord. 27. 05. 1985, n. 123.

11 L. n. 222/20. 05. 1985. Disposizioni sugli enti e beni ecclesiastici in Italia e per il sostentamento del clero cattolico in servizio nelle diocesi: G.U. Suppl.ord. 03.1985, n. 129.
Dekret von Agostino Card. CASAROLI. *AAS* 77 (1985) 547–578. Norme circa gli enti e i beni ecclesiastici in Italia e circa la revisione degli impegni finanziari dello Stato italiano e degli interventi del medesimo nella gestione patrimoniale degli enti ecclesiastici.

12 In der italienischen Rechtsordnung sind im Bezug auf die Religionsausübung zur Zeit folgende Bestimmungen in Geltung:
L. n. 1159/24. 06. 1929. Disposizioni sull'esercizio dei culti ammessi nello Stato;

braucht wurde, ist ein völkerrechtlicher Vertrag zwischen dem Heiligen Stuhl und der Republik Italien, der die gegenseitigen Beziehungen grundsätzlich regelt. Die nähere gesetzliche Ausgestaltung einzelner Bereiche hingegen wird den Vereinbarungen zwischen der Italienischen Bischofskonferenz und den staatlichen Behörden überlassen.

2. Die Neudefinition des Zusammenwirkens von Kirche und Staat

Sprach das Laterankonkordat von 1929 noch von der katholischen Religion als der Staatsreligion, so wird jetzt festgehalten, dass Staat und katholische Kirche in ihren jeweiligen Bereichen unabhängig voneinander und souverän sind. Allerdings verpflichten sich beide Institutionen dazu, in gegenseitiger Zusammenarbeit die Entwicklung der Menschen zu fördern und für das Wohl des Landes zu arbeiten, wie dies im Art. 1 des Accordo di Villa Madama festgehalten ist, wenn es da heißt: Die Republik Italien und der Heilige Stuhl bekräftigen, dass der Staat und die katholische Kirche, jeweils in der eigenen Ordnung, unabhängig und souverän sind, indem sie sich für den vollen Respekt dieses Prinzips einsetzen in

---

L. n. 449/11. 08. 1984. Norme per la regolazione dei rapporti tra lo Stato e le chiese rappresentate dalla Tavola valdese; bzw. L. n. 409/05. 10. 1993.
L. n. 516/22.11.1988. Norme per la regolazione dei rapporti tra lo Stato e l'Unione italiana delle Chiese cristiane avventiste dal 7° giorno; bzw. L. n. 637/20. 12. 1996;
L. n. 517/22. 11. 1988. Norme per la regolazione dei rapporti tra lo Stato e le Assemblee di Dio in Italia;
L. n. 101/08. 03. 1989. Norme per la regolazione dei rapporti tra lo Stato e l'Unione delle Comunità ebraiche italiane, bzw. L. n. 638/20.12.1996;
L. n. 116/12. 04. 1995. Norme per la regolazione dei rapporti tra lo Stato e l'Unione Cristiana Evangelica Battista d'Italia – UCEBI;
L. n. 520/29. 11. 1995. Norme per la regolazione dei rapporti tra lo Stato e la Chiesa Evangelica Luterana in Italia – CELI.
Am 04. 04. 2007 wurden vom Ministerrat Vereinbarungen mit der Union der Buddhisten in Italien (Unione Buddista Italiana – UBI), mit der Union der Hinduisten in Italien (Unione Induista Italiana), mit der Vereinigung der Zeugen Jehovas (Testimoni di Geova), mit der Vereinigung der Kirche der Heiligen der Letzten Tage (Mormonen), mit der Apostolischen Kirche in Italien (Chiesa Apostolica in Italia), mit der Orthodoxen Erzdiözese Italiens (Arcidiocesi ortodossa d'Italia) genehmigt, ebenso wie Modifizierungen von bereits früher getroffenen Vereinbarungen mit den Waldensern und den Adventisten. Aber diese Vereinbarungen sind noch vom italienischen Parlament zu ratifizieren (Gesetzesvorlage Malan-Ceccanti).

ihren Beziehungen und bei der gegenseitigen Zusammenarbeit für die Förderung der Menschen und das Wohl des Landes.[13]

In diesem Sinn erkennt der Staat die volle Freiheit der Kirche in der Ausübung ihrer pastoralen, erzieherischen und karitativen Sendung und Aufgabe an, die im Dienste der Verkündigung des Evangeliums und der Heiligung steht. Dies bedeutet, dass die Kirche ihre Organisation, die öffentliche Ausübung des Kultus, des Lehrens und des geistlichen Dienstes sowie die Gerichtsbarkeit in den kirchlichen Angelegenheiten in Freiheit gestalten kann und ebenso frei ist, sich zu versammeln, Vereinigungen zu gründen und Stellungnahmen nach innen und nach außen frei abzugeben und auszutauschen.[14]

3. Die Aufhebung des Benefizialwesens und die Konstituierung neuer juristischer Personen

Wichtige kirchliche Bereiche, die mehr oder weniger eng mit der Sendung der Kirche zusammenhängen und für welche Liegenschaften und Vermögenswerte zweckbestimmt wurden, sind seit alters her im kanonischen wie auch im zivilen Bereich gesetzeskonform als eigenständige juristische Personen, als Körperschaften oder als Stiftungen errichtet. Im Zuge der Bestrebungen zur Einigung Italiens entzog man aber jenen kirchlichen Anstalten, die der Staat als überflüssig oder als schädlich für die Staatsinteressen ansah, die zivilrechtliche Stellung und die Vermögensfähigkeit.[15] Von dieser Unterdrückung und der nachfolgenden Spoliation waren nur jene kirchlichen Institutionen ausgenommen, deren unmittelbarer Zweck einsichtig war wie z. B. die Kirchen-, Pfarr- und Kuratiebenefizien, die Kanonikate, die Kathedralkirchen, die Seminarien und das Kirchenbauvermögen (fabbriceria). Die Verwaltung des Vermögens dieser Einrichtungen blieb weiterhin der Aufsicht und Kontrolle des Staates unterstellt, der unter anderem und infolge der Spoliation bzw. Säkula-

---

13 Accordo di Villa Madama Art.1 – La Repubblica italiana e la Santa Sede riaffermano che lo Stato e la Chiesa cattolica sono, ciascuno nel proprio ordine, indipendenti e sovrani, impegnandosi al pieno rispetto di tale principio nei loro rapporti ed alla reciproca collaborazione per la promozione dell'uomo e il bene del Paese.
14 L. n. 121/25. 03. 1985, Art. 1 und 2.
15 L. n. 3848/15. 08. 1867.

risation kirchlicher Güter sich verpflichtete, über das Congrua-System einen angemessenen Lebensunterhalt für die geistlichen Amtsinhaber bzw. Benefiziumsinhaber zu gewährleisten. Konnte aus der Bewirtschaftung des Benefiziums dieses Jahreseinkommen nicht erreicht werden, so ergänzte der Staat die fehlende Summe, die jährlich direkt an den Benefiziumsinhaber überwiesen wurde.

Im Hinblick auf die kirchlichen Körperschaften wird mit dem *Accordo* von 1984 in gewisser Weise eine „Revolution" eingeleitet, da die Forderung des II. Vatikanischen Konzils sowie des Codex Iuris Canonici ernst genommen wird, das sogenannte Benefizialsystem aufzugeben oder es wenigstens im Sinne des II. Vatikanischen Konzils (PO 20)[16] und des Codex Iuris Canonici (c. 1272)[17] zu reformieren.

Die vereinbarten grundlegenden Prinzipien des Accordo und die daraus folgenden gesetzlichen Bestimmungen führten nun effektiv dazu, dass der italienische Staat auf die Kontrolle in der kirchlichen Benefizial- und Güterverwaltung verzichtete, so dass die bestehenden Rechtspersonen wie Benefizien (Bischöfliche Mensa, Pfarr-, Kuratiebenefizien), sowie Pfarr- und Kuratiekirchen als eigene Rechtsperson aufgehoben wurden. Zugleich wurden als neue kirchliche Rechtspersonen die Diözese, die Pfarrei sowie das „Institut für den Unterhalt des Klerus" von den zuständigen kirchlichen Autoritäten konstituiert.[18] Diese kanonisch errichteten neuen juristischen Personen kirchlichen Rechts wurden gemäß den nun geltenden staatskirchenrechtlichen Regelungen auf Antrag der zu-

---

16 II. Vatikanisches Konzil, Dekret über Dienst und Leben der Priester, PO 20: „Die erste Bedeutung freilich muss dem Amt, das die geweihten Diener ausüben, zugemessen werden. Deshalb soll das sogenannte Benefizialsystem aufgegeben oder wenigstens so reformiert werden, dass der Benefiziumsteil oder das Recht auf die aus der Übergabe des Amtes fließenden Einkünfte als zweitrangig gilt und der erste Platz im Recht dem kirchlichen Amt selbst eingeräumt wird; deshalb muss künftig jegliches ständig übertragene Amt so verstanden werden, dass es zur Erfüllung eines geistlichen Zweckes verliehen ist."

17 Can. 1272 – In den Regionen, in denen noch Benefizien im eigentlichen Sinne bestehen, ist es Aufgabe der Bischofskonferenz, durch Erlass entsprechender, mit dem Apostolischen Stuhl abgestimmter und von ihm genehmigter Normen, das Benefizialwesen so zu gestalten, dass die Erträge, ja sogar, soweit möglich, selbst das Vermögen der Benefizen der in can. 1274, §1 genannten Einrichtung nach und nach übertragen werden.

18 L. n. 222/20. 05. 1985, Art. 30 handelt nur von der Aufhebung der Pfarrkirchen, was aber dann in der Durchführung auch auf die Kuratiekirchen angewandt wurde.

ständigen kirchlichen Autorität (Diözesanbischof) vom Staat (Innenministerium) als Rechtspersonen mit zivilrechtlichen Wirkungen anerkannt bzw. als „kirchliche Einrichtung mit zivilrechtlicher Anerkennung" (ente religioso civilmente riconosciuto) bestätigt.[19]

Auf diese Weise konnten die zuständigen kirchlichen Autoritäten zugleich die Diözesan- und Pfarrgrenzen neu regeln, was z. B. dazu führte, dass italienweit die Anzahl der ehemals 334 Diözesen auf 226 reduziert wurde.

In den neuen Vereinbarungen wird die kirchliche Körperschaft als „ente ecclesiastico" bezeichnet. Bei diesem technischen Begriff, vom Staat eingeführt, unterscheidet man nicht, ob es sich um eine katholische Einrichtung oder um eine Institution einer anderen Religion oder Konfession handelt. Entscheidend ist vielmehr, dass die Einrichtung die Zwecke der Religion und des Kultus verfolgt[20] und ihren Rechtssitz in Italien hat.

Als Zwecke der Religion und des Kultus werden jene betrachtet, die direkt auf die Ausübung des Kultus, auf die Seelsorge, die Aus- und Weiterbildung des Klerus und der Ordensleute, auf die Mission, die Katechese und die christliche Erziehung ausgerichtet sind (L. n. 222/1985, Art. 16). Hinsichtlich der steuerlichen Behandlung sind diese Tätigkeiten jenen der Hilfeleistung bzw. der Wohltätigkeit und der Unterrichtstätigkeit gleichgestellt.[21] Die kirchlichen Einrichtungen mit zivilrechtlicher Anerkennung können aber auch Tätigkeiten ausüben, die von jenen der Religion und des Kultus verschieden sind, und unterliegen dann allerdings den entsprechenden (steuer)rechtlichen Bestimmungen.[22]

Die einzelnen kirchlichen Rechtspersonen werden nach der zivilrechtlichen Ankerkennung im staatlichen Register der Juristischen Personen mit eigener Nummer (Reg. Nr.) und der Angabe des jeweiligen gesetzlichen Vertreters eingetragen und sind somit rechtlich geschäftsfähig, so dass sie durch ihren gesetzlichen Vertreter Vermögen erwerben, besitzen, verwalten und veräußern, Verträge abschließen, kaufen und verkaufen, Schenkungen, Erbschaften und Legate annehmen und verschiedene

---

19 L. n. 121/25. 03. 1985, Art. 3; L. n. 222/20. 05. 1985, Art. 1.
20 Die grundlegende Aussage dazu findet sich in Art. 2, L. n. 222/20. 05. 1985.
21 L. n. 121/25. 03. 1985, Art. 7, n. 3, Absatz 1.
22 L. n. 222/20. 05. 1985, Art. 15 und Art. 16.

Rechtsgeschäfte mit den daraus folgenden rechtlichen Wirkungen tätigen können.

In der Diözese Bozen-Brixen bzw. in Südtirol wirkte sich die Durchführung des Accordo di Villa Madama von 1984 dahingehend aus, dass die Bischöfliche Mensa, die Kanonikate, die 259 Pfarrbenefizien und Pfarrkirchen sowie die 68 Kuratiebenefizien und Kuratiekirchen, die 77 Frühmeßbenefizien, die 10 Benefizien am Dom zu Brixen und die 42 verschiedenen Stiftungen unterdrückt bzw. aufgelöst wurden. Zugleich aber wurden mit Dekret des Bischofs 280 Pfarreien, die Diözese Bozen-Brixen sowie das „Diözesaninstitut für den Unterhalt des Klerus" als kirchliche juristische Personen konstituiert.[23] Diese erhielten gemäß Ansuchen des Diözesanbischofs mit Dekret des Innenministeriums vom 30. Dezember 1986[24] die zivilrechtliche, staatliche Anerkennung mit den entsprechenden Wirkungen zugesprochen. Bis zum 31. Dezember 1989 mussten diese neuen Institutionen im Register der Juristischen Personen beim Landesgericht eingetragen werden.

Mit der Auflösung der Benefizien wurden gleichzeitig drei neue Institutionen geschaffen, die in Zukunft die weiterhin gültigen Zwecke kirchlicher Güterverwaltung in einer neuen und den Zeitumständen angepassten Weise wahrnehmen sollen:

1. Das Institut für den Lebensunterhalt des Klerus wird auf diözesaner Ebene als Diözesaninstitut für den Unterhalt des Klerus (Istituto Diocesano per il sostentamento del clero) und auf nationaler Ebene als Zentralinstiut für den Unterhalt des Klerus errichtet.
2. Der soziale Vorsorgefonds für den Klerus (Fondo per la previdenza sociale del clero) mit dem Zweck, im Alter, im Krankheitsfall und bei Invalidität die notwendigen finanziellen Mittel bereit zustellen. Die Einzahlungen in diesen Fonds werden über das Zentralinstitut für den Lebensunterhalt der Kleriker vorgenommen.
3. Ein allgemeiner Fonds (fondo comune) um den allgemeinen Bedürfnissen der Diözesen gerecht zu werden.

---

23 Dekret des Bischofs Nr. 1051/86 vom 20. 09. 1986. Siehe zum folgenden: Josef MICHAELER, Änderung von Rechtsstrukturen in der Diözese Bozen-Brixen. *Konferenzblatt für Theologie und Seelsorge* 100 (1989) 42ff.
24 G.U. Suppl.straord., 17. 01. 1987, 2–48.

Mit der Errichtung dieser neuen Rechtspersonen wurden zugleich die vermögensrechtlichen Regelungen getroffen, wobei jene, die das Diözesane Institut für den Lebensunterhalt der Kleriker (DIUK) betreffen, sich am augenscheinlichsten auswirkten: die, auf die ehemaligen Benefizien eingetragenen Liegenschaften sowie die damit verbundenen Rechte und Verpflichtungen, die als Benefizium bzw. Pfründe für den jeweiligen Inhaber eines kirchlichen Amtes bestimmt waren, wurden dem Diözesaninstitut für den Lebensunterhalt des Klerus übertragen, dessen institutionelle Aufgabe es nun ist, im Sinne der bisherigen Zweckbestimmung dieser kirchlichen Güter, den Lebensunterhalt für alle Priester koordiniert zu erwirtschaften.

Diese Maßnahme führte aber zunächst zu erheblichem Unmut unter Priestern und Laien (vor allem unter den bisherigen Pächtern der Liegenschaften), da nun gewisse Standards in der Vertragsgestaltung und in der Bewirtschaftung angewandt wurden, mit denen nicht immer alle einverstanden waren (z. B. Verpflichtung zum Abschluss schriftlicher Pachtverträge und damit der Anpassung der Bedingungen usw.).[25]

Durch diese Umstellung auf das neue Unterhaltssystem, das in allen Diözesen Italiens ohne Ausnahmen nach denselben Prinzipien angewandt wurde, was auch zu manchen Protesten führte, konnte den Priestern ein angemessener Lebensunterhalt unabhängig von der Position eines Kirchenamtes gewährt werden. Jetzt wurde nicht mehr ein Benefizium verliehen, mit dem eine seelsorgliche Aufgabe verbunden war, sondern für jeden Priester, der im Dienst der Diözese steht, ist von vornherein eine finanzielle Grundversorgung gewährleistet, unabhängig vom Amt oder von der seelsorglichen Aufgabe, die ihm übertragen ist.

---

25 Von den ca. 400 Benefizien hatten im Jahre 1985 nur 9 ein Jahreseinkommen von 5.164,57 Euro und für 205 Benefizien betrug das Jahreseinkommen weniger als 258,23 Euro, da der Großteil der Benefizialgüter verpachtet war. Die Pfründeninhaber (Pfarrer, Kuraten usw.) bezogen den Großteil ihres Einkommens mittlerweile nicht mehr aus den Benefizialgütern, die kaum Ertrag abwarfen, sondern aus dem Lehrergehalt für den Religionsunterricht an den staatlichen Schulen.

II. Wie funktioniert das Finanzierungssystem?

Mit der Abschaffung des Benefizialsystems und der Umstellung auf ein neues Unterhaltssystem für die Sustentation der Kleriker gemäß den grundlegenden vereinbarten Prinzipien, war der Mechanismus der Finanzierung der kirchlichen Bereiche, die ja vom Staat als wichtig und für die Entwicklung des Menschen und das Wohl des Landes angesehen werden[26], neu zu regeln.

Im Folgenden soll nun auf diesen Bereich der Finanzierung und der dazu eingeführten Systeme des ottopermille sowie der Spenden, die von der Steuer in Abzug gebracht werden können, eingegangen und die Regelung bzgl. Sicherung des Lebensunterhaltes des Klerus dargestellt werden, wie dies aus den Gesetz 222/20. 05. 1985 und den entsprechenden Durchführungsbestimmungen[27] hervorgeht.

1. Finanzierung wichtiger kirchlicher und gesellschaftsrelevanter Bereiche

Mit dem Accordo di Villa Madama wird die Kirchenfinanzierung bzw. die Sicherstellung des Lebensunterhaltes der Geistlichen auf eine ganz neue Basis gestellt und aus der direkten Einflussnahme bzw. Aufsicht des Staates genommen. Die Bürger selber können nun im Zusammenhang mit der Abgabe der jährlichen Steuererklärung über ihr Einkommen als physische Personen (Imposta Redditi delle Persone fisiche-IRPEF) entscheiden, welcher Institution der 0,8-Prozent-Anteil der zu entrichtenden Steuer (otto per mille) zukommen soll.[28] Für diese Option kommen folgende

---

26 L. 121/25. 03. 1985, Art.1. La Repubblica italiana e la Santa Sede riaffermano che lo Stato e la Chiesa cattolica sono, ciascuno nel proprio ordine, indipendenti e sovrani, impegnandosi al pieno rispetto di tale principio nei loro rapporti ed alla reciproca collaborazione per la promozione dell'uomo e il bene del Paese.

27 D.P.R. n. 33/13. 02. 1987. Approvazione del regolamento di esecuzione della legge 20 maggio 1985, n. 222, recante disposizioni sugli enti e beni ecclesiastici in Italia e per il sostentamento del clero cattolico in servizio nelle diocesi: G.U. n. 41 del 19. 02. 1987.

28 Das „otto per mille"-System ist zu unterscheiden vom „cinque per mille", das mit Gesetz 266/23. 12. 2005 für das Jahr 2006 eingeführt wurde, wobei, analog zum „otto per mille", 0,5 % der Einkommenssteuer zugunsten von Non-Profit-Organisationen, für soziale Aktivitäten von Gemeinden, für die Gesundheitsforschung oder für Universitäten und Forschungstätigkeit zweckbestimmt werden kann. Die Option wird getrof-

Institutionen in Frage: der Staat selber mit seinen sozialen Projekten, die katholische Kirche, die Union der Adventisten bzw. Kirchen des 7. Tages, die Assemblee di Dio in Italien, die Vereinigung der Methodisten und Waldenser, die Evangelisch-lutherische Kirche in Italien sowie die Vereinigung der jüdischen Gemeinden in Italien.

Konkret erreichte die direkte Wahrnehmung der Wahlmöglichkeit im Laufe der Jahre folgende Prozentsätze:[29]

Jahr der Steuererklärung	1990	1991	1992	1993	1994	1995	1996	1997	1998
Direkte Optionen insgesamt	55,2	53,0	40,2	43,0	43,7	42,4	44,5	41,2	38,9

Jahr der Steuererklärung	1999	2000	2001	2002	2003	2004	2005	2006	2007	*media*
Direkte Optionen insgesamt	37,3	38,3	39,6	41,0	41,2	40,9	41,8	43,4	43,5	*42,7*

Die, den einzelnen Konfessionen zugesprochenen Optionen ergaben für die jeweiligen Institutionen die folgenden Prozentsätze, die für die Aufteilung des 8-Promille-Fonds zugrunde gelegt wurden:

Jahr der Steuererklärung	1990	1991	1992	1993	1994	1995	1996	1997	1998	1999
Staat	22,3	17,0	13,0	12,4	14,1	13,9	14,4	14,5	13,4	11,0
Katholische Kirche	76,2	81,0	84,9	85,7	83,6	83,7	82,6	81,6	83,4	86,6
Kirche der Methodisten und Waldneser	-	-	-	-	1,1	1,1	1,5	1,6	1,3	1,1
Jüdische Gemeinschaft	-	-	-	-	-	-	-	0,6	0,6	0,4
Evangelisch-lutherische Kirche	-	-	-	-	-	-	0,3	0,6	0,4	0,3
Assemblee di Dio	0,9	1,3	1,6	0,5	0,3	0,4	0,4	0,4	0,5	0,2
Adventisten	0,6	0,6	0,5	1,3	0,9	1,0	0,8	0,6	0,4	0,3
Gesamt	100	100	100	100	100	100	100	100	100	100

fen, in dem die Steuernummer der begünstigten Organisation im Steuerformular eingetragen wird.
29 Servizio del bilancio del Senato, Nota breve n. 10, Marzo 2012, La ripartizione dell'otto per mille Irpef. siehe: http://www.senato.it/documenti/repository/dossier/bilancio/Note_brevi/NB10.pdf (29. 09. 2012).

Jahr der Steuererklärung	2000	2001	2002	2003	2004	2005	2006	2007	Mittelwert
Staat	10,3	10,3	8,6	8,4	7,7	7,6	11,2	11,9	*12,3*
Katholische Kirche	87,2	87,2	88,8	89,2	89,8	89,8	86,0	85,0	*85,2*
Kirche der Methodisten und Waldneser	1,2	1,3	1,3	1,4	1,4	1,6	1,8	2,1	*1,4*
Jüdische Gemeinschaft	0,5	0,4	0,5	0,4	0,4	0,4	0,4	0,4	*0,5*
Evangelisch-lutherische Kirche	0,3	0,3	0,3	0,3	0,3	0,2	0,2	0,2	*0,3*
Assemblee di Dio	0,2	0,2	0,2	0,2	0,2	0,2	0,2	0,2	*0,5*
Adventisten	0,3	0,3	0,2	0,2	0,2	0,2	0,2	0,2	0,5
Gesamt	100	100	100	100	100	100	100	100	

Der Staat verwendet die ihm zustehenden Geldmittel aus dem 8-Promille-Fonds für den Erhalt der kulturellen Güter, für die Behebung von Naturkatastrophen, für Projekte gegen den Hunger in der Welt und für die Hilfestellungen für Flüchtlinge.[30]

2010 Option für den Staat Zugelassene Ansuchen		Gesamtbetrag *(in Euro)*	
		Angesuchter Beitrag	Zugestandener Beitrag
1 – Erhalt kultureller Güter	670	531.135.356,57	308.794.396,97
2 – Naturkatastrophen	99	98.139.028,21	70.396.208,83
3 – Hunger in der Welt	40	6.668.015,33	5.410.560,41
4 – Hilfe für Flüchtlinge	14	15.315.654,06	12.826.864,06
Gesamt	823	651.258.054,17	397.428.030,27

Die katholische Kirche in Italien hat die Geldmittel aus dem *ottopermille* aus der Zuweisung des Staates an die Italienische Bischofskonferenz gemäß den gesetzlichen Bestimmungen (L. 222/1985) für drei wichtige Bereiche einzusetzen.[31]

---

30 Camera dei deputati, XVI LEGISLATURA, Documentazione per l'esame di Atti del Governo, Ripartizione della quota dell'otto per mille dell'IRPEF devoluta alla diretta gestione statale per il 2010, Schema di D.P.C.M. n. 297 (art. 7, co. 1, D.P.R. n. 76/1998): http://documenti.camera.it/leg16/dossier/testi/BI0350.htm (29. 09. 2012).

31 Auf ihrer Frühjahrssitzung 2010 hat die Italienische Bischofskonferenz die Finanzmittel aus den 0,8 Prozent der Einkommenssteuererklärung der physischen Personen von insgesamt 1.067.032.535,28 Euro (d. h. 90.021.557,25 Euro als Ausgleich für das Jahr 2007 und 977.010.978,03 Euro als Vorschuss für das Jahr 2010, – d. h. ca. 17,50 Euro pro Einwohner) folgendermaßen zugewiesen:
a) dem Zentralinstitut für den Unterhalt des Klerus 357.700.000,-- Euro;

– für die finanzielle Gewährleistung und Sicherung des Lebensunterhaltes der Kleriker,
– für Kultusausgaben und Unterstützung der seelsorglichen Tätigkeiten,
– für finanzielle Unterstützung von kirchlichen Entwicklungsprojekten in den Entwicklungsländern und im Bereich Caritas.

Die der Unione italiana delle Chiese cristiane avventiste del 7° giorno (L. 637/1996) und den Assemblee di Dio in Italia zugewiesenen Geldmittel sind für soziale und humanitäre Zwecke, auch zugunsten der Entwicklungsländer zu verwenden.

Die Waldenser sind gesetzlich verpflichtet (L. 409/1993 und L. 68/2009), die 0,8 Prozent der Geldmittel ausschließlich für soziale, humanitäre und kulturelle Zwecke sowie für Hilfeleistungen in Italien und im Ausland einzusetzen, entweder direkt selber oder durch ihre Einrichtungen oder durch eigene bzw. ökumenische Vereine auf nationaler oder internationaler Ebene. Diese Bestimmungen (L. 520/1995) gelten auch für die Evangelisch-lutherische Kirche in Italien (ELKI).

Die Unione delle Comunità ebraiche italiane verwendet gemäß Gesetz 638/1996 die 8 Promille der Geldmittel für kulturelle Tätigkeiten, für die Bewahrung des historischen, kulturellen und künstlerischen Erbes sowie für soziale und humanitäre Initiativen, die in besonderer Weise dem Schutz der Minderheiten gegen Rassismus und Antisemitismus gelten.

Im Jahre 2010 umfasste der 8-Promille-Fonds, der sich auf die Steuererklärung 2007 (für das Jahr 2006) bezog, den Betrag von 1,149. Milliarden Euro, wobei von den über 30 Millionen Steuerzahlern 43,5 Prozent

---

b) für die Bedürfnisse von Kultus und Pastoral 452.332.535,28, und zwar an die Diözesen: 156 Mio. Euro, für Kultusbauten 190 Mio. Euro (davon 118 Mio. Euro für Neubauten, 7 Mio. Euro für den Neubau von Pfarrhäusern in Süditalien sowie 65 Mio. Euro für Restaurierung und Sanierung von kirchlichen Bauten und Kunstgütern), dem Fonds für Katechese und christliche Erziehung 37.032.535,28; den kirchlichen Regional-Gerichten 12.000.000,--; und für die Bedürfnisse des Kultus und der Pastoral auf nationaler Ebene 57.300.000,--;

c) für Vorhaben der Caritas insgesamt 227.000.000,--, davon an die Diözesen 97 Millionen Euro, für Projekte in Ländern der Dritten Welt 85 Mio. Euro und für karitative Initiativen auf nationaler Ebene 45 Mio. Euro. Zudem wurde der Betrag von 30.000.000,-- Euro für zukünftige Projekte in der Seelsorge und in der Caritas reserviert.

mit ihrer Unterschrift für eine der angegebenen Institutionen optierten.[32] Die Zuteilung der Geldmittel als Vorschuss für das laufende Jahr erfolgte dann im Verhältnis der abgegebenen Optionen.

Jahr 2010 Begünstigte	Steuerzahler, die mit der Unterschrift eine Option gegeben haben %	Prozentanteil auf den 8‰-Fonds	Zugewiesener Betrag
Katholische Kirche	36,98 %	85,01 %	977.010.978
Staat	5,20 %	11,95 %	151.950.433
Methodisten und Waldenser	0,90 %	2,05 %	10.248.789
Hebräische Gemeinschaft	0,20 %	0,37 %	4.252.371
Lutheraner	0,10 %	0,25 %	2.873.224
Assemblee di Dio	0,10 %	0,20 %	999.882
Adventisten	0,10 %	0,17 %	1.953.792
Gesamt	43,58 %	100,00 %	1.149.289.469

Da bei diesem neuen System viel von der Bewusstseinsbildung der einzelnen Bürger abhängt, investiert die Italienische Bischofskonferenz in Werbung, um auf diese Weise die ca. 40 Millionen Bürger, die bei der Steuererklärung ihre Wahl treffen sollen, zu sensibilisieren.[33]

2. Das neue System der finanziellen Unterstützung der Kirche „ottopermille"

Die Anerkennung der besonderen Zuständigkeiten von Kirche und Staat und die deutliche Trennung zwischen diesen beiden Institutionen, führte – wie bereits gesagt – dazu, dass die bisherigen Formen der Finanzierung neu ausgerichtet und das Congrua-System mit dem System der 0,8-Prozent-Wahl-Zweckbestimmung (otto per mille) ersetzt wurde.

Mit Beginn des Jahres 1990 wurde entsprechend Art. 47 des Gesetzes 222/20. 05. 1985 das neue System der finanziellen Unterstützung der Kirche (8-Promille-System – ottopermille) konkret eingeführt und damit die Direktzahlungen des Staates an kirchliche Personen (Congrua) und Einrichtungen eingestellt.

---

32 Camera dei deputati, XVI LEGISLATURA, Documentazione per l'esame di Atti del Governo, Ripartition della quota dell'otto per mille dell'IRPEF devoluta alla diretta gestione statale per il 2010, Schema di D.P.C.M. n. 297, (art. 7, co. 1, D.P.R. n. 76/1998), n. 263, 1° dicembre 2010: http://documenti.camera.it/leg16/dossier /testi/ BI0350.htm (29. 09. 2012).
33 Vor allem in die Fernsehwerbung wird investiert und zwar ca. 9 Mio. Euro jährlich.

Für die ersten drei Jahre nach der Einführung, das heißt für 1990, 1991 und 1992, hat der Staat an die Katholische Kirche jeweils 406 Mrd. Lire (210 Mio. Euro) überwiesen, was in etwa jener Summe entsprach, die der Staat im Jahre 1989, dem letzten Jahr, in dem das alte Congrua-System noch angewandt wurde, aufzubringen hatte (d. h. 399 Mrd. Lire für die Congrua der Bischöfe, Kanoniker und Pfarrer sowie 7 Mrd. Lire für die Unterstützung von Kirchenneubauten).

Im Jahre 1993 hingegen wurde ein Vorschuss aus dem 8-Promille-Fonds auf der Grundlage der Optionen in der Steuererklärung von 1990 an die Italienische Bischofskonferenz überwiesen. In den Folgejahren pendelte sich das System mit Vorauszahlung und Ausgleichszahlung ein, so dass die Zuweisungen gemäß der, von den Bürgern vor 3 Jahren getroffenen Entscheidungen erfolgen.

Somit wurden seit dem Beginn der Umstellung auf das neue Finanzierungssystem für die Belange der katholischen Kirche in Italien aus den staatlichen Steuermitteln der 0,8-Prozent-Zweckbestimmung der Bürger jährlich folgende Summen zur Verfügung gestellt:[34]

Jahr	Vorschuss für das laufende Jahr aufgrund der Steuererklärung vor 3 Jahren	Ausgleichszahlung bzgl. Steuerjahr	Summe
1990	210 Mio. Euro	-- Euro	210 Mio. Euro
2007	887	104	991
2008	928	74	1.002
2009	913	54	967
2010	977	90	1.067[35]
2011	1050	69	1.119
2012	1054	94	1.148

Die Daten werden vom Wirtschafts- und Finanzministerium übermittelt und beziehen sich für das Jahr 2012 auf die Steuererklärungen des Jahres 2009 (Einkommen 2008). Daraus ergibt sich, dass entsprechend dem Prozentsatz der getroffenen Optionen im Jahre 2012 der Anteil von 82,92 Prozent aus dem 8-Promille-Fonds der Katholischen Kirche zur Verfü-

---

34 In den jeweiligen Jahren im Notiziario della Conferenza Episcopale Italiana – Notiziario CEI veröffentlicht.
35 Wird diese Summe in das Verhältnis zur Einwohnerzahl Italiens im Jahr 2010 gestellt (60.340.328), dann ergibt sich pro Einwohner der Betrag von 17,683 Euro. Rechnet man 80 % der Einwohner als Katholiken (48.272.262), dann sind es 23,18 Euro.

gung gestellt wird. Diese Geldmittel teilte die Italienische Bischofskonferenz gemäß den gesetzlich festgelegten Zweckbestimmungen folgendermaßen auf (das Jahr 2012 im Vergleich mit den Jahren 1990 und 2011).[36]

	1990 Mio. Euro	2011 Mio. Euro	2012 Mio. Euro
Gesamtsumme der Zuweisungen	210	1.119	1.148
A. Sustentation des Klerus	**145**	**361**	**364**
B. für Kultus und Pastoral	**38**	**468**	**479**
An die Diözesen	18	156	156
Kirchenbauten	15	190	190
Initiativen auf nationaler Ebene	4	60	57
Fonds für Katechese	-	50	64
kirchliche Gerichte	-	12	12
	-		
C. Karitative Unterstützung	**27**	**235**	**255**
An die Diözesen	10	105	125
für die Entwicklungsländer	15	85	85
Initiativen auf nationaler Ebene	2	45	45
D. Reservefonds	**0**	**55**	**50**
Gesamtsumme der Zuweisungen	210	1.119	1.148

Während unter A. Sustentation des Klerus die Zweckbestimmung klar ist und die zugeteilten Geldmittel direkt in die Sicherung des Lebensunterhaltes der Priester einfließen (siehe nächstes Kapitel), sind unter B. Kultus und Pastoral eine Reihe von Bereichen erfasst, die finanzielle Förderung erfahren. Zum einen wird ein bestimmter Betrag für Kultus und Pastoral den einzelnen 226 Diözesen zur eigenen Verwaltung, aber immer zweckbestimmt für Kultus und Pastoral, nach einem bestimmten Schlüssel (Sockelbetrag + Betrag gemäß Einwohnerzahl) zugewiesen. Unter dem Bereich Kirchenbauten wird über die Bischofskonferenz sowohl der Neubau von Kirchen finanziell unterstützt (Servizio nuova edilizia di culto), wobei die Beiträge nach detaillierten Kriterien zugemessen werden. Es werden über diesen Fonds aber auch Beiträge ausgeschüttet (Ufficio beni culturali ecclesiastici), die für den Erhalt der denkmalgeschützten Bauten und Kulturgüter bestimmt sind. In all diesen Fällen geht die Initiative immer vom jeweiligen Eigentümer des denkmalgeschützten Kulturgutes bzw. von der Bauherrschaft aus. Nach dem Vorliegen der Gutachten und Genehmigungen wird das Ansuchen um Beitragsgewäh-

---

36 *Notiziario della Conferenza Episcopale Italiana* 46 (2012) 112f.

rung über die Diözese an die Bischofskonferenz weitergeleitet. Der Staat seinerseits unterstützt Erhaltungsmaßnahmen für Kulturgüter, indem die für diese Projekte zweckgebundenen Spenden bis zu einem bestimmten Betrag von der Grundlage der Einkommensteuer der physischen und juristischen Personen abgezogen werden können bzw. indem er selber Beiträge gewährt, die aus dem ihm zugewiesenen 8-Promille-Fonds stammen. Zudem sind seitens der Regionen oder der Provinzen gesonderte gesetzlich festgelegte Förderungsmaßnahmen vorgesehen, die gewährt, aber kaum in einem bestimmten Ausmaß eingefordert werden können.

Im Bereich C. Karitative Unterstützung wird wiederum ein Teil den einzelnen Diözesen zugewiesen, welche ihrerseits damit im Bereich der Caritas, entweder über die jeweiligen Caritas-Stiftungen oder anderwertig Initiativen und Projekte zur Sensibilisierung und zur konkreten Hilfeleistung unterstützen.

Von den Geldmitteln der Italienischen Bischofskonferenz, die auf die Diözesen nach einem bestimmten Schlüssel (Sockelbetrag + Betrag gemäß Einwohnerzahl) aufgeteilt werden, standen der Diözese Bozen-Brixen in den letzten Jahren für Kultus/Pastoral und Caritas folgende Geldmittel zur Verfügung:[37]

Diözese Bozen-Brixen Jahr	für Kultus und Pastoral	für Caritas	insgesamt
1999	725.415,54	420.761,85	1.146.177,39
2007	992.207,41	559.402,09	1.551.609,50
2008	1.002.311,23	565.085,41	1.567.396,64
2009	981.822,12	567.734,76	1.549.556,88
2010	978.162,93	609.644,20	1.587.807,13
2011	990.456,85	668.224,38	1.658.681,23
2012	991.878,54	796.629,55	1.788.508,09

In Italien gehören die Kirchen, Widums und Pfarrheime als Kultusbauten zu den sogenannten „sekundären Erschließungsstrukturen", deren Bau und Erhaltung eine Aufgabe und Verpflichtung der öffentlichen Verwaltung darstellt, wie dies im Hinblick auf die öffentlichen Kindergärten,

---

37 Diese Zahlen werden jeweils im Amtsblatt der Diözese *Folium Diœcesanum* veröffentlicht.

Schulen, Sportstätten, Sozialzentren sowie bei kulturellen und sanitären Einrichtungen der Fall ist.[38]

In der Gemeindeordnung der Autonomen Provinz Bozen ist im Art. 25 festgehalten, dass die Gemeinde unter Umständen „verpflichtet ist, die Ausgaben für die Instandhaltung und Erhaltung der den öffentlichen Kultus betreffenden Pfarr-und Kuratiegebäude der Diözese einschließlich der Besoldung des zugeteilten Personals zu übernehmen".[39] Die einzelnen zivilen Gemeinden können in diesem Zusammenhang um eine finanzielle Unterstützung der Autonomen Provinz Bozen mit Bezug auf das Landesgesetz zur Finanzierung öffentlicher Bauarbeiten der Gebietskörperschaften ansuchen.[40] Diese Bestimmungen haben vor allem zur Folge, dass im jeweiligen Haushalt von Gemeinden und Provinzen Ausgabenkapitel für diese Belange ordnungsgemäß vorgesehen werden können; die Höhe der finanziellen Ausstattung aber und die Gewährung von finanzieller Unterstützung ist dann aber eine andere, kulturpolitische Angelegenheit.

3. Die Sicherung des Lebensunterhaltes der Kleriker

Mit dem Accordo di Villa Madama von 1984 fällt die bisherige direkte Finanzierung der Kleriker durch den Staat weg. Um aber in diesem Bereich, für den der Staat weiterhin die Verpflichtungen wahrzunehmen hat und der auch für die Gesellschaft wichtig ist, eine adäquate Form zu finden, die den grundlegenden Prinzipien der Trennung von Kirche und Staat entspricht, werden zwei Möglichkeiten eingeführt, die nun aber in der direkten Entscheidung der Bürger verankert werden:
a) zum einen die Möglichkeit, Spenden[41] für den Lebensunterhalt der Kleriker bzw. Priester bis zu einem gewissen Betrag zu geben, wobei

---

38 L. n. 847/29. 09. 1964, Art. 4; L. n. 865/22. 10. 1971, Art. 44.
39 D.P.Reg. n. 3/L /0. 02. 2005 – Einheitstext der Regionalgesetze über die Ordnung der Gemeinden in der Autonomen Region Trentino-Südtirol, Art. 25, Abs. 1.
40 Landesgesetz 27/11.06.1975 – Finanzierung öffentlicher Bauarbeiten der Gebietskörperschaften, Art. 5: notwendige und dringende Baumaßnahmen.
41 Physische Personen können Spenden bis zu 1.032,91 Euro zu Gunsten des Lebensunterhaltes für Priester von der besteuerbaren Grundlage der IRPEF abziehen; ebenso Spenden bis zu 2.065,83 Euro für die Sicherung und den Erhalt von Kunst- und Kulturgütern (Art. 15, 1. Absatz, Punkt i-bis des D.P.R. Nr. 917/86). Betriebe und Unternehmen können bis zu 2 % des Jahreseinkommens als Spende, die absetzbar ist, geben

diese dann von der persönlichen Steuergrundlage abgezogen werden können.[42] Die übrigen Spenden hingegen und die freiwilligen Zuwendungen an die kirchlichen Institutionen sind für den Spender nicht abzugsfähig, aber sie stellen für den Empfänger auch kein zu versteuerndes Einkommen dar;

b) zum anderen können Geldmittel aus dem 8-Promille-Fonds für die Deckung der Lebenskosten der Kleriker verwendet werden.

Zur Gewährleistung eines angemessenen Lebensunterhaltes des Klerus tragen, gemäß den getroffenen staatskirchenrechtlichen Vereinbarungen, nicht mehr der Staat, sondern die Kirche bzw. der Bischof, die Diözese die erste Verantwortung. Innerhalb der Kirche sind dann vor allem jene Einrichtungen zuständig, bei denen der jeweilige Priester seinen Dienst verrichtet.

Wie bereits ausgeführt, ist in jeder Diözese ein „Diözesanes (Interdiözesanes) Institut für den Unterhalt des Klerus" (DIUK) als neue kirchliche Rechtsperson errichtet. Diesem sind jene Güter der unterdrückten Benefizien übertragen, die für die Gewährleistung des Lebensunterhaltes der kirchlichen Amtsinhaber bestimmt waren. Auf nationaler Ebene gibt es das, durch die Italienische Bischofskonferenz errichtete „Zentrale Institut für den Unterhalt des Klerus" (ZIUK) bzw. das Istituto Centrale per il Sostentamento del Clero (ICSC), mit Sitz in Rom.

Diese Institute, die untereinander eng zusammenarbeiten, haben die Aufgabe, die für den Lebensunterhalt der Priester zweckbestimmten Liegenschaften gewinnbringend zu verwalten und mit den Erträgnissen und den steuerlich absetzbaren Spenden, die allerdings mit Mitteln aus den 0,8-Prozent-Geldmitteln ergänzt werden müssen,[43] jedem Priester monatlich eine festgelegte Besoldung für den Lebensunterhalt zuzuteilen. Diese Zuteilung basiert auf der Berechnung nach einem vereinbarten Punktesystem.

Dieses Punktesystem, das seit dem Jahre 1986 für die Berechung der finanziellen Zuwendung für den Lebensunterhalt der einzelnen Priester (sostentamento del clero) angewandt wird, dient dazu, die Höhe der indi-

---

(Art. 65, Absatz 2, Buchstabe a bzw. des Art. 100, Absatz 2, Buchstabe a) des T.U.I.R. – DPR 917/86).
42 L. n. 222/20. 05. 1985, Art. 46; D.P.R. n. 917/22. 12. 1986, Art. 10, Abs. 1, Buchst. t).
43 L. n. 222/20. 05. 1985, Art. 47.

viduellen Besoldung[44] zu ermitteln. Um eine grundsätzliche gleiche Behandlung zu gewährleisten, wird jedem Priester
– eine Basis von 80 Punkten zugesprochen. Der Wert eines Punktes beträgt zurzeit (2012) 12,36 Euro brutto.
– Hinzu kommen Dienstalterszulagen (zwei Punkte für je fünf Jahre, drei Punkte in der siebten und achten Periode, d. h. nach 35 bzw. 40 Dienstjahren).
– Um den besonderen Verantwortungen in der Ausübung einzelner Dienstämter Rechnung zu tragen, werden zusätzliche Punkte gegeben: für den Bischof (40 P.), Generalvikar (25 P.), Pfarrer und Pfarrvikare in der Seelsorge mehrerer Pfarreien oder in besonders anspruchsvollen Pfarreien (10 P.).
– Weitere Punkte bekommen
ordentliche Professoren an den Theologischen Fakultäten in Italien,
Priester als Religionslehrer je nach Stundenanzahl, und
jene Priester, die sich in besonderen Situationen befinden oder spezielle Aufgaben zu erfüllen haben.
Der Punktewert sowie die Anzahl der Basispunkte werden von der Italienischen Bischofskonferenz (CEI) periodisch überprüft bzw. festgelegt. Bei der Berechnung des Lebensunterhaltes der Priester werden zudem berücksichtigt:[45]
– der Beitrag der Pfarreien und anderer kirchlicher Arbeitgeber,
– das Gehalt für Tätigkeiten bei nichtkirchlichen Arbeitgebern (z. B. Gehalt für Religionsunterricht, Gefängniskaplan, usw.) und

---

44 Bei der Sicherstellung des Lebensunterhaltes für den Priester (Diakone, die kirchenrechtlich ja zu den Klerikern gehören, oder andere Angestellte im kirchlichen Bereich sind von diesem System, das zwischen kirchlichen und staatlichen Stellen vereinbart wurde, ausgeschlossen) wird von remuneratio – remunerazione (Erkenntlichkeit, Vergütung) gesprochen und nicht von stipendio (Lohn, Gehalt), da die Ausübung des Dienstamtes im Auftrag des Bischofs einen besonderen Charakter besitzt und nicht nach herkömmlichen Leistungsprinzipien bezahlt wird und nur im Hinblick auf die staatliche Steuergesetzgebung mit einem Arbeitsverhältnis verglichen werden kann.
45 Vgl. MICHAELER, Änderung von Rechtsstrukturen (wie Anm. 23) 47f.; Carlo READELLI, Il concreto funzionamento del sistema di sostentamento del clero in Italia. *Quaderni di diritto ecclesiale* 1 (1989) 27–34.

– bei Bezug von Dienstaltersrenten, zwei Drittel der Rente, die auf Grund einer ehemaligen Tätigkeit im kirchlichen Auftrag bezogen wird (z. B. für Religionsunterricht an öffentlichen Schulen).[46]

Nicht einberechnet werden hingegen die Spenden, die der Priester persönlich erhält, das Messstipendium, Einkommen aus dem Privatvermögen, Rentenzahlungen aus freiwilliger Weiterversicherung, sofern nachgewiesen wird, dass der Priester wenigstens 33 Prozent der freiwilligen Weiterzahlungen selber geleistet hat.

Primäre Verpflichtung zur Aufbringung der finanziellen Mittel für den Lebensunterhalt hat jene kirchliche Einrichtung, bei welcher der jeweilige Priester seinen Dienst tut. Im Falle des Pfarrers, Kooperators oder Priesters, der in der Pfarrei mithilft, ist es die Pfarrei selber, die einen festgelegten, monatlichen finanziellen Betrag zu geben hat. Dieser monatliche Betrag wird errechnet aus der Anzahl der Einwohner der Pfarrei und der festgelegten Pro-Kopf-Quote.[47] In den anderen kirchlichen Einrichtungen wird ein bestimmter Betrag festgesetzt.

Da auf diese Weise aber nur ein kleinerer Teil der monatlich zustehenden Besoldung gedeckt werden kann, wird die fehlende Summe durch das Zentralinstitut für den Unterhalt des Klerus ergänzt und dem einzelnen Priester monatlich überwiesen. Die dafür benötigten finanziellen Mittel erhält das Zentralinstitut für den Unterhalt des Klerus aus den 8-Promille-Zuwendungen und von den einzelnen diözesanen Instituten für den Unterhalt des Klerus, welche die erwirtschafteten Erträgnisse periodisch an das Zentralinstitut überweisen.[48]

Für die Priester, die nicht mehr in der Lage sind, einem diözesanen Auftrag nachzukommen, ist ein Sonderfonds geschaffen, aus dem sie monatlich den Gegenwert von 107 Punkten für ihren Lebensunterhalt erhalten, wobei Dienstaltersrenten usw. ebenso einberechnet werden.

---

46 Im Jahre 2009 waren 32.214 Priester im Unterhaltssystem erfasst, für deren Lebensunterhalt eine Gesamtsumme von 480.165.989,16 Euro aufzubringen war (d. h. eine durchschnittliche monatliche Vergütung von 1.204,73 Euro). 2.583 Priester, die nicht aktiv in der Seelsorge eingesetzt waren, erhielten die monatliche Zuwendung über einen Zusatzfonds. Für die Krankenversicherung wurde über das Unterhaltssystem der Betrag von 21.074.842,50 Euro eingezahlt.

47 Die Pro-Kopf-Quote beträgt für den Pfarrer 0,07230 Euro/Monat, für den Kooperator 0,01808 Euro bzw. 0,03615 Euro, wenn dieser auch andere Einkünfte hat.

48 L. n. 222/20. 05. 1985, Art. 35.

Die Zuwendungen über das Institut für den Unterhalt des Klerus müssen staatlich versteuert werden und sind in gewisser Weise dem Einkommen von Angestellten gleichgestellt, auch wenn sonstige Ansprüche der Angestellten-Arbeitsverträge nicht geltend gemacht werden können. Das Zentralinstitut errechnet jährlich den Steuerrückbehalt und die gesetzlich vorgeschriebenen Versicherungsbeiträge, zahlt diese ein und stellt die erforderlichen Bescheinigungen für die jährliche, persönlich abzugebende Steuererklärung aus.[49]

Gemäß Art. 44 des Gesetzes 222/20. 05. 1985 muss die Italienische Bischofskonferenz jährlich Rechenschaft über die Verwendung der otto per mille-Geldmittel geben, wobei für das Jahr 2011 folgende Daten bzgl. der Sustentation des Klerus übermittelt wurden:[50]

	Rechenschaftsbericht 2011	
a)	Anzahl der Priester	
	mit diözesanem Vollzeit-Auftrag nicht fähig, einen diözesanen Vollzeit-Auftrag zu erfüllen	33.875 3.214
b)	Jahresvergütung an Priester gemäß dem von der CEI festgelegten Punktesystem Diensttuende Priester: Minimum (988,80 Euro/Monat x 12) Maximum (1.866,36 Euro/Monat x 12)	 11.865,60 Euro 22.396,22 Euro
	Jahresvergütung an Priester, die keinen Dienstauftrag haben Priester (1.334,88/Monat x 12) Emeritierte Bischöfe (1.631,52 Euro/Monat x 12)	 16.018,56 Euro 19.578,24 Euro
c)	Eingegangene Spenden für den Lebensunterhalt der Priester Von der CEI reservierter Betrag aus den 0,8 % für die Priesterbesoldung	14.016.768,-- Euro 360.800.000,-- Euro
d)	Anzahl der Priester, denen der gesamte monatliche Betrag zugewiesen wird, da die kirchliche Institution, bei der sie den Dienst verrichten, keine Mittel hat.	196

---

49 L. n. 222/20. 05. 1985, Art. 25.
50 *Notiziario della Conferenza Episcopale Italiana* 46 (2012) 170–183.

e)	Anzahl der Priester, die einen monatlichen Ergänzungsbetrag erhalten. (5.594 Priester erhalten keinen Ergänzungsbetrag, da ihr Monatseinkommen aus Religionsunterricht, Pensionen den festgesetzten Monatsbetrag überschreitet)	31.299
f)	Steuerrückbehalt und Vorsorgebeiträge (art. 25) Steuerrückbehalt auf die Monatsbezüge Vorsorgebeiträge	74.780.839,-- Euro 28.955.637,-- Euro
g)	Beiträge des Zentralinstitutes für den Unterhalt des Klerus zugunsten der Diözesaninstitute	376.336.692,-- Euro

Das Rentensystem für den Klerus in Italien ist gesetzlich geregelt und sieht einen eigenen Vorsorgefonds für den Klerus vor, den sogenannten Fondo di prevedenza, der beim Nationalen Fürsorgeinstitut INPS eingerichtet ist.[51] Eingeschrieben werden müssen hier die Diözesanpriester und ebenso die Fidei-Donum-Priester sowie seit 1. Januar 2000 auch jene Priester aus dem Ausland, die ihren Dienst in Italien verrichten.[52] Um die Dienstaltersrente zu erhalten, sind das Lebensalter von 68 Jahren und wenigstens 20 Beitragsjahre gefordert.

III. Schlussbemerkung

Mit der Einführung dieses neuen Finanzierungssystems wurde die mehr als tausend Jahre währende Einrichtung des Benefiziums als nutzungsfähige Vermögensmasse, mit der ein Kirchenamt ausgestattet ist und das den Amtsinhaber zum Fruchtgenuß berechtigt, weiterentwickelt:
– der Fruchtgenuss an der Vermögensmasse eines Benefiziums steht nun nicht mehr ausschließlich dem jeweiligen Amtsinhaber zu, sondern diese Vermögensmasse, die rechtlich nicht mehr selbständig ist, wird von einer eigens geschaffenen Einrichtung, dem „Institut für den Lebensunterhalt der Kleriker", dem diese zweckbestimmten Güter übertragen sind, verwaltet und bildet eine wirtschaftliche Grundlage für die Gewährleistung des Lebensunterhalts der Priester mit diözesanem Auftrag.

---

51 L. n. 903/22. 12. 1973.
52 L. n. 488/23. 12. 1999.

– Da aufgrund der Änderung der Wirtschaftsstrukturen ein Amtsinhaber von den Einkünften aus seinem Benefizialgut schon seit Jahren nicht mehr leben konnte und somit auch die Erträgnisse aus der koordinierten Verwaltung der ehemaligen zweckbestimmten Benefizialgüter durch das Institut für den Lebensunterhalt der Kleriker (DIUK) nicht ausreichen, um allen Priestern mit diözesanem Auftrag – und nicht nur den Pfarrern, Kanonikern und dem Diözesanbischof – einen angemessenen Lebensunterhalt zukommen zu lassen, wird über Steuermittel, über deren Verwendung die Bürger entscheiden können, der Fehlbetrag ergänzt.

Durch die vom Staat vorgesehene Wahlmöglichkeit der Bürger, bestimmten staatlich anerkannten Institutionen, deren Anzahl durchaus erweitert werden kann, den Teil von 0,8 Prozent – ottopermille der Steuer, die ohnehin zu zahlen ist, zukommen zu lassen, nimmt sich der Staat aus der direkten Finanzierung von religiösen oder kirchlichen Gemeinschaften im Sinne der gesunden Laizität zurück. Gleichzeitig aber gewährleistet er trotzdem, dass diese Einrichtungen unterstützt werden können. Allerdings ist dieses System in gewisser Weise „ergebnisoffen", da zwar kurzfristig, aber nicht langfristig mit immer gleichbleibenden Zuwendungen aus den 0,8-Prozent-Optionen der Bürger gerechnet werden kann, vor allem dann, wenn die Akzeptanz der Institution, in diesem Fall der katholischen Kirche bei den Bürgern zurückginge.

Dieses System der Finanzierung, und dies ist wohl eine Besonderheit, ist mit der Frage der Zugehörigkeit zur Kirche nicht gekoppelt. Wer bei der Abfassung der Steuererklärung hinsichtlich der 8-Promille-Zuwendung keine Option trifft, hat lediglich die Möglichkeit der Wahl ausgelassen, aber nicht die Höhe der zu zahlenden Steuer vermindert. Deshalb gibt es hier auch keinen Anreiz, aus rein wirtschaftlichen Überlegungen sich z. B. der Katholischen Kirche nicht mehr zugehörig zu erklären.

Alles in allem hat sich die Einführung dieses neuen Systems, das seine rechtliche Basis in der Revision des Laterankonkordates durch den Accordo di Villa Madama vom 18. Februar 1984 und in den nachfolgenden gesetzlichen Präzisierungen hat, bewährt. Das Ottopermille-System berücksichtigt zwar nicht die Finanzierung von Mitarbeiter/innen im kirchlichen Dienst allgemein, denn z. B. Pastoralassistent/innen müssen von den jeweiligen Anstellungsträgern über andere Quellen bzw. aus dem eigenem Wirtschaftsvermögen finanziert werden.

Für die Gewährleistung des Lebensunterhaltes der Priester und für die Unterstützung von pastoralen und sozial-caritativen Aufgaben, für welche es in der Vergangenheit kaum staatliche Zuwendungen für die überhaupt nicht verwöhnte Verwaltung kirchlicher Einrichtungen gab, hat sich dieses System, das in der Revision des Laterankonkordates durch den Accordo di Villa Madama vom 18. Februar 1984 und in den nachfolgenden gesetzlichen Präzisierungen verankert ist, trotz aller anfänglichen Unsicherheiten und Bedenken hingegen als ein probates Instrument erwiesen.

Abkürzung:
L. Legge, Gesetz
n. numero, Nummer

Staatliche Kirchenfinanzierung in Ungarn – Probleme und Entwicklung seit der Wende[1]

Annamária Schlosser

Historische Hintergründe

Ungarn ist ein durch eine Tradition religiöser Vielfältigkeit geprägtes Land, das neben der katholischen Mehrheit eine starke Präsenz der protestantischen Kirchen, mit einer Reihe kleinerer historischer Minderheiten (z. B. Orthodoxe, Israeliten, Unitarier) aufweist, wobei auch einige NRM-s („new religious movements") bedeutende Anhängerzahlen erreichten. In der Geschichte Ungarns hat trotz der Religionskämpfe in der Gegenreformationszeit und des Holocaust die religiöse Toleranz einen hohen, bis heute stark betonten Wert.

Das heutige staatskirchenrechtliche System wird, vergleichbar mit dem italienisch-spanischen Vorbild, als ein Modell der „wohlwollenden Trennung" beschrieben.[2] Das Religionsgesetz Nr. IV/1990 führte nach der Wende ein sehr tolerantes Verfahren der staatlich anerkannten Kirchengründung ein. Die staatliche Kirchenfinanzierung verarbeitet bis heute die Folgen des Kommunismus und hat einen starken Entschädigungscharakter. Die einfache Kirchengründungsmöglichkeit und die vielfältigen staatlichen Leistungen an die Kirchen führten gemeinsam mehrmals zum Missbrauch nach erlangtem Kirchenstatus.

Das neueste Religionsgesetz hat die Kooperation von Staat und anerkannten Kirchen weiter verstärkt und die Möglichkeit der Anerkennung als Kirche eingeschränkt.

---

[1] Die Arbeit stützt sich wesentlich auf den Vortrag von Balázs Schanda: Grund und Grenzen staatlicher Religionsförderung. Wissenschaftliche Fachtagung Johannes Gutenberg-Universität, Mainz, 10.–12. September 2012.
[2] Balázs SCHANDA: Staat und Kirche in Ungarn, in: Staat und Kirche in der Europäischen Union, ed. Gerhard ROBBERS (Baden-Baden ²2005).

Jüngste Entwicklungen

Die konstitutionelle Reform mit dem neuen Grundgesetz, in Kraft getreten am 1. Januar 2012, brachte auch wesentliche Änderungen im Bereich des Staatskirchenrechts mit sich. Das neue Gesetz Nr. CCVI/2011 über das Recht der Gewissens- und Religionsfreiheit sowie über den Rechtsstatus der Kirchen und Religionsgemeinschaften trat an die Stelle des Gesetzes Nr. IV/1990.

Für die gemeinschaftliche Religionsausübung bietet das ungarische Rechtssystem in der Zukunft zwei, in der Bezeichnung und in der Berechtigung abweichende rechtliche Rahmenbedingungen: das Gesetz weist auf eine leichter erreichbare Kategorie, auf den „auch religiöse Tätigkeit ausübenden Verein" hin, und regelt eine schwieriger erreichbare Kategorie, die „Kirche", die mit umfassenderen Berechtigungen ausgestattet wird. Zwischen den beiden kann auch eine dritte Kategorie bestehen: Mit jenen derzeitigen Kirchen, die auch als Vereine weiter bestehen, eine religiöse Tätigkeit und gemeinnützige Aufgaben ausüben, kann die Regierung Vereinbarungen abschließen. Zwar war es für die religiösen Gemeinschaften auch bis jetzt schon möglich, von der gesetzlichen Möglichkeit der Registrierung als Kirche keinen Gebrauch zu machen. In der Praxis war das infolge der leichten Erreichbarkeit des kirchlichen Status' nicht erforderlich. Der zweistufige Status ist eine zentraleuropäische Merkwürdigkeit: mehrere Staaten führten in der Region eine solche Praxis ein[3], auch das ungarische Recht war zwischen 1895 und 1947 durch einen zweistufigen Status gekennzeichnet (damals unterschied das Gesetz „anerkannte" und „etablierte" Kirchen).

Die wichtigsten Elemente des neuen Systems können folgendermaßen zusammengefasst werden:
– in der Zukunft können nur Vereine, die auch religiöse Tätigkeiten ausüben, die Registrierung als Kirche beantragen. Es entsteht also unter der Kategorie Kirche ein niedriger eingestufter Organisationsrahmen der gemeinschaftlichen Religionsausübung, als „Vorzimmer" des kirchlichen Status';
– über die Anerkennung als Kirche entscheidet das Parlament;

---
3 So in Österreich, Tschechien, Deutschland, Rumänien.

– dem Registrierungsantrag müssen eine Vielzahl von Daten beigelegt werden.

Die Beilage des Gesetzes nennt die Kirchen, die ohne Registrierungsverfahren auch nach bisheriger Gesetzeslage als Kirchen weiter bestehen.

Das bisherige ungarische Recht, das den Kirchenstatus in einem rein formellen Verfahren durch Registrierung beim Gericht gewährte, war im internationalen Vergleich singulär. Die neue Regelung, die Anerkennung durch die Gesetzgebung ist ebenfalls weitgehend einzigartig. Wo ein vergleichbarer Kirchenstatus in Zentral-Europa existiert, dort entscheidet darüber die exekutive Macht (die Regierung oder der Minister), meist mit der Möglichkeit der gerichtlichen Kontrolle. Es gibt aber auch Beispiele dafür, dass Kirchen durch Parlamentsentscheidungen anerkannt werden: 2003 wurde in Österreich durch Sondergesetz die christlich-orientalische Kirche der Kopten anerkannt.[4]

Aus grundrechtlicher Sicht ist es entscheidend, dass die Religionsfreiheit – mit ihren individuellen und kollektiven Aspekten – nicht nur den Kirchen beziehungsweise den auch religiöse Tätigkeiten ausübenden Vereinen (und ihren Mitgliedern) zusteht, sondern allen Personen und Gemeinschaften, auch jenen, die eventuell der gesetzlichen Bestimmung der religiösen Tätigkeit nicht entsprechen, die aber rechtmäßig tätig sind.

Die Kirchen verfügen auch in der Zukunft über die gleichen Rechte und Verpflichtungen – das trifft aber nur für die Kirchen im engeren Sinne zu, die auch religiöse Tätigkeiten ausübenden Vereine fallen grundsätzlich in eine andere Kategorie. Die Gleichberechtigung der Kirchen wird durch den Einschluss der Formel, erarbeitet durch das Verfassungsgericht, verfeinert indem „der Staat die tatsächliche gesellschaftliche Rolle der Kirchen, ihre gemeinnützige Tätigkeit bei der Erlassung weiterer Rechtsvorschriften im Zusammenhang mit der gesellschaftlichen Rolle der Kirchen und bei den Beziehungen zu ihnen beachten kann."

---

4 Bundesgesetz über äußere Rechtsverhältnisse der orientalisch-orthodoxen Kirchen in Österreich. *BGBl.* I, Nr. 20/2003.

Religionssoziologische Daten

Religionszugehörigkeit darf in Ungarn amtlich nicht registriert werden.[5] Gemäß soziologischen Untersuchungen hat die große Mehrheit der Bevölkerung eine konfessionelle Identität, etwa 65 bis 70 Prozent bekennt sich zur katholischen Kirche (darunter etwa 4 Prozent zur griechisch-katholischen), 20 Prozent zur reformierten (calvinischen) Kirche, 4 Prozent zur evangelischen (lutherischen) Kirche und 1 Prozent zum Judentum. Kleineren Religionsgemeinschaften gehören insgesamt weniger als 2 Prozent der Bevölkerung an. Darunter befinden sich historische Kirchen, wie verschiedene orthodoxe Kirchen und Unitarier. Weiterhin sind die Zeugen Jehovas und die „Hit"(Glaube)-Gemeinde, eine charismatisch-evangelische Gemeinschaft zu erwähnen, die je etwa 30.000 Mitglieder haben könnten. Neue religiöse Bewegungen sind in der Öffentlichkeit stark präsent. Nach einem kräftigen Zulauf in den frühen 90-er Jahren stabilisiert sich ihre gesellschaftliche Rolle. Eine starke Kirchenbindung besteht nur bei einer Minderheit; Nicht mehr als 15 Prozent sind praktizierende Konfessionsangehörige.[6]

Bei der Volkszählung im Jahre 2001 wurde die Möglichkeit gewährt, anonym die Konfession anzugeben. Die Beantwortung der Frage über die Religionszugehörigkeit war offen formuliert (d. h., es gab keine vorgegebenen Antworten) und die Beantwortung war freiwillig. Die folgende Tabelle resümiert die Ergebnisse.

---

5 Gesetz IV/1990, § 3 (2), Gesetz LXIII/1992, (Datenschutzgesetz) § 2.
6 Für weitere Daten siehe: Tomka MIKLÓS / Paul M. ZULEHNER, Religion in den Reformländern Ost(Mittel)Europas (Ostfildern 1999).

Konfessionelle Zugehörigkeit der Bevölkerung Ungarns – Volkszählung 2001

Katholisch	5 558 961	54.5 %
– Römisch-Katholisch	5 289 521	51.9 %
– Griechisch-Katholisch	268 935	2.6 %
Reformiert (calvinisch)	1 622 796	15.9 %
Lutherisch	303 864	3.0 %
Jüdisch	12 871	0.1 %
Andere	112 121	1.1 %
– Orthodoxen	15 298	0.2 %
– Baptisten	17 705	0.2 %
– Adventisten	5 840	0.1 %
– Andere Christen	24 340	0.2 %
Konfessionslos	1 483 369	14.5 %
Keine Antwort	1 034 767	10.1 %
Keine Angabe	69 566	0.7 %
Gesamtbevölkerung	10 198 315	100 %

Historische Aspekte der Kirchenfinanzierung

Kirchenfinanzierung in der Vorkriegszeit

Auch wenn eine umfangreiche Darstellung der Geschichte der Kirchenfinanzierung in Ungarn fehlt, muss erwähnt werden, dass bis zur Bodenreform im Jahre 1945 die katholische Kirche als der größte Besitzer von landwirtschaftlicher Nutzfläche galt. Zwei Drittel der Pfarreien standen unter Patronat – oft unter dem des Ortes, wie etwa viele Pfarreien in Budapest. Das Kirchenvolk entrichtete bescheidene Zuwendungen und Messgebühren, die tatsächlichen Kosten der Aufrechterhaltung der Kirche wurden jedoch nie bewusst.

Kirchenfinanzierung während der sozialistischen Herrschaft

Mit der Bodenreform unmittelbar nach dem zweiten Weltkrieg verloren die Kirchen alle größeren Grundstücke, etwa 90 Prozent des Grundbesitzes. Kleinere Grundstücke (hauptsächlich Güter von Pfarrgemeinden) wurden 1951 praktisch im Tausch zugunsten einer zugesicherten Staatsleistung an den Staat übertragen.[7] Aufgezwungene Abkommen mit der Reformierten, der Lutherischen und der Unitarischen Kirche, sowie mit der jüdischen Glaubensgemeinschaft aus dem Jahre 1948, sowie das mit der Bischofskonferenz nach der Verhaftung von Kardinal Mindszenty unterzeichnete Abkommen sah eine Staatsleistung bis 1968 vor: Kleriker sollten ein bescheidenes staatliches Gehalt bekommen – und eine staatliche Kontrolle hinnehmen. Die Subvention wurde später verlängert und blieb ein Mittel der staatlichen Einmischung in die internen Angelegenheiten der Kirche. Die Tätigkeit der Kirchen wurde stark eingegrenzt (Orden wurden aufgelöst, Schulen und andere Einrichtungen verstaatlicht), die wenigen verbliebenen Institutionen (Altersheime, acht katholische, ein reformiertes und ein jüdisches Gymnasium) wurden von staatlichen Zuschüssen, Beiträgen der Eltern und durch Auslandshilfe erhalten.

Entwicklung der Kirchenfinanzierung nach der Wende

Dem Zerfall des realen Sozialismus folgte eine tiefe wirtschaftliche Krise, die staatliche Subvention wurde schrittweise verringert. Zwischen den Jahren 1991 und 1997 wurden die Subventionen der Kirchen durch Parlamentsbeschlüsse verteilt. Das Haushaltsgesetz stellte eine Summe zur Verfügung, das Parlament entschied aufgrund der Vorlage der Menschenrechtskommission. Die Vorlage wurde nach groben Schätzungen der konfessionellen Lage gestaltet, ohne jegliche solide Basis. Die Ablösung der direkten Subvention wurde aus praktischen und auch aus prinzipiellen Gründen angestrebt. Das italienisch-spanische Modell der Steuerwidmung, fälschlich „Kultursteuer" genannt, ist bereits in den frühen 90-er Jahren in Betracht gekommen. Es ist zu bemerken, dass Kirchenmitgliedschaft von staatlichen Behörden nicht registriert werden kann und die ungarische Auslegung der Trennung auch bedeutet, dass die Kirchen keinen staatlichen Zwang zum Zwecke der Vollstreckung interner Verpflichtungen in Anspruch nehmen können. Das Kirchensteuersystem, wie es in Deutschland existiert, war schon aus diesen Gründen ausgeschlossen.

In Ungarn gab es keine Reprivatisierung. Kommunistische Enteignungen wurden als verfassungswidrig betrachtet, die entstandene Eigentums-

---

7 Für die katholische Kirche etwa 50.000 Hektar, für die reformierte Kirche 35.000 Hektar, für die evangelische Kirche 12.000 Hektar.

lage wurde jedoch als legal akzeptiert. Der Staat hat seine Wiedergutmachungspflicht gegenüber den Bürgern durch Entschädigungsscheine wahrgenommen: eine pauschale und begrenzte Entschädigung durch Wertpapiere, die zum Erwerb staatlichen Eigentums verwendet werden konnten. Unternehmen wurden rasch privatisiert, Parteien, Gewerkschaften und Vereine konnten Immobilien aus dem staatlichen Eigentum erwerben. Der Gesetzgeber hat mit den Kirchen in diesem Zusammenhang eine Ausnahmeregelung getroffen. Einerseits zum Zwecke der vollständigen Entschädigung der schweren Rechtsverletzungen, die die Kirchen erlitten haben, zur Sicherstellung von deren Funktionsfähigkeit und der Religionsfreiheit. Andererseits hat das Parlament im Jahre 1991 das Gesetz über die Regelung der Eigentumslage der ehemaligen kirchlichen Immobilien verabschiedet.[8]

Das Gesetz sieht die Übertragung von Immobilien, die einst den Kirchen zum Zeitpunkt des Inkrafttretens der Übertragung in Staats- bzw. in Gemeindeeigentum gehörten, vor, die für Zwecke des Glaubenslebens (für die Religionsausübung, Konferenzgebäude, kirchliche Dienstwohnungen, Seminare für den Priesternachwuchs, Ordenshäuser), der Bildung und Erziehung, des Gesundheits- und des Sozialwesens, des Jugendschutzes und der Kultur (Gemeindehäuser, Museen etwa) verwendet worden waren und jetzt zu verwenden sind. Allerdings werden die (den Kriterien entsprechend) beanspruchten Immobilien nur in solchem Umfang übertragen, soweit es den Aufgaben des Staates und der Gemeinden und im Blick auf die zur Verfügung stehenden finanziellen Mittel sowie dem realen Bedarf der Kirchen entspricht.

Für die Rückerstattung der beanspruchten Immobilien wurden zehn Jahre vorgesehen, die Frist wurde aber im Jahr 1997 bis 2011 verlängert. Die Ansprüche von Seiten der Kirchen betrafen 7.200 Immobilien, 1.600 Anträge davon wurden zurückgezogen oder abgewiesen. Etwa 1.000 Gebäude wurden durch direkte Abkommen zwischen der örtlichen Selbstverwaltung (Gemeinde) und der betroffenen Kirche geregelt. In über 4.500 Fällen hatte eine aus Kirche und Regierung beschickte paritätische Kommission zu entscheiden, wobei die Kirchen auf zahlreiche Ansprüche zugunsten einer Staatsleistung verzichtet haben (S. 157 unten). Im Haus-

---

8 Gesetz Nr. 1991/XXXII.

halt für jedes Jahr wird eine Summe für die Entschädigungsleistung der Gemeinden für die Gebäude, die inzwischen Gemeindeeigentum geworden sind, festgesetzt. Die Kirchen schlagen eine Verteilung dieser Summe vor und sie bestimmen auch die Reihenfolge der Übertragungen. Es ist zu bemerken, dass es in Ungarn zahlreiche Kirchengebäude und Pfarrhäuser gab, die aufgrund des ausgedehnten Patronatssystems im Gemeindeeigentum gewesen sind. Diese wurden auf Antrag der Kirche automatisch ins Grundbuch als Eigentum der Kirche/Gemeinde übertragen. Die Entschädigung betraf insgesamt zwölf Kirchen.

Aktueller Stand der Kirchenfinanzierung

Staatsleistung

In der Vereinbarung mit dem Heiligen Stuhl (20. Juni 1997) hat die Katholische Kirche auf etwa die Hälfte ihrer gesetzlich anerkannten Immobilienansprüche zugunsten einer Staatsleistung verzichtet, deren Basis aufgrund des Werts dieser Immobilien kalkuliert wurde.[9] Der Staat valorisiert diese Abgeltung gemäß der Inflation der nationalen Währung und zahlt ab 2001 5 Prozent Ertrag (zwischen 1998 und 2000 war der Ertrag 4,5 Prozent). Die Leistung ist unbefristet.

Im Jahre 1998 haben fünf weitere Kirchen (Verband Jüdischer Glaubensgemeinden, Evangelisch-lutherische Kirche, Reformierte Kirche, Baptistische Kirche, Serbisch-orthodoxes Bistum) Abkommen mit der Regierung über die Transformation von Immobilienansprüchen in Staatsleistungen geschlossen. Weil die Evangelisch-lutherische Kirche und die Reformierte Kirche zum großen Teil solche Immobilien verloren haben, die nicht unter das genannte Gesetz gefallen sind (wie etwa Miethäuser von Pensionsanstalten), wodurch diese Kirchen erheblich zum Gemeinwohl beitragen, wurde die Staatsleistung an sie ergänzt. Diese Kirchen erhalten also Staatsleistungen einerseits aufgrund des Immobilienverzichts und andererseits aufgrund ihrer Tätigkeit im Sinne öffentlicher Aufgaben.[10] Seit 2011 erhält auch die katholische Kirche einen ergänzen-

---

9 Verkündet durch Gesetz LXX/1999. *AAS*, 80 (1988) 330–340.
10 Veröffentlicht gemäß Regierungsbeschluss 1313/2010, (XII. 27).

den Zuschuss gemäß dem Abkommen zwischen der Bischofskonferenz und der Regierung.[11]

Kirche	Anzahl der Immobilien, worauf die Kirche verzichtete	Größe der Fonds
Katholische Kirche	1.150	42.000.000.000,-- HUF
Reformierte Kirche	362	6.656.000.000,-- HUF
Evangelische Kirche	74	4.270.000.000,-- HUF
Jüdische Gemeinschaften	150	13.511.000.000,-- HUF
Serbisch-Orthodoxe Kirche	2	828.000.000,-- HUF
Baptisten	2	121.000.000,-- HUF

Jährliche Erträge aus den Fonds an die Kirchen insgesamt

2007	2008	2012
8.710.000.000,-- HUF	8.990.000.000,-- HUF	16.950.000.000,-- HUF

Widmung und Teilzweckbindung der Einkommensteuer

Aufgrund der Vereinbarung mit dem Heiligen Stuhl wurde mit dem Steuerjahr 1997 es jedem Steuerzahler ermöglicht, 1 Prozent der Steuerleistung einer Kirche oder einem Alternativfonds zuzuweisen. Es ist zu bemerken, dass im Gegensatz zu Italien, dessen erfolgreiches Modell Vorbild gewesen ist, in Ungarn jeder Steuerzahler über den Anteil von 1 Prozent seiner eigenen Einkommenssteuer hinaus ein weiteres Prozent zugunsten eines Zivilverbandes widmen kann. Paradoxer Weise koppelt das System die Unterstützung der Kirchen an die Steuerpolitik des Staates. Den Mindestlohn haben frühere sozial-liberale Regierungen steuerfrei gemacht, während die derzeitige Mitte-rechts-Regierung eine großzügige Familienförderung durch das Steuersystem eingeführt hat sowie die Progression der Einkommensteuer aufgegeben hat, was auch negative Auswirkungen auf die Kirchenfinanzierung hat.

---

11 Veröffentlicht gemäß Regierungsbeschluss 1313/2010. (XII. 27.) Kormányrendelet= Regierungsverordnung.

In den ersten vier Jahren des neuen Systems wurde die so zugewiesene Summe auf eine Höhe von 0,5 Prozent des Gesamtsteueraufkommens ergänzt, gemäß der Proportion der Erklärungen. Als dieser neue Finanzierungsmodus die direkte Subvention ablöste, wurde die Summe der Subvention des Jahres 1998 in den ersten vier Jahren des neuen Systems zugunsten der Kirchen, die dies notwendig haben, aufrechterhalten, weil bei einigen die einfließende Summe niedriger gewesen wäre als die frühere Haushaltsubvention.

Im Jahr 2000 sind 524.000 Widmungen zugunsten von 89 Kirchen dem Steueramt zugegangen. Die Zahl und der Anteil der Steuerzahler, die von dieser Möglichkeit der Widmung Gebrauch machen, sind in den vergangenen Jahren rasch gestiegen. Die Kirchen führen immer mehr professionelle Werbekampagnen durch. Im Jahr 2011 hat die Zahl der Steuerzahler, die an eine Kirche 1 Prozent ihrer Steuer gewidmet haben, eine Million überschritten.[12]

Jahr (vorangehendes Steuerjahr)	2000	2006	2008	2009	2010	2012 Stand: 7. August
Anzahl der Erklärungen	561.660	720.243	820.959	816.533	913.419	1.015.000
Summe: Milliarden Forint	5,24	4,1	4,9	5,1	5,24	3,98

Sonstiges

Die Kirchen erhalten Subventionen für die Zwecke des Religionsunterrichts.[13] Diese werden auf der Basis der von den Kirchen angegebenen Schülerzahlen in normativer Weise errechnet.

Für bestimmte Projekte der Renovierung von Immobilien oder auch für konkret bestimmte Neubauten wird im Haushalt eine bestimmte

---

12 618.000 an die katholische Kirche, 213.000 an die reformierte, 56.000 an die evangelische Kirche. Weitere Daten: http://apeh.hu/data/cms239734/Kiutalt_Szja_1__2011_egyhazak_eloiranyzat.pdf.
13 Gesetz CCVI/2011, § 24 (1).

Summe jährlich festgelegt. Diese Summe wurde etwa gemäß den konfessionellen Proportionen verteilt. Für den Unterhalt von kirchlichen Sammlungen, Museen und Archiven wird im Haushalt des Staates eine Summe festgesetzt, ebenso auch für die internationale Tätigkeit der Kirchen.

Ab 2002 erhalten die Katholische, die Reformierte und die Evangelisch-lutherische Kirche sowie manche kleinere Kirchen einen Zuschuss, die die Vergütung der Personen im seelsorglichen Dienst in bevölkerungsarmen, wirtschaftlich benachteiligten Ortschaften partiell abdeckt. Dies ist im Kontext der Tatsache zu sehen, dass der Lebensunterhalt der kirchlichen Bediensteten in der Vor- und Zwischenkriegszeit teilweise oder überwiegend durch landwirtschaftliches Eigentum gesichert war.

Unterstützung aus dem Zentralhaushalt (ohne normative Unterstüzungen)

Ziel	Millionen Forint 2007	Millionen Forint 2008	Millionen Forint 2012
Kirchliche Sammlungen und kulturelle Institutionen, kulturelle Programme	500,0	375,0	800,0
Religionsunterricht, kirchlicher Unterricht	3.305,4	3.305,4	3.300,0
Kirchliche Institutionen, Einkommenssteuerzuweisung und Ergänzung	10.819,0	11.862,0	10.580,0
Ertrag für die nicht rückerstatteten Immobilien	8.710,0	8.990,0	16.950,0
Lohnzuschuss für Seelsorger in Kleingemeinden, Unterstützung von kirchlichen Programmen in Kleingemeinden	1.620,7	1.620,7	2.000,0
Renovierung von kirchlichen Kulturgütern, Baudenkmälern und weitere Investitionen	544,9	325,0	1.350,0
Insgesamt	25.500,0	26.478,0	35.350,0

Die Aufgaben, die die öffentliche Hand entlasten und in den Bereichen des Schulwesens, Gesundheitswesens usw. von Kirchen wahrgenommen werden, bekommen von der öffentlichen Hand denselben Zuschuss, wie die öffentlichen Institutionen. Dieses Prinzip ist gesetzlich[14] verankert, vertraglich[15] gesichert und wurde auch in der Rechtsprechung des Verfassungsgerichts bestätigt.[16]

Konflikte und Lösungen

Die Schulfinanzierung verlief in den letzten Jahrzehnten jedoch nicht reibungslos. Als das Prinzip der gleichen Haushaltsfinanzierung im Jahr 1990 gesetzlich festgelegt wurde, sind noch alle öffentlichen Schulen vom Staat getragen worden. Kurz nach der Wende aber wurden fast alle Schulen an die Gemeinden übertragen. Für den Unterhalt der Schulen gewährte der Staatshaushalt einen Pro-Kopf Zuschuss je Schüler, der aber von den schultragenden Gemeinden ergänzt werden musste, weil er die tatsächlichen Kosten nicht deckte. Im Jahr 1997 hat das Verfassungsgericht festgestellt, und auch der Vertrag mit dem Heiligen Stuhl festgelegt, dass Kirchen nicht nur an den Pro-Kopf Haushaltszuschuss Anspruch haben, sondern auch an dessen Ergänzung, d. h. es muss errechnet werden, was die Gemeinden an ihre Schulen bezahlen, und die Kirchen sollen einen Durchschnitt dieser Beträge aus dem Haushalt der Gemeinden erhalten. Zwar war dieses Prinzip klar festgelegt, es wurden jedoch immer wieder neue Subventionstitel eingeführt, von denen die Kirchen als Schulträger ausgeschlossen waren. So waren z. B. in den vergangenen Jahren Zuschüsse für Schulbusse, Weiterbildung der Pädagogen, Dorfschulen getragen von Konsortien von Gemeinden, behindertenfreundlicher Umbau usw. umstrittene, und im Anteil der Schulfinanzierung steigende Titel eingeführt worden, die für die Kirchen nicht gewährt wurden.

Der Rechnungshof wies in seinem Bericht im Jahr 2008 darauf hin, dass der Ergänzungszuschuss in den vergangenen Jahren nicht im vorgesehenen gesetzlichen Maß gewährt wurde, der Fehlbetrag betrug in den Jahren 2005 bis 2006 2,7 Milliarden HUF.[17] Noch in diesem Jahr entschied das Verfassungsgericht, dass der Pro-Kopf-Zuschuss für kirchliche und Privatschulen nicht geringer als der Haushaltszuschuss für die staatli-

---

14 Gesetz CCVI/2011, § 19 (4), früher: Gesetz IV/1990, §19 (2).
15 Mit dem Heiligen Stuhl wie auch mit den anderen Kirchenverträgen.
16 VerfGE 18/1994, (III. 31) AB; 22/1997, (IV. 8.) AB.
17 Siehe: http://www.asz.hu/ASZ/www.nsf/jelentesek.html.

chen Schulen (gezahlt durch die Gemeinden) sein darf.[18] In der Entscheidung wurden mehrere Verfahren berücksichtigt, in denen Kirchen gegen die Umsetzung der Haushaltsgesetze klagten.

Die im Jahr 2010 gewählte Regierung hat die Auszahlung der bisher nicht geleisteten Summen verfügt. Das Problem wurde andererseits auch dadurch gelöst, dass zurzeit die überwiegende Mehrheit der Schulen der Gemeinden vom Zentralstaat übernommen wird, das System der ergänzenden Finanzierung der Schulen durch die Gemeinden wird so beendet.

Anteil von Schülern in kirchlichen Erziehungseinrichtungen

	2001/2002	2008/2009
Kindergartenkinder	1,7 %	3,3 %
Grundschüler	3,8 %	5,9 %
Mittelschüler	13,5 %	20,5 %
Studenten	6 %	5,9 %

Abgabenrechtliche Stellung der Religionsgemeinschaften

Kirchen sind von den örtlichen Steuern befreit.[19] Gemeinden verfügen in Ungarn über eine Steuerautonomie innerhalb des gesetzlichen Rahmens.

Im Einkommensteuerrecht genießen die Kirchen verschiedene Privilegien. So z. B. gilt die Nutzung der „Dienstwagen" der Kirchen nicht als Einkommen.[20] Messgebühren und ähnliche Gaben können von „kirchlichen Personen" steuerfrei angenommen werden.[21] Die Verpflegung aufgrund des Kirchenrechts kann steuerfrei genossen werden, etwa von Ordensleuten.[22] Spenden an bestimmte Kirchen sind steuerlich abzugsfähig, ähnlich die Gaben zugunsten von gemeinnützigen Stiftungen.

Die geleistete Mehrwertsteuer kann im Falle von Erwerbungen für gemeinnützige kirchliche Zwecke vom Steueramt rückerstattet werden.[23] Dabei handelt es sich um eine individuelle Entscheidungsmöglichkeit des

---

18 VerfGE 99/2008 (VII. 3.) AB.
19 Gesetz Nr. C/1990, § 3 (2)
20 Gesetz Nr. CXVII/1995, § 70; § (1), (8) a).
21 Beilage 4.8. zur Gesetz Nr. CXVII/1995.
22 Ibid., 8.20.
23 Gesetz Nr. LXXIV/1992, § 71 (6) e).

Steueramtes. Die Kirchen sind dabei ähnlich den Stiftungen und anderen Verbänden gestellt.

Die Kirchen genießen volle Gebührenfreiheit (z. B. in Zivilprozessen oder im Falle von Erbschaften).[24]

Das Zollamt hat das Recht, für Gaben aus dem Ausland Zollfreiheit zu genehmigen, wenn diese religiösen Zwecke dienen („religiös" bedeutet nicht nur Kultus, sondern kann auch Kfz, Baumaterial usw. bedeuten).[25]

Gründe und Grenzen

Verfassungsrechtlich geboten ist die gleiche Finanzierung für alle die öffentliche Hand entlastenden Tätigkeiten. Verfassungsrechtlich bedenklich wäre die Ungleichbehandlung kirchlicher Träger.
Was die Förderung des Glaubenslebens als einer grundlegenden Tätigkeit der Kirchen angeht, sind historische Gründe zugrundeliegend: die heutige Förderung (Teilzweckbindung der Einkommensteuer) trat an die Stelle der direkten Haushaltssubvention, welche nach umfangreicher Verstaatlichung des kirchlichen Vermögens eine Art von Entschädigungscharakter bekommen hatte. Neben historischen Gründen wird oft der Beitrag der Kirchen zum Gemeinwohl hervorgehoben.

Kirchen sind nicht mit anderen Personengemeinschaften zu vergleichen, doch ist es erwähnenswert, dass neben Religionsgemeinschaften auch andere Gemeinschaften öffentliche Förderungen genießen. Eine Benachteiligung von Kirchen gegenüber Zivilverbänden wäre schwer erklärbar. Wie oben erwähnt kann zu den 1 Prozent der Einkommensteuer, welche einer Kirche zugewiesen werden kann, ein weiteres 1 Prozent in der Entscheidung des Steuerzahlers für die Förderung von Vereinen oder Stiftungen gewidmet werden. In den letzten 15 Jahren wurde die Kampagne für die Widmungen immer mehr professionalisiert. Die ganze Zivilgesellschaft aktiviert sich im Frühling, wenn die Fristen für die Steuererklärung fällig sind. Vereine können auch aus anderen Kanälen öffentliche Zuschüsse bekommen, wie etwa durch das „Volksunterstützungsprogramm für zivile Organisationen".[26]

---

24 Gesetz Nr. XCIII/1990, § 5 (1) e).
25 Gesetz Nr. C/1990, § 138 (2).
26 Siehe: www.nca.hu

Schlussfolgerungen

Staatliche Neutralität in religiösen Angelegenheiten bedeutet in Ungarn keinesfalls Indifferenz. Der Wert der Religion, der Beitrag der Religionsgemeinschaften zum Gemeinwohl wird vielfach wahrgenommen. Das System hat zum Teil heute noch eine historische Entschädigungsfunktion und unterscheidet die Religionsgemeinschaften nach ihrer tatsächlichen gesellschaftlichen Rolle.

Die Kirchenfinanzierung im Vereinigten Königreich

David M. Thompson

Viele Menschen wissen, dass die Church of England die Staatskirche Englands ist. Sechsundzwanzig ihrer Bischöfe sind von Rechts wegen Mitglieder im Oberhaus des englischen Parlaments. In Schottland wird die Church of Scotland als nationale Kirche anerkannt, aber sie entsendet keine Repräsentanten ins Parlament. Die verschiedenen anderen Kirchen, die man oft als „Free Churches" bezeichnet, haben keine Verbindung zum britischen Staat. Allerdings hat man in den vergangenen Jahren einige ihrer Kirchenführer aufgrund ihrer außergewöhnlichen Leistungen in den Adelsstand erhoben, was das Anrecht auf einen Sitz im Oberhaus beinhaltet. Der Hauptunterschied zwischen der Church of England bzw. der Church of Scotland und den anderen Kirchen ist das Kirchenrecht. Die Beschlüsse der Generalsynode der Church of England werden in kirchlichen Verordnungen vorgelegt, die eigens vom Parlament bestätigt und damit zum Bestandteil des staatlichen Gesetzes werden. Die Beschlüsse der Church of Scotland werden nicht auf gleiche Art und Weise zum staatlichen Recht. Sie werden aber von den schottischen Gerichten als rechtlich verbindlich anerkannt. Das englische und das schottische Rechtssystem sind unterschiedlich.

Weit weniger bekannt ist außerhalb des Vereinigten Königreichs die Tatsache, dass keine Kirche im Vereinigten Königreich finanzielle Unterstützung vom Staat in Form von Steuern oder den Einnahmen aus zweckgebundener Vermietung oder Verpachtung von Grundstücken erhält, auch jene mit rechtlich privilegiertem Status nicht. Es gibt keine Kirchensteuer. Auch hat die Kirche für Landbesitz, der in früheren Epochen der britischen Geschichte (z. B. zur Zeit der Reformation im 16. Jahrhundert) vom Staat beschlagnahmt wurde, niemals Entschädigungszahlungen erhalten. Das Parlament hat seine gesetzliche Vollmacht gegenüber der Church of England wahrgenommen, um die Aufteilung von kirchlichem

Eigentum neu zu regeln, insbesondere im Verlauf der Kirchenreformen der 1830er Jahre und noch deutlicher, als es 1869 zur Trennung von Staat und Kirche in Irland und 1869 in Wales kam. In beiden Fällen wurden die zusätzlichen öffentlichen Einnahmen nicht der Kirche zur Verfügung gestellt, sondern dem Bildungswesen. Der historisch gewachsene Grundbesitz der Kirche von England wird durch die Mitglieder einer vom Staat errichteten Körperschaft, der Kirchenkommission („Church Commissioners"), verwaltet, die ursprünglich als königliche Kommission in den 1830er Jahren gegründet und 1948 reorganisiert wurde.

Der einzige direkte Beitrag aus staatlichen Steuern zugunsten der Kirchen besteht in einer finanziellen Unterstützung zur Erhaltung historischer Gebäude, die 1979 eingeführt wurde. Die Zuschüsse werden von einem Komitee verwaltet, das aus Experten der Denkmalpflege und Vertretern der Kirchen besteht. Seit einiger Zeit werden die Geldmittel dafür nicht mehr aus den allgemeinen Steuerleistungen zugeteilt, sondern aus den staatlichen Lottoeinnahmen, was für jene Kirchen, die Glücksspiele ablehnen, moralisch problematisch war. An sich stehen finanzielle Zuschüsse für alle Kirchengebäude zur Verfügung, die als historisch oder architektonisch wertvoll erachtet werden. Doch weil die Church of England die meisten Kirchengebäude besitzt und viele davon sehr alt sind, geht der Großteil der Gelder an diese. Es braucht nicht eigens erwähnt zu werden, dass nicht genügend Geld vorhanden ist, um die gesamte Nachfrage nach finanzieller Unterstützung zu befriedigen.

Es gibt auch einen indirekten Beitrag aus staatlichen Steuermitteln durch das „Gift Aid Scheme", bei dem Spenden für karitative Zwecke steuerlich begünstigt werden. Dieses Privileg steht allen amtlich zugelassenen Wohltätigkeitsorganisationen zu, wobei die Organisation einen Betrag erhalten kann, der der durchschnittlichen Einkommenssteuer entspricht, die die Spender hätten zahlen müssen, wenn sie kein Geld an die Wohltätigkeitsorganisation gespendet hätten. Durch dieses Programm können sowohl Kirchen als auch andere Wohltätigkeitsorganisationen Anspruch auf Steuerleistungen erheben, die sonst an die königliche Steuerbehörde gegangen wären. Spender müssen ihre Bereitschaft bekunden, im Rahmen dieses Programmes zu spenden, und sie müssen auch ihre Adresse angeben. Der zuständige kirchliche Finanzverwalter hat dann die Aufgabe, den Anspruch geltend zu machen. Dieses Programm führte dazu, dass die Anzahl der regelmäßigen Spender anstieg, die ihre Geldgeschenke durch Dauer- oder Abbuchungsauftrag übermitteln, statt sie in den Klingelbeutel (Spendentafel) zu geben. Dieses „Gift Aid Scheme" ist weniger großzügig und komplizierter zu administrieren als das US-amerikanische, wo Spenden für wohltätige Zwecke steuerlich absetzbar sind.

Wie also finanzieren sich die Kirchen im Vereinigten Königreich? Durch ihre Mitglieder, könnte man kurz antworten, aber das wäre zu einfach. Es ist deshalb notwendig, jede Kirche oder Gruppe von Kirchen der Reihe nach zu betrachten.

Die Church of England

Die Finanzen der Church of England sind äußerst kompliziert. Während der Reformation wurde das Eigentum von Klöstern und religiösen Stiftungen durch den Staat konfisziert. Die einzigen Ausnahmen waren von Ordensgemeinschaften errichtetete Kathedralen, wie z. B. Ely, und jene Klöster, die von Heinrich VIII. zu neuen Kathedralen umgewandelt wurden, wie z. B. Peterborough, wo Heinrichs erste Frau, Katharina von Aragon, begraben ist. Die Kirche erhielt dafür keine Entschädigung. Nutznießer war jene englische Aristokratie, die in der Gunst des Königs stand und die Ländereien von ihm zugesprochen bekam.

Auf königliche Initiative hin wurden im 18. Jahrhundert zwei neue Kirchenfonds gegründet. Im Jahre 1704 rief Königin Anne „Queen Anne's Bounty" ins Leben, einen Fonds, der auf kirchlichen Einkünften beruhte, die ursprünglich an den Papst, seit der Reformation aber an die Krone übermittelt wurden. Diese waren Annaten, Erstlingsfrüchte und der Zehnte, normalerweise die Einkünfte eines kirchlichen Benefiziums im ersten Jahr, die als Dankopfer an Gott verstanden wurden. Der Fonds wurde dafür verwendet, um die Einkünfte armer Pfründen zu erhöhen, angefangen bei jenen, die nicht mehr als zehn Pfund im Jahr wert waren. Im ersten Jahrzehnt des 19. Jahrhunderts wurde dieser Fonds einige Jahre lang durch Zuschüsse aus Steuermitteln aufgestockt. Schließlich und endlich wurde er 1948 mit der Kirchenkommission („Church Commissioners") zusammengelegt. Der zweite Fonds wurde 1722 von George I. gegründet und wurde unter dem Namen „Regium Donum" („königliches Geschenk") bekannt. Er wurde aus der Staatskasse finanziert und diente dazu, die Witwen und Familien von armen nonkonformistischen Geistlichen zu unterstützen. (Damit folgte man dem Beispiel von Präzedenzfällen aus der Regierungszeit von Charles II., wo Presbyterianer in Irland unterstützt wurden.) Im Jahre 1869 wurde diese Unterstützung abgeschafft. Nonkonformisten waren zu der Überzeugung gelangt, dass die Annahme staatlicher finanzieller Unterstützungen ihrem Grundsatz der Freiheit der Religion von staatlicher Kontrolle widersprach.

Am Ende der Napoleonischen Kriege gewährte die Regierung der Church of England einen Zuschuss von einer Million Pfund, damit sie neue Kirchen bauen konnte. Dem folgte 1824 ein zweiter Zuschuss von einer halben Million Pfund. Die Regierung errichtete auch die Kommission für Kirchengebäude („Church Building Commissioners"), um geeignete Orte für neue Kirchen zu finden, Architekten mit den Kirchenbauten zu beauftragen und ihre Errichtung zu beaufsichtigen. Danach wurden keine weiteren Zuschüsse gewährt. Der Church of England gelang es tatsächlich, mehr Geld für ihre Arbeit von ihren Unterstützern zu erhalten als sie jemals von der Regierung bekam. In den Jahren 1836, 1838 und 1840 wurden drei Gesetze vom Parlament beschlossen, die die Finanzen der Bischöfe und Kathedralen neu regelten. Es handelte sich dabei im Wesentlichen um den Versuch, die Einkommen aller ranghohen Bischofssitze (Canterbury, York, London, Winchester und Durham) anzugleichen. Zudem wurden jene Einnahmen der Kathedralen, die man als Überschüsse ansah, dazu verwendet, neue und ärmere Pfarrgemeinden zu subventionieren. Bei der Umverteilung bischöflicher Einkommen an die Diözesen durch Rückgabe in Frage stehender Ländereien entstand das Problem, dass sich innerhalb eines halben Jahrhunderts von neuem Einkommensunterschiede aufgrund der unterschiedlichen Qualität der Ländereien entwickelten. Schlussendlich wurden die Zahlungen zentralisiert, vor allem als neue Bischofssitze geschaffen wurden, die in den 1830er Jahren nicht existiert hatten. 1840 wurde auch die genaue Zahl der Bischöfe im Oberhaus festgesetzt, sodass neu ernannte Bischöfe warten mussten, bis ein Platz für sie frei wurde.

Bis ins 20. Jahrhundert hinein gab es kirchliches Eigentum nur in Form von Landbesitz und Staatsanleihen. Der ökonomische Strukturwandel des Landes führte jedoch dazu, dass das für die Kirche geltende Verbot, ihr Geld in Aktien zu veranlagen, zunehmend als unzeitgemäß angesehen wurde. Von 1948 an war die Kirchenkommission nicht mehr verpflichtet, Geld ausschließlich in Form von Landbesitz anzulegen, und wagte sich deshalb vorsichtig auf den Aktienmarkt. Dies stellte sich für den Großteil der nächsten fünfzig Jahre als vorteilhaft heraus. Eine ganze Reihe von unglücklichen Investitionsentscheidungen zu Beginn des 21. Jahrhunderts führte jedoch dazu, dass es zu einer maßgeblichen Veränderung des Verhältnisses zwischen Einnahmen aus Geldanlagen und traditionellen Einkünften einerseits und den Einnahmen aus den Spenden der Kirchenmitglieder andererseits kam.

Die Einnahmen der Pfarrgemeinden erfolgen in traditionellerer Form. Vom Mittelalter an beruhte das Einkommen eines Priesters auf verschiedenen Geldquellen: Einkommen aus Pfarrland (Land, das dem Pfarrer gehörte, das aber normalerweise nicht von ihm bewirtschaftet wurde); der Zehnte (ein anteilsmäßiger jährlicher Betrag, den die Landbesitzer aus dem Ernteerlös zahlten; Gebühren (für Taufen, Hochzeiten und Begräbnisse) und andere gelegentliche Einnahmen; Erbvermögen, das Pfarrgemeinden vermacht wurde. Ursprünglich unterschied man auch zwischen dem Pfarrer einer Pfarrgemeinde, dem das Einkommen zustand, und dem Vikar, der – wie der Name nahelegt – sein Stellvertreter war mit dem Auftrag, Gottesdienste abzuhalten. Irgendwann im Mittelalter wurden Pfarrgemeinden auch von Laien erworben, die die Einkünfte daraus behielten und einen kleinen Betrag an einen Vikar zahlten. Zur Zeit der Reformation wurde diese Praxis häufiger. Es entstand dadurch für Laien eine Möglichkeit, sich am Eigentum der mittelalterlichen Kirche zu bereichern. Vor allem wegen des Wandels der Landwirtschaft im Jahrhundert davor veränderte sich die Aufteilung des Reichtums unter den einzelnen Pfarrgemeinden im 19. Jahrhundert von einem Zustand weitgehender Egalität zu einem ernsthafter Gegensätze. Aber alles, was getan werden konnte, war, ärmere Pfarren finanziell zu unterstützen; niemand machte den Vorschlag, reichere Pfarren auf irgendeine Weise zu besteuern. Zu dieser Zeit war das Land der Pfarre oft schon verkauft oder dauerhaft verpachtet worden. Unzufriedenheit mit den Einkünften aus dem Zehent führte dazu, dass sie ab 1836 durch eine feste jährliche Barzahlung ersetzt wurden. Ein Jahrhundert später wurde die Möglichkeit geschaffen, die jährlichen Abgaben durch eine einmalige Bargeldzahlung zu begleichen.

Schlussendlich war es jedoch eine Kombination aus landwirtschaftlicher Krise und allgemeiner Inflation, die die auf Pfarrebene geleisteten Beiträge an den diözesanen Fonds für die Besoldung des Klerus wichtiger werden ließen. Gegen Ende des 19. Jahrhunderts setzte sich die Einsicht durch, dass die wöchentlichen Spenden an Sonntagen höhere Einnahmen brachten als die unterschiedlichen bisher bestehenden Sammelaktionen zusammen, vor allem die Miete von Plätzen in Kirchenbänken, für die ein Einzelner oder eine Familie einen Jahresbetrag zu zahlen hatte. Die Nutzung von Diözesanfonds ermöglichte eine Vereinheitlichung der Gehälter der Geistlichen. Es wurde eine einheitliche Höhe des Gehalts für die Geistlichen festgelegt, unabhängig davon, ob ihre jeweilige Pfarrgemeinde durch geerbtes Vermögen finanziell gut ausgestattet war oder nicht. Dies ermöglichte es theoretisch und zunehmend auch praktisch, die Gehaltshöhe der Geistlichen unter den Diözesen anzugleichen. Dadurch sank das Verlangen von Geistlichen, aus den Industriegebieten des 19. Jahrhunderts wegzuziehen. Dort bestand nämlich im Allgemeinen die Notwendigkeit, neue Pfarrgemeinden zu gründen, doch die traditionelle finanzielle Ausstattung fehlte. Gegenwärtig unterhalten die meisten Diözesen ein pfarrliches Abgabensystem, das auf der Gesamtbevölkerung der Pfarrgemeinde beruht. Einige bedienen sich komplexerer Systeme, wonach Pfarrgemeinden, die das höchste durchschnittliche Pro-Kopf-Einkommen aufweisen, jene Gemeinden finanziell unterstützen, in denen das Einkommen am niedrigsten ist. Das kann zu Verstimmungen führen, weil ja nur ein vergleichsweise geringer Anteil der gesamten Pfarrbevölkerung regelmäßig in die Kirche geht und die Kirchgänger nicht notwendigerweise auch die wohlhabendsten Gemeindemitglieder sind.

Zum Schluss sei noch darauf hingewiesen, dass das gegenwärtige Spendenaufkommen sowohl auf diözesaner als auch auf nationaler Ebene eine viel größere Kirchenverwaltung finanzieren muss, als das vor 100 Jahren der Fall war. Während ein Bischof früher einen Kaplan und jene Beamte, die sich um die rechtlichen Angelegenheiten der Diözese kümmerten, beschäftigte, ist es heute notwendig, den Mitarbeiterstab einer Diözesansynode zu finanzieren, zu welcher ein Generalsekretär und/oder ein Finanzverwalter gehören sowie Hauptverantwortliche für die Bereiche Erziehung und Bildung, Mission und Evangelisierung, Einheit der

Kirchen, Kinder- und Jugendarbeit, soziale Fragen usw. Dasselbe gilt in noch stärkerer Weise für die nationale Ebene.

Die Church in Wales

Vieles, was bisher über die Church of England gesagt wurde, trifft auch auf die Church in Wales zu. Vor 1920 gab es nämlich keinen Unterschied zwischen der Kirche von England und der Church in Wales. Der große Vorteil von Wales ist, dass es um vieles kleiner ist. Der Nachteil ist, dass die Bevölkerung aufgrund des Niedergangs wichtiger Industriezweige wie Kohlenbergbau und Eisen- und Stahlproduktion um vieles ärmer ist und die walisischen Diözesen und Pfarrgemeinden vor 1920 finanziell nie so gut ausgestattet waren wie die englischen. Geschichtlich war Wales im 19. Jahrhundert ein Zentrum des religiösen Nonkonformismus gewesen, aber danach ist der für eine Trennung von Kirche und Staat eintretende Nonkonformismus zusammengebrochen, teilweise wiederum bedingt durch den Niedergang der Industrie, welche den nonkonformistischen Kirchen viele neue Mitglieder zuführte.

Die Church of Ireland

Die Church of Ireland ist der Church of England von ihrem Aufbau her sehr ähnlich. Ihre Verbindungen mit letzterer wurden allerdings schon viel früher abgebrochen, als dies bei der Church in Wales der Fall war. 1869, im Jahr der Trennung, waren sehr viele der strukturellen Entwicklungen in der Church of England, die zur heutigen Organisation der Finanzen führten, noch nicht vollzogen. Deshalb entwickelte sie sich in bestimmten Bereichen unterschiedlich. Die irische Kirche stützt sich fast ausschließlich auf die Spenden ihrer Mitglieder.

Ein weiterer Punkt, der auf alle Kirchen in Irland zutrifft, ist der, dass ihre Organisationsstruktur auf einer gesamtirischen Grundlage bestehen bleibt. Anders ausgedrückt: Es gibt keinen Unterschied zwischen der Kirche in der Republik Irland und jener in Nordirland. Der Bischofssitz des Primas von Irland ist Armagh, welches im Norden liegt. Aber kirchenpolitisch ist dies irrelevant. Sogar die Tatsache, dass die Währung in beiden Teilen Irlands unterschiedlich ist, ist kein Grund für eine Spaltung, sondern nichts weiter als eine Unannehmlichkeit.

Man muss auch daran erinnern, dass – anders als in England – der Großteil der irischen Bevölkerung katholisch ist. Aufgrund dieser Tatsache ist die Unterstützung der Church of Irland auch relativ gering, andererseits ist die Church of Irland eine sehr lebendige Kirche, die in der Anglikanischen Gemeinschaft eine bedeutende Rolle spielt.

Die Church of Scotland

Die Church of Scotland ist presbyterianisch, nicht anglikanisch, weil die Reformation in den beiden Ländern unterschiedlich verlaufen ist. Obwohl die schottische Geschichte sich zumindest bis zur Vereinigung der Parlamente im Jahre 1707 unterscheidet, kam es auch in Schottland im 18. und 19. Jahrhundert zu religiösen Spaltungen, vor allem innerhalb der presbyterianischen Kirche. Bis 1929 hatten die meisten dieser getrennten Gruppen in einer Wiedervereinigten Kirche zusammengefunden. Einige Splittergruppen in verschiedenen Kirchen blieben jedoch getrennt.

Im Vergleich zur Church of England war die finanzielle Ausstattung der Kirche von Schottland im Mittelalter geringer. Klöster waren aufgelöst und deren Erträge an die schottische Krone übertragen worden. Die Anzahl der Bischofssitze war geringer. Die unzugänglicheren Teile des zentralen Hochlands und einige der abgelegenen Küstengebiete waren im 16. Jahrhundert noch kaum evangelisiert worden.

Die Haupteinnahmequelle für Geistliche war der Zehent, der in Schottland „Teind" genannt wurde. Wie in England gab es Anfang des 19. Jahrhunderts örtlichen Widerstand dagegen, doch kam es zu keiner vergleichbaren Reform. Im Jahre 1843 verließ eine große Gruppe von Geistlichen und Ältesten die Kirche in einem historischen Ereignis, das unter dem Begriff „Disruption" bekannt wurde. Sie wollten, dass ein staatliches Gesetz erlassen wird, das es einem Geistlichen verbietet, die Beauftragung zu einem Pfarrdienst zu erhalten, wenn er zwar vom Patronatsherren unterstützt wird, die Mehrheit der Pfarrangehörigen ihn aber ablehnt. Das Kirchenpatronat war in der Church of Scotland erst 1712 von Königin Anne wieder eingeführt worden, um die Kontrolle der Aristokratie über die Kirche zu stärken. Der Zivilgerichtshof (das schottische Höchstgericht) entschied, dass dies faktisch ein Vergehen gegen das Eigentumsrecht sei und dass die Generalversammlung bei dieser Gesetzgebung über ihre Befugnisse hinausgegangen sei. Diese Entscheidung wurde vom Oberhaus in einem Berufungsverfahren bestätigt. Auch die damalige Regierung war nicht daran interessiert, die Gesetzgebung zu revidieren.

Die Free Church of Scotland, die daraus hervorging, stand vor der Aufgabe, genug Geld aufzubringen, um neue Kirchen zu bauen und die Gehälter der Geistlichen zu zahlen. Sie wurde zur ersten Kirche des Landes, die einen zentralen Fonds zur Unterstützung der Geistlichen und zum Bau von Kirchen einrichtete. Die finanziellen Erfolge in den ersten fünf Jahren nach 1843 waren beeindruckend. Sie zeigten die starke Unterstützung der Mittelklasse für die Kirche. Die Church of Scotland war gezwungen, einem ähnlichen Muster zu folgen, um den Unterhalt der Geistlichen zu bezahlen und Kirchen in neuen Gegenden bauen zu können. Viel früher als das bei der etablierten Kirche südlich der Grenze der Fall war, überstieg der Anteil des Einkommens, den die Kirche durch Spenden der Gemeinden akquirierte, jenen Teil, der aus Stiftungen inklusive des Zehents stammte.

Als die Church of Scotland sich mit der United Free Church of Scotland, wie sie sich nun nannte, wieder vereinigte (nachdem die Mehrheit der Free Churches und die United Presbyterians sich im Jahre 1900 schon vereinigt hatten), stellte die Ordnung der Kirchenfinanzen eines der entscheidendsten Probleme dar. Es wurde viel darüber diskutiert, wie die Church of Scotland völlige Kontrolle über ihre eigenen Finanzen erhalten könnte und in der Folge auch darüber, wie die Kirche von jenen finanziell abzufinden sei, die verpflichtet waren, den Zehent zu zahlen. Mit dem „Church of Scotland (Estates) Act" von 1925 wurde ein Kompromiss erzielt, der allerdings nicht jedermann in den Free Churches zufrieden stellte und dazu führte, dass einige Kirchengemeinden die Vereinigung nicht mitmachten. Im Wesentlichen bestand er darin, dass der Kirche mehr Zeit zugestanden wurde, die Abfindungen zu zahlen, statt die gesamte Geldsumme auf einmal aufbringen zu müssen. Das Land stand kurz vor einer wirtschaftlichen Rezession. Im Laufe der Zeit bewirkte die Verordnung jedoch genau das, was beabsichtigt war, und die Kirche hat heute völlige Kontrolle über ihre Finanzen. Die Wiedervereinigung fand übrigens im Jahre 1929 statt.

Baptisten in England, Wales und Schottland

Baptistische Kirchengemeinden sind unabhängig und erkennen auch keine Autorität außer ihrer lokalen Kirchengemeinde an. Dies bedeutete, dass sie von Anfang an finanziell auf sich selbst gestellt waren, um ihre Gotteshäuser zu bauen oder um einen Pastor zu bezahlen. In England und in Wales – nicht aber in Schottland, denn dort gab es erst ab dem späten 18. Jahrhundert baptistische Kirchengemeinden – gab es zur Unterstützung und Förderung einzelner Gemeinden ab dem 16. Jahrhundert Bündnisse zwischen baptistischen Kirchengemeinden in den einzelnen Grafschaften. Damals war aber finanzielle Hilfe nicht vorgesehen. Die Unterstützung bestand im Allgemeinen darin, dass Seelsorger anderer baptistischer Kirchengemeinden an der Amtseinführung eines neuen Seelsorgers teilnahmen.

Im Zuge der evangelikalen Erneuerung im 18. Jahrhundert kam es sowohl in England als auch in Schottland zur Gründung von Gesellschaften zur Missionierung des eigenen Landes („Societies for Home Missions"). Diese hatten die Aufgabe, Predigern bei der Gründung neuer Gemeinden und auch beim Sammeln von Geldern für neue Kirchenbauten behilflich zu sein. Dies führte zu veränderten Beziehungen unter den Gemeinden. Denn wenn die Missionsgesellschaft einen Prediger bezahlte, dann konnte diese und nicht die örtliche Gemeinde entscheiden, wie lange der Prediger im Amt blieb. Wenn die Gesellschaft einer Gemeinde Geld zur Verfügung stellt, um ein Gotteshaus zu bauen, dann musste das Geld über Jahre hinweg zurückgezahlt werden. Es wurden also Verpflichtungen zwischen der lokalen Gemeinde und der Gesellschaft geschaffen, die die Unabhängigkeit der örtlichen Gemeinde einschränkten. Wenn jedoch eine Gemeinde erfolgreich aufgebaut worden war und sich selbst erhalten konnte, dann blieb ihr nur mehr die Verpflichtung, ihre Schulden abzuzahlen.

Die Baptistische Union von Großbritannien wurde 1832 gegründet, die aber keinerlei legislative Macht besaß. Obwohl die Societies for Home Missions in die Union integriert wurden, übte sie auf keine andere Weise Macht auf die einzelnen Gemeinden aus. Sie bevollmächtigte oder approbierte nicht einmal Seelsorger für baptistische Kirchen. Nichtsdestotrotz wurde damit der Grundstein für die moderne Konfessionsbürokratie gelegt. Ende des 19. Jahrhunderts hatte die Baptistenunion einen vorbildlichen Treuhandvertrag aufgesetzt, der es Baptistenkirchen erlaubte, ihr Vermögen sicherzustellen. Als die staatliche Gesetzgebung es juristischen Personen ermöglichte, Unternehmenstreuhänder für Vermögen zu werden und damit die Notwendigkeit wegfiel, einzelne Treuhänder im Todesfall oder wegen eines Kirchenaustritts oder eines Umzuges zu ersetzen, machten sich die baptistischen Gemeinden einer Grafschaft dies zunutze und wurden zu juristischen Person umgewandelt. Die Baptisten-Union sammelte außerdem finanzielle Mittel, um Predigerwitwen und deren Kindern zu helfen. In weiterer Folge entstand ein Pensionssystem für Prediger, das einsprang, wenn eine Gemeinde das Gehalt für ihren Pastor und die Pension für dessen Vorgänger nicht zahlen konnte.

Auch im 21. Jahrhundert sind die Baptistengemeinden noch immer dafür zuständig, für die Gehälter und Pensionen ihrer Seelsorger aufzukommen. Diese müssen sich an keinen staatlichen Gehaltsschemata orientieren. Die Gemeinden unterstützen finanziell nach ihrem eigenen Gutdünken und nach ihren Möglichkeiten die Arbeit der Union.

Die kongregationalistische Föderation und der evangelikale Bund der kongregationalistischen Kirchen

Die Mehrheit der kongregationalistischen Kirchen, die 1972 nicht der Vereinigten Reformierten Kirche beitraten, gründeten die „kongregationalistische Föderation" („Congregational Federation"). Diese setzte vielfältig das Ethos der alten, 1831 gegründeten kongregationalistischen Union von England und Wales fort. Wie die Baptistengemeinden waren auch diese Kirchen in ihrer kirchlichen Organisationsstruktur unabhängig. Folglich ist jede Gemeinde für ihre Finanzen verantwortlich. Dies bedeutet, dass sie das Gehalt des Pastors zahlen und ebenfalls einen Beitrag in den Pensionstopf der Föderation einzahlen. Festgelegt ist ein empfohlener Mindestgehalt, aber dieser ist einerseits nur eine Empfehlung und andererseits nur ein Mindestbetrag. Es gibt eine kleine nationale Organisation, die neben der Missions-, der Jugend- und Kinderarbeit und des Pensionsplans auch noch für diese Aufgaben zuständig ist. Auf Grund der Mitgliedschaft von nicht mehr als 149 Gemeinden ist ihr Betätigungsfeld aber begrenzt.

Etwas weniger Mitglieder zählt der „Evangelikale Bund der kongregationalistischen Kirchen" („Evangelical Fellowship of Congregational Churches"). Dieser ist geprägt von einer stark konservativen, evangelikalen theologischen Basis. Ihre nationale Organisation ist noch kleiner, und ihre Gemeinden sind finanziell komplett unabhängig. Pastoren müssen sich selbst um ihre Pensionsversicherung kümmern.

Die schottische Episkopalkirche („The Episcopal Church of Scotland")

Bis zum Jahr 1690 gab es in der Church of Scotland trotz ihrer grundsätzlich presbyterianischen Verfasstheit auch Zeiten, in der sie Bischöfe hatte. Ab 1690 jedoch war sie eindeutig eine presbyterianische Kirche. Lange Zeit im 18. Jahrhundert war der Episkopalismus gesetzlich verboten, da dessen Mitglieder nach ihrer Flucht aus England politisch Jakobiter/innen waren, das heißt Anhänger/innen James II. (Jakob II.) und seiner Familie. Wie die protestantischen Nonkonformisten in England nach 1662 nicht verschwanden, so verschwanden auch die schottischen Episkopalen nicht. Ab dem 19. Jahrhundert, nachdem die Gefahr der Jakobit/innen gebannt war, wurden sie als Teil der religiösen Landschaft Schottlands anerkannt.

Die schottischen Diözesen blieben seit dem Mittelalter dieselben. Ihre Kirchenverfassung war aber von der englischen sehr verschieden. Ihre Bischöfe wurden nicht vom König ernannt, sondern in der Diözese von einem Wahlgremium gewählt. Es gab keine an den Kathedralen residierenden Archidiakone und auch kaum ansässige Domherren. All dies bedeutet, dass die finanzielle Belastung der schottischen Episkopalkirche im Vergleich zu der der anglikanischen Kirche in England viel geringer war. Dies war deshalb notwendig, weil es aus der Vergangenheit keine vererbten Stiftungen gab und die Kirche daher komplett von den finanziellen Zuwendungen der Pfarrmitglieder abhing. Sie erhielt allerdings die Unterstützung einer Reihe von reichen Landbesitzern aus den unterschiedlichen Teilen Schottlands und daher war die finanzielle Unterstützung proportional zur ihrer Mitgliederzahl größer als gedacht. Die Kirche konnte jedoch keine der mittelalterlichen Kathedralen behalten. Diese gingen in den Besitz der Church of Scotland über. Daher musste die schottische Episkopalkirche neue bauen.

Die schottische Episkopalkirche hatte im 20. Jahrhundert einen schlanken nationalen Verwaltungsapparat, der jedoch auch finanziert werden musste. Es gelang ihr aber, einen eigenen Pensionsfonds und auch ein einheitliches Gehaltsschema für die Priester des Landes zu schaffen, die unabhängig von den Auflagen eines Mäzenatentums und von mittelalterlichen Unterstützungssystemen sind. Allerdings gelang es nicht, eine gleichmäßige Unterstützung der Kirchen im ganzen Land zu gewährleisten und man bemühte sich nicht einmal darum.

Methodismus

Der britische Methodismus ist das Pendent zum deutschen Pietismus. Nach John Wesleys Tod im Jahre 1791 wurden sich die Anhänger Wesleys allerdings allmählich bewusst, dass sie eine eigenständige Glaubensgemeinschaft geworden waren. Obwohl die Methodist/innen in der Tradition Wesleys die größte methodistische Gruppe waren, verfolgten alle methodistischen Kirchen eine ähnliche finanzielle Strategie. Seit 1932 ist der Großteil der Methodisten in England, Schottland und Wales in der methodistischen Kirche Großbritanniens zusammengeschlossen.

Bereits zu Beginn des in der Tradition John Wesleys stehenden Methodismus wurde erwartet, dass Mitglieder einer „Klasse" wöchentlich einen Beitrag zahlen, um die Wanderprediger zu unterstützen. Die „Klasse" war eine Untergruppe einer methodistischen Gemeinde. Mehrere „Klassen" bildeten eine Gemeinde. Mehrere Gemeinden wurden wiederum zu Kirchenbezirken zusammengefasst. Diese Organisationsform war ein wichtiger Bestandteil des Methodismus. Deshalb kümmerten sich methodistische Kirchen im Gegensatz zu den anderen Kirchen von Anfang sorgfältig um statistische Daten. Die anglikanische Kirche etwa sammelte überhaupt keine statistischen Informationen. Die baptistischen und die kongregationalistischen Kirchen erfassten ab dem 19. Jahrhundert meist einmal jährlich Mitgliederdaten.

Die wöchentlichen Beitragszahlungen erhöhten sich mit der Zeit, um weitere Aktivitäten der methodistischen Kirchen auf nationaler Ebene zu finanzieren, z. B. die Missionen in Übersee, die theologische Ausbildung, die Finanzierung von Kirchengebäuden und der Pensionen von Wanderpredigern, die nicht mehr in der Lage waren herumzureisen, und ihrer Witwen und Kinder. Wie auch in anderen nonkonformistischen Kirchen war es zu Beginn üblich, Gotteshäuser, die im Eigentum von Laienmitgliedern der Kirche waren, zu mieten. Im Laufe des 19. Jahrhunderts wurde der Wunsch immer deutlicher, Gotteshäuser in Kirchenbesitz zu übernehmen, so dass diese gemäß eines üblichen Treuhandvertrages verwaltet werden konnten und permanent im Eigentum der methodistischen Kirche blieben. Dessen ungeachtet wurden in der Praxis viele Gotteshäuser mit Mitteln von einflussreichen Laien oder von Banken gebaut. Eine der Hauptbeschäftigungen dieser Kirchengemeinden bestand dann darin, diese Schulden zurückzuzahlen. Dies war in Zeiten, bevor örtliche Banken zu nationalen (und jetzt internationalen) Wirtschaftsunternehmen zusammengeschlossen wurden, leichter, weil damals vor Ort, wo sich die Entscheidungsträger gegenseitig gut kannten, taktvoller mit den Leuten umgegangen wurde.

Heutzutage müssen jährlich alle Kirchengemeinden einen Beitrag an den Kirchenbezirk zahlen. Dieser Beitrag wird vom Bezirk basierend auf der Mitgliederzahl der einzelnen Gemeinde und auf den vorhandenen Ressourcen festgelegt. Diese Gelder decken den Beitrag des Bezirkes ab, den dieser für das nationale Kirchenbudget zu leisten hat. Gleichzeitig sind die Gemeinden dafür zuständig, ihre Gotteshäuser zu erhalten. Die Gelder dafür kommen aus der sonntäglichen Gottesdienstkollekte.

Pfingstkirchen und Freikirchen (Community Churches)

Diese Kirchen sind größtenteils eine Entwicklung des 20. Jahrhunderts, aber sie sind in Großbritannien weit verbreitet. Es ist schwierig, generelle Aussagen über ihre finanzielle Praxis zu machen, weil es große Unterschiede hinsichtlich ihrer nationalen Organisation gibt. Meistens jedoch ist jede Gemeinde ähnlich den baptistischen und kongregationalistischen Kirchen finanziell unabhängig. Dies bedeutet, dass ihr Budget vollkommen vom Reichtum der Gemeindemitglieder abhängt und sogar die Gehälter der Geistlichen nach dem jeweiligen örtlichen Vermögen variieren. Weit verbreitet ist die Tradition des Zehnten oder Zehent, d. h. Gemeindemitglieder geben ein Zehntel ihres Gehalts der Kirche. Daher sind auch

Gemeinden mit vergleichsweisen armen Mitgliedern im Vergleich zu anderen Kirchen, wo im Durchschnitt weniger großzügig gespendet wird, finanziell recht gut ausgestattet.

Presbyterianische Kirche von Wales

Ursprünglich hieß die presbyterianische Kirche von Wales calvinistisch-methodistische Kirche, weil die theologische Ausrichtung der Mehrheit der walisischen Methodistenkirche viel stärker vom Calvinismus als von John Wesleys gemäßigtem Arminianismus geprägt war. Ihre synodale Kirchenstruktur und ihre (spätere) theologische Ausrichtung führte jedoch zu der Erkenntnis, dass sie viel mehr mit den Presbyterianern als mit dem Rest der britischen Methodisten gemeinsam hätten und brachte eine Namensänderung. Daher gleicht auch ihre Finanzstruktur sehr der zentralisierten Form der presbyterianischen Kirche, obwohl man auch anerkennen muss, dass diese sich ohnehin kaum von jener der methodistischen Kirchen unterscheidet.

Quäker

Die religiöse Gesellschaft der Freunde oder die Quäker – unter dieser Bezeichnung sind sie eher bekannt – wurden Mitte des 17. Jahrhunderts gegründet. Sie wurden immer schon klar von den anderen protestantischen nonkonformistischen Kirchen unterschieden. Ihr Widerstand gegenüber verschiedenen sozialen Gewohnheiten, die von anderen unhinterfragt ausgeübt wurden, wie etwa das Ablegen eines Eides, das Tragen von Waffen oder das Ziehen des Huts gegenüber sozial höhergestellten Menschen, führte zunächst zu Verhaftungen und später zu wackeligen, immer gefährdeten Kompromissen mit den politischen Behörden. Folglich wurden nach 1689 bei der Erlassung von Gesetzen, welche jene Kirchen betrafen, die sich von der anglikanischen Kirche abgespalten hatten, Ausnahmeregelungen für die Quäker gemacht. Beispielsweise waren sie die einzige religiöse Institution, die sich selbst um ihre Armen kümmerte. Dies war auch der Grund, warum die Quäker von Anfang an Mitgliedsdaten sammelten. Die örtlichen Behörden sollten nämlich Bescheid darüber wissen, für wen diese Behörden zuständig waren und für wen die Gemeinschaften der Quäker. Ab 1753 gab es außerdem eigene Bestimmungen für die Eheschließungen.

Im 18. Jahrhundert änderte sich die soziale Zusammensetzung der Quäker signifikant. Ursprünglich kamen die Mitglieder aus der ärmeren Schicht der Bevölkerung. Doch nun kamen die Mitglieder vorwiegend aus der Mittelklasse und einige waren sogar reiche Bankiers, Kaufleute und Industrielle. Oft ging man davon aus, dass die hohen moralischen Ansprüche der Quäker diesen Leuten zum Wohlstand verholfen hatten. Die Quäker verwendeten die ihnen zur Verfügung stehenden finanziellen Mittel, um den Armen zu helfen. Es war bei den Quäkern nie üblich, ihren Geistlichen ein Gehalt zu zahlen. Nach dem Ersten Weltkrieg haben die britischen Quäker den eigenständigen Stand der Geistlichen überhaupt abgeschafft. Obwohl die Quäker eine recht zentralistische, nationale Struktur haben, die von den einzelnen Gemeinden finanziert wird, bleiben die meisten finanziellen Mittel vor Ort und bis auf die Spenden für wohltätige Zwecke werden sie auch in der Gemeinde verwendet.

Die Vereinigte Reformierte Kirche („The United Reformed Church")

Die Vereinigte Reformierte Kirche ist die einzige interkonfessionelle Kirche im Vereinigten Königreich von Großbritannien. Die Presbyterianische Kirche Englands und die meisten Kirchen des kongregationalistischen Bundes von England und Wales schlossen sich 1972 zusammen. Die meisten Kirchen der Gemeinschaft der „Churches of Christ" Großbritanniens und Irlands traten ihnen 1981 bei. Im Jahr 2000 folgte die Mehrheit der Kirchen des kongregationalistischen Bundes Schottlands. Ekklesiologisch gesehen kommt es hier zu einer Vereinigung von presbyterianisch verfassten und kongregationalistisch verfassten Gemeinden. In manchen Belangen, vor allem bei den finanziellen Angelegenheiten, waren die Unterschiede jedoch von jeher mehr Schein als Sein. Die kongregationalistisch organisierten Konfessionen hatten bereits erhebliche finanzielle Ressourcen auf nationaler Ebene, die von den einzelnen Gemeinden erbracht und von einem zentralen Gremium verwaltet wurden, welche oft auch erheblichen Einfluss auf die örtlichen Gemeinden hatten.

Somit wurde die theoretisch unabhängige Verfasstheit der Gemeinden durch die Praxis Lügen gestraft.

Die auffälligsten Punkte der neuen Verfassungsstruktur, die entschieden von der traditionellen kongregationalistischen Sicht abwich, betrafen die Gehälter der Pastoren und die Verwaltung des Kirchenbesitzes. Von 1972 an wurde den Pastoren ein Mindestlohn aus dem nationalen Fonds ausbezahlt. Zu diesem Fonds leisteten die einzelnen Gemeinden gemäß den entsprechenden Synodenbeschlüssen ihre Beiträge. Ursprünglich gab es zwölf Regionalsynoden, mittlerweile sind es 13. Hand in Hand mit dieser nationalen Verpflichtung, die Pastoren-Fonds zu erhalten, ging eine Verpflichtung der Gesamtkirche, jeder Gemeinde unabhängig von ihrem finanziellen Beitrag für den Fonds einen Pastor zur Verfügung zu stellen. Obwohl nach wie vor jede Kirchengemeinde ihr Vermögen eigenständig verwaltete, gab es neue Regeln für die Vermögensverwalter der Kirchen. Dies war gewöhnlich der Finanzausschuss jener Synode, zu der die Gemeinde gehörte. Musste eine Gemeinde aufgelassen werden und ihre Kirche wurde nicht mehr benötigt, fiel der Gewinn aus dem Verkauf unter Berücksichtigung bestimmter Rahmenbedingungen der betreffenden Synode zu, um die kirchliche Missionstätigkeit in anderen Teilen der Synode finanziell zu unterstützen. Wie bei den Methodisten sind auch hier die einzelnen Gemeinden dafür zuständig, ihre Kirchengebäude zu erhalten. Aber im Gegensatz zu den methodistischen Kirchen werden die Gemeindebeiträge für die gesamtkirchlichen Aufgaben der United Reformed Church in Absprache mit den einzelnen Gemeinden und nicht durch Einstufung auf höherer Ebene festgelegt. Letztlich hängt alles aber doch von den Spenden in den einzelnen Gemeinden ab, und daher wird die finanzielle Verantwortung der Individuen und der Familien hervorgehoben, damit diese bei ihrer persönlichen Finanzplanung die Anliegen ihrer Kirche entsprechend berücksichtigen.

Die Finanzierung der religiösen Tätigkeiten in Frankreich von 1802 bis heute

Jean-Pierre Moisset

Es ist wert, erklärt zu werden, warum als Gegenstand einer Studie die Finanzierung der *religiösen Tätigkeiten* gewählt wird. Der Reiz des Ausdrucks liegt in seinem inklusiven Charakter: In den Bereich der religiösen Tätigkeiten fällt nicht nur der Kult, sondern auch noch verschiedene nicht kultische Tätigkeiten, die sich im Rahmen der Konfession abspielen: Unterricht, Lernbewegungen, Pflege, Betreuung, Wohltätigkeit, Pressearbeit, Verlagswesen, Syndikalismus, usw. Diese Dienstleistungsangebote von gläubigen Verantwortlichen an ihre Anhänger haben im 19. und 20. Jahrhundert eine beachtliche Entwicklung durchlebt. Ein großes vages Umfeld von konfessionellen Werken und Bewegungen ist aufgekeimt, um sich der Herausforderung der spontanen (Säkularisation) und politisch motivierten Laizisierung zu stellen. Die Finanzierung der *religiösen Tätigkeiten* zu studieren ermöglicht, dieses vage Umfeld zu beachten, das sowohl konfessionelle Privatschulen, als auch Pfadfinderbewegungen, karitative Einrichtungen, etc. einschließt. Man steht also nur am Anfang der Schwierigkeiten, denn es ist eine Vielzahl von Organismen, deren Finanzierung in Betracht gezogen werden muss.

Der Schwierigkeitsgrad nimmt zu, sobald man entdeckt, dass die Geschichtsschreibung die Frage nur lückenhaft behandelt, trotz der bemerkenswerten Fortschritte seit den ersten – juristischen – Arbeiten von Francis Messner vor etwa dreißig Jahren.[1] Es existieren Forschungen, die sich auf die Finanzen der religiösen Institutionen in Frankreich konzentrieren, aber sie sind selten und decken nicht die Gesamtheit der Probleme ab, die dabei in Betracht gezogen werden müssen. Woran liegt dieses ge-

---

1 Francis MESSNER, Le financement des Églises. Le système des cultes reconnus (1801–1983) (Strasbourg, Cerdic Publications 1984) 259 p.

ringe Interesse? Zuallererst aus einem guten Grund: An der schwindenden wirtschaftlichen Bedeutung der religiösen Institutionen heutzutage. Die wichtigste unter ihnen – nämlich die Katholische Kirche – hat während der Französischen Revolution eine brutale materielle Herabstufung erlitten, als die Verfassungsgebende Versammlung am 2. November 1789 beschloss, die Güter des Klerus der Nation zur Verfügung zu stellen; die Einnahmen des Zehents wurden ebenfalls eingestellt. Nicht nur wurde diese Steuer- und Vermögensmacht (je nach Region sechs bis zehn Prozent der Ländereien) niemals wieder hergestellt, sondern die umliegende Gesellschaft verzeichnete in den folgenden zwei Jahrhunderten eine außergewöhnliche Bereicherung. Dies bedeutet, dass zu der Verarmung im absoluten Sinne noch eine relative Verarmung dazukommt. Wie viel gilt heute noch die materielle Großmacht, die die Katholische Kirche einst war? Wenig, sehr wenig. Das relative Desinteresse der Geschichtsschreibung hat aber gleichermaßen noch einen nicht weniger guten Grund: die getrennten Richtungen der Forschungswelt. Die Religions- und Wirtschaftshistoriker bilden zwei Untergruppen, die in Frankreich nicht miteinander in Verbindung stehen. Und da erstere kaum die Finanzen der religiösen Institutionen als Forschungsgegenstand betrachten, stoppen letztere ihre Ermittlungen an den Türen der religiösen Institutionen. Soll man wegen der Verinnerlichung einer historiographischen Abgrenzung diese Institutionen allein den Religionshistorikern zuschreiben? Wahrscheinlich, auch wenn dies keine intellektuelle Notwendigkeit befriedigt.

Unter diesen Umständen – dem Umfang der Aufgabe und den Grenzen der Geschichtsschreibung – wird der vorliegende Artikel keine gelungene Synthese des Themas, das er zur Sprache bringt, liefern können. Außerdem beschränkt er sich darauf, die prinzipiellen Aspekte der Fragestellung zu präsentieren, mit dem Verhältnis der öffentlichen und der privaten Finanzierung als gedanklichem Leitfaden. Vom geografischen Standpunkt aus wird nur das französische Festland in Betracht gezogen werden. Die Argumentation wird chronologisch aufgezogen werden: Sie unterscheidet zuerst ein Jahrhundert der gemischten Finanzierung (1802 bis 1905), dann das Fehlen – oder die Quasi-Abwesenheit – der öffentlichen Finanzierung, die darauf folgte (1905 bis 1959), und schließlich die Einführung eines neuen gemischten Finanzierungssystems, das sich vom ersten unterscheidet.

I. Hundert Jahre gemischte Finanzierung (1802 bis 1905)

Der Ursprung der am 18. Germinal des Jahres X (8. April 1802) gesetzlich festgelegten öffentlichen Finanzierung liegt im neun Monate zuvor mit dem Heiligen Stuhl unterzeichneten Konkordat. Rom und Paris hatten sich damals auf eine Lösung geeinigt, die einen Ausweg aus der materiellen Sackgasse ermöglichte, welche das Vermächtnis des Revolutionsjahrzehnts war: Im Artikel 13 verzichtete der Papst darauf, die Güter der Nation einzufordern, und im Artikel 14 verpflichtete der Staat sich, den Priestern und Bischöfen ein „angemessenes" Gehalt zuzusichern. Ursprünglich allein im Rahmen der Katholischen Kirche ausgehandelt, wurde das Prinzip durch organische Artikel, die sich auf die protestantischen Konfessionen der Reformierten und Lutheraner beziehen, auf diese ausgeweitet. Abgesehen davon existiert neben der öffentlichen Finanzierung noch die private, von deren geringerer Offensichtlichkeit nicht auf eine geringere Bedeutung geschlossen werden darf.

1. Die Prinzipien der Finanzierung anerkannter Kulte (Religionsgemeinschaften)

Das von Napoleon Bonaparte eingeführte Rechtssystem sieht bezüglich der etablierten Religionsgemeinschaften die öffentliche Finanzierung von drei Kulten (Religionsgemeinschaften) vor: des katholischen und der zwei protestantischen. Dies wirft eine erste Frage auf: Was ist überhaupt ein Kult? Bei der Definition dieses Begriffes haben sich die französischen Gesetzgeber auf die Aktivität eines katholischen Priesters in seiner Pfarrei gestützt. Auch kann man wie Emile Poulat meinen, dass der Begriff „Kult" seit der napoleonischen Gesetzgebung auf das „Leben einer Pfarre im diözesanen Rahmen" hinweist[2], das heißt, sowohl auf die Arbeit des Priesters in seiner Pfarrei, als auch auf die kirchliche Struktur, die diese Arbeit ermöglicht (Priesterseminare, Verwaltung auf Diözesanebene). Dies sind im Grunde genommen die Aktivitäten, die der Staat zu finanzieren beschließt. Ordensgemeinschaften, Schulwesen, karitative Einrich-

---

2 Émile POULAT / Maurice GELBARD (avec la collaboration de), Scruter la loi de 1905. La République française et la religion (Paris, Fayard 2010) p. 279; Émile POULAT, Notre laïcité publique. La France est une République laïque (Constitutions de 1946 et 1958) (Paris, Berg International 2003) p. 78–79.

tungen, Missionen im Ausland usw. gehören also nicht zum Kult. Diese Tätigkeiten sind von der öffentlichen Finanzierung ausgeschlossen, faktisch gibt es aber einige Ausnahmen.

Die Verteilung der vom Staat gewährten Summen auf die Kultgemeinschaften zeigt, wie sehr die Prioritäten hierarchisch aufgebaut sind. Wie es die Gesetzestexte von 1801 und 1802 voraussahen lassen, dient das Religionsbudget vor allem dazu, den Priestern ihre Gehälter zu zahlen, vor allem dem katholischen Klerus aufgrund der weit überragenden Zahl der Anhänger dieser Religion. 1807 werden von den zwölf Millionen Francs, die der Staat den Religionen bewilligt, neun Millionen an Pfarrer und Pfarrverweser gezahlt, also drei Viertel der ganzen Summe.[3] Die Geistlichen höheren Ranges sind sehr viel besser bezahlt als der Klerus auf Pfarrebene, ihre geringe Anzahl erklärt jedoch, dass die absolute Summe ihrer Gehälter viel kleiner ist.

Im Übrigen teilt sich das Kultusbudget in drei große Kategorien auf. Eine davon ist die Ausbildung des zukünftigen Klerus und der zukünftigen Nonnen, vor allem derer, die im Krankenhausdienst tätig sind. Das dabei angestrebte Ziel ist es, Kindern aus bescheidenen Verhältnissen das Studium oder den Eintritt ins Noviziat zu erleichtern. Daher rührt auch die Vergabe von Stipendien an katholische Seminaristen ab 1807, und an evangelische ab 1810. Daher kommt ebenfalls die Vergabe von Hilfen an gewisse Ordensgemeinschaften, wie die Filles de la Charité de Paris (Töchter der Nächstenliebe) oder die Sœurs de Saint-Michel, die „reuige Mädchen" aufnehmen, Mütter unehelicher Kinder, Prostituierte, straffällig gewordene Frauen. Da die Arbeit dieser Kongregationen als von öffentlichem Nutzen angesehen wird, unterstützt der Staat sie. Ein anderer Teil des Budgets ist den kultischen Gebäuden gewidmet: Den Gemeinden wird Unterstützung gewährleistet, um eine Kirche, ein Gotteshaus oder Pfarrheim zu erwerben, zu bauen oder zu renovieren. Davon ist ebenfalls ein Teil für die Gebäude der Diözese vorgesehen, das heißt für die Kathedralen, die Bischofspaläste und die Priesterseminare. In diesem Rahmen werden in der Mitte des Jahrhunderts die Restaurierungsarbeiten von

---

3 Charles-Marie JOURDAIN, Le budget des cultes en France depuis le concordat de 1801 jusqu'à nos jours (Paris, Hachette 1859) p. 292–293. Cette étude est reproduite en fac-similé dans les actes de la journée d'études du 30 janvier 2006; Jean-Michel LENIAUD (textes rassemblés par), Le budget des cultes (Paris, École des chartes 2007) 231 p.

Notre-Dame de Paris finanziert, mit denen Lassus und Viollet-le-Duc betraut werden, für einen jährlichen Betrag von bis zu 500.000,-- Francs. Ein letzter Teil des Budgets dient schließlich dazu, Priestern, Pastoren oder Nonnen in Not Hilfen zukommen zu lassen. Auf diese Weise kann der Staat einen durch Arbeitsunfähigkeit verursachten Ausfallbetrag kompensieren, sich für einen Gefallen revanchieren, oder auch einmalige Kosten abdecken.

Zu diesen Mitteln auf Staatskosten kommen jene dazu, die von den örtlichen Versammlungen gewährt werden. In den Stadtverwaltungen sind Gelder für die Kultgebäude und die Wohnung des Priesters oder Pastors vorgesehen. Oft wird das Einkommen des Geistlichen durch einen derartigen Gehaltszuschlag vervollständigt. Schließlich können sie zwischen Geldern zugunsten von karitativen Einrichtungen und von Schulen wählen, je nach deren Nutzen für die Allgemeinheit. Auf diese Weise gewährt die Stadt Bayonne der *Hébéra*, das heißt der lokalen jüdischen Wohlfahrtsgesellschaft, zwischen 1872 und 1889 jährliche Subventionen zwischen 1.000,-- und 1.500,-- Francs.[4]

Auf höherer Administrationsebene finanziert der Rat (das oberste Exekutivorgan) eines Departments die Gebäude der Diözese. Er kann den Bischöfen, den Generalvikaren oder den ordentlichen Chorherren eine Gehaltserhöhung sowie finanzielle Hilfen zuteil werden lassen. Insgesamt sind diese Finanzierungen auf Departement- und Stadtebene weniger offensichtlich (und den Historikern weniger bekannt) als jene des Staates. Sie unterliegen außerdem starken lokalen Variationen, je nach dem guten Willen der Administratoren. In großen Städten können sie beachtliche Summen erreichen.

2. Eine den politischen Risiken unterliegende öffentliche Finanzierung

Die politische Instabilität im Frankreich des 19. Jahrhunderts wirkt sich auch auf die öffentliche Finanzierung der Religionen aus. Mit der Restauration (1814 bis 1830) erlebt diese Finanzierung ein erstes Goldenes Zeitalter. Das politische System erhebt den Katholizismus zur Staatsreligion

---

4 Anne BENARD-OUKHEMANOU, Une communauté et ses notables: les juifs de Bayonne (1808–1913), thèse pour le doctorat d'histoire dirigée par Paul Butel, université Bordeaux 3, 1999, p. 471.

und stimmt einem finanziellen Aufwand zu, der die Ausgaben zugunsten der Religion von 17,3 Millionen Francs (F) im Jahre 1813 auf 35,6 Millionen (F) im Jahre 1829 steigen lässt.[5] Die Gehälter aller katholischen Geistlichen werden angehoben: die der Bischöfe steigen von 10.000,-- F pro Jahr auf 15.000,-- F, die der Domherren wird in zwei Schritten von 1.000,-- F auf 1.500,-- F gehoben; und weiter unten in der Rangfolge wird das Gehalt der Pfarrverweser vier Mal angehoben und steigt von 500,-- F auf Summen, die je nach Alter zwischen 800,-- und 1.000,-- F liegen. Obwohl der Katholizismus stark unterstützt wird, wird der Protestantismus auch nicht vernachlässigt. Die wiederhergestellte Monarchie schafft sogar einen neuen Haushaltsposten, um den Bau evangelischer Kirchen zu subventionieren, und sie gewährt tatsächlich Förderungsmittel in diesem Sinne. Zum Beweis schlägt das Büro der nicht katholischen Religionen unter der Leitung von Lainé im Innenministerium den Präfekten vor, den Bau von geeigneten evangelischen Kirchen zu beaufsichtigen. Der Minister denkt sich scheinbar, dass die Tatsache, über kein ordentliches Gotteshaus zu verfügen, ein Element fehlender Ordnung sei, dem man abhelfen müsse. 1818 liegt der bewilligte Betrag in der Größenordnung von 100.000,-- F.[6]

Mit der 1830 etablierten Julimonarchie kühlt das Verhältnis zwischen Staat und Kirche schlagartig ab. Der Katholizismus verliert nicht nur seinen Status als Staatsreligion, sondern es wird auch die Gunst des vorangegangenen politischen Systems rückgängig gemacht. Umgekehrt erreicht die jüdische Gemeinde 1831 endlich öffentliche Finanzierung. 1841, zehn Jahre später, erreicht der dem Judentum gewidmete Teil des Budgets 90.000,-- F, von denen 68.000,-- für Gehälter und 9.700,-- für die zentrale rabbinische Hochschule vorgesehen sind.[7] Zu dieser Initiative zugunsten der Juden fügt die Julimonarchie eine wichtige Verbesserung hinzu, die auch für die Evangelischen Kirchen von Gewinn sind: Die Zahl der vom Staat bezahlten Pastoren steigt in diesem Zeitraum um 31

---

5 Charles-Marie JOURDAIN, Le budget des cultes en France..., ouvr. cité, p. 291.
6 Daniel ROBERT, Les Églises réformées en France (1800–1830) (Paris, PUF 1961) p. 305–306.
7 Philippe LANDAU, Le budget des cultes israélite, 1809–1905. La lente marche vers l'égalité religieuse, dans Jean-Michel LENIAUD (textes rassemblés par), Le budget des cultes, ouvr. cité, p. 55.

Prozent.⁸ Diese kontrastierenden Entwicklungen bestätigen, dass die Regierung, die zur Katholischen Kirche ein unterkühltes Verhältnis hat, sich den religiösen Minderheiten gegenüber wohlwollend zeigt.

Während die Zweite Republik (1848 bis 1852) das bestehende Gleichgewicht kaum verändert, wird während des Second Empire (1852 bis 1870) ein neuer Anstieg der finanziellen Mittel für die Religionen verzeichnet, vor allem zugunsten der Katholischen Kirche. Zu den Gehaltserhöhungen kommt ein unübertroffener Aufwand zugunsten der religiösen Bauwerke. In dem von Baron Haussmann modernisierten Paris werden von der Stadtverwaltung beachtliche Summen bewilligt, um zwölf Kirchen in der Hauptstadt zu errichten: Saint-Augustin, Saint-François-Xavier, la Sainte-Trinité, usw. Dazu kommen sehr kostspielige Restaurierungsarbeiten von alten Gebäuden: Saint-Germain-l'Auxerrois, Saint-Leu, Saint-Étienne-du-Mont, etc.; ganz zu schweigen von den bei Eugène Delacroix, Théodore Chassériau oder Hippolyte Flandrin bestellten Fresken, Gemälden, Kirchenfenstern, Statuen und Flachreliefs. Dies geht so weit, dass im Departement Seine (Paris und Umgebung) die Finanzierung des Katholischen Kultes durch die Gemeinde jene des Staates übersteigt.⁹

Der öffentliche Geldhahn bleibt auch nach dem Sturz von Napoleon III. (1852 bis 1870) noch einige Jahre lang weit geöffnet, dann beginnt er sich in manchen Städten langsam zu schließen, wie in Paris infolge der Linksorientierung des Stadtrates am Ende des Jahres 1874. Auf staatlicher Ebene beginnt nach dem Sieg der Republikaner bei den Parlamentswahlen 1876 eine Schlankheitskur für die den Religionen zugeteilten Ausgaben. Ab dem Folgejahr sinkt die Zahl der Stipendien für Priesterseminaristen. Den Seminaristen werden 1883 definitiv keine Stipendien mehr gewährt; 1885 werden die neu eingestellten Chorherren von der öffentlichen Bezahlung ausgenommen. Die Gehälter der Bischöfe finden sich 1897 im Keller wieder. Das Budget sinkt danach weiter, um in die Abschaffung jeglicher öffentlichen Finanzierung zu münden, die am 9.

---

8 André ENCREVE, Le budget des cultes protestants à l'époque concordataire, dans Jean-Michel LENIAUD (textes rassemblés par), Le budget des cultes, ouvr. cité, p. 25.
9 Jean-Pierre MOISSET, Les biens de ce monde. Les finances de l'Église catholique au XIXe siècle dans le diocèse de Paris (1802–1905) (Pessac, Presses universitaires de Bordeaux 2004) graphique 60, p. 390.

Dezember 1905 gesetzlich beschlossen wird. Die private Finanzierung ist nunmehr die einzige.

3. Die strukturelle Bedeutung der privaten Finanzierung

Da der Gesetzgeber sich dafür einsetzt, die auf der Staatskasse lastenden Kosten zu verringern, ist es verständlich, dass die Gläubigen sich an den Kosten der Religion beteiligen müssen. Zahlreiche Finanzierungen sind in Wirklichkeit Co-Finanzierungen. Im Falle der Kultorte sieht der Staat vor, Hilfen zu gewährleisten, die die außerordentlichen Besteuerungen ergänzen, die die Kommune bestimmt hat, sowie die Spenden der Gläubigen, welche bestätigen, dass die Bevölkerung für den Bau einer Kirche oder eines Gotteshauses aktiv wird. Auf diese Art zahlen verschiedene öffentliche Akteure (Staat, Kommune, Departement) Subventionen, die den Beitrag der Gläubigen vervollständigen und den Erfolg der Projekte ermöglichen.[10]

Da gewisse religiöse Minderheiten nicht anerkannt sind, können ihre Anhänger nur auf sich selbst zählen. So entwickeln sich im Schoße des französischen Protestantismus im Laufe des 19. Jahrhunderts unabhängige evangelische Kirchen. Dies sind Baptisten- oder Methodistenkirchen, oder auch die 1849 gegründete Union der freien evangelischen Kirchen in Frankreich. Diese Minderheiten innerhalb der protestantischen Minderheit müssen die Bezahlung ihrer Pastoren sowie ihrer Räumlichkeiten auf sich selbst nehmen. Man muss hinzufügen, dass das Judentum bis 1831 in dieser Situation ist. Seit den Rechtsverordnungen von 1808 ist diese Religion nach einem zentralistischen Modell um ein Zentralkonsistorium und Departments-Konsistorien herum organisiert, welche für die jüdischen Einrichtungen (Synagogen, Gehälter der Rabbiner, Hilfsorganisationen, Schulen, Friedhöfe) sorgen. Mangels der öffentlichen Finanzierung kommen ihre Einnahmen allerdings ausschließlich von der Gemeinde.

Woraus setzt sich die private Finanzierung religiöser Tätigkeiten zusammen? Beginnen wir mit einer Ausnahme vom Beginn der Zeitspanne:

---

10 Voir la comparaison des co-financements en vue de la construction des temples et des églises dans le cadre d'un département: Nicolas CHAMP, La religion dans l'espace public. Catholiques, protestants et anticléricaux en Charente-Inférieure au XIXe siècle (Bordeaux, Fédération historique du Sud-Ouest 2010) p. 262–269.

der den Juden auferlegten Gemeinschaftssteuer zwecks der Organisation ihres Kultes angesichts der mangelnden öffentlichen Mittel. Diese (diskriminierende) Steuer ist nach der Zahlungsfähigkeit derer, die sie entrichten müssen, proportioniert, was aber nicht die zahlreichen individuellen und kollektiven Beschwerden verhindern kann.[11] Die Honoratioren der Konsistorien haben es aufgrund des Unwillens der Steuerpflichtigen manchmal schwer, das Geld einzutreiben. Deshalb bleibt das finanzielle Gleichgewicht der Konsistorien in den ersten Jahrzehnten des 19. Jahrhunderts sehr unstabil. Aus Geldmangel kommt es vor, dass gewisse Posten nicht besetzt werden. Als 1813 der große Rabbi von Metz, Joseph Gougenheim stirbt, folgt ihm auf diese Weise mehrere Jahre lang ein interimistischer „Doktor des Gesetzes", was der Metzer Gemeinde ermöglicht, das zu zahlende Gehalt zu halbieren; der Nachfolger des Rabbi Gougenheim wird erst 1821 gewählt, als der Haushalt der Gemeinde saniert ist.[12] Zehn Jahre später, also 1831, regelt die Einführung der öffentlichen Finanzierung das Problem der Bezahlung der Rabbis.

Einen großen Teil ihrer Einnahmen beziehen die religiösen Einrichtungen aus Geldsummen, die ihnen in verschiedener Form geschenkt werden. Die Kollekten, die Opferstöcke oder der Verkauf von Kerzen bringt den katholischen Kirchenfabriken zwar Geld ein, die Summen sind in Wirklichkeit aber überaus gering. In den evangelischen Kirchen ist die jährliche Kollekte unentbehrlich. Sie ermöglicht den Konsistorien, sich um die Kosten des Kultes zu kümmern, vor allem darum, den Pastoren einen Gehaltszuschlag zu zahlen, der das vervollständigt, was der Staat zahlt. In Bordeaux bringt die Osterkollekte, die die Frauen bei den Familien durchführen müssen, vor 1850 durchschnittlich beinahe 11.000,-- F pro Jahr und von 1850 bis 1890 beinahe 16.000,-- F pro Jahr ein.[13] Allgemein wird eine zusätzliche Kollekte zugunsten der protestantischen karitativen Einrichtungen organisiert, die durch Benefizverkäufe und Lotterien vervollständigt wird. Die karitativen Einrichtungen der Katholiken

---

11 Robert ANCHEL, Notes sur les frais du culte juif en France de 1815 à 1831 (Paris, Imprimerie Hemmerlé Petit et Cie 1928) p. 12–23.

12 Marianne URBAH, Le contrôle de l'administration sur les ministres du culte au XIXe siècle. *Archives juives*, n° 32/2, 2e semestre 1999, p. 102.

13 Séverine PACTEAU DE LUZE, Les protestants et Bordeaux (Bordeaux, Mollat 1999) p. 142, 184–185.

und Juden greifen auf die gleichen Finanzierungsmethoden zurück. Außerdem profitieren die religiösen Institutionen (Fabriken, Seminare, Ordensgemeinschaften, Konsistorien, Wohltätigkeitswerke, etc.) von Schenkungen und Vermächtnissen, die es ihnen ermöglichen, Renten, Ländereien oder Räumlichkeiten zu erwerben. Gewisse aristokratische oder bürgerliche Familien zeigen sich besonders großzügig, wofür ihr Name dann mit einem Kultort oder einem religiösen Werk verknüpft bleibt. Auf diese Weise erhält die protestantische Diakonie in Paris, die den Mittellosen hilft, in den 1840er Jahren wichtige Vermächtnisse von Hottinguer, Pelet de la Lozère, Delessert, Lambrecht.[14] Im Schoße der jüdischen Gemeinde sticht der Name Rothschild heraus. Die Mitglieder dieser berühmten Familie sind die größten Spender des von Napoleon gegründeten israelitischen Wohlfahrtskomitees von Paris. Sie leiten die Errichtung extrem wichtiger Krankenhäuser oder philanthropischer Einrichtungen direkt in die Wege, darunter das 1852 dank Baron James de Rothschild in Paris eröffnete l'Hôpital-Hospice-Orphelinat Fondation de Rothschild; was Henri James de Rothschild angeht, gründet er 1902 die nach ihm benannte Poliklinik.[15]

Eine vom Gesetzgeber für die Einrichtungen der Katholischen Kirche vorgesehene Geldquelle ist, dass die religiösen Handlungen von denen, die sie nutzen, bezahlt werden. So verfügt das Dekret vom 30. Dezember 1809 über die Kirchenfabriken in seinem 36. Artikel, dass die Einnahmen dieser Einrichtungen sich vor allem aus dem Preis des Verleihs von Bänken und Stühlen zusammensetzen. Ein in der Kirche angeschlagener Stuhltarif gibt an, welche Summe man bezahlen muss, um während dieser oder jener Zeremonie diesen oder jenen Platz inne zu haben: 5 Centimes, 10 Centimes, 15 Centimes, oder sogar noch mehr. Die Studie einer Stichprobe von Pariser Pfarren hat gezeigt, dass die „Stuhlmaut" im 19. Jahrhundert durchschnittlich 21 Prozent der Einnahmen der Fabriken ein-

---

14 Gabrielle CADIER, Les œuvres de l'Oratoire, dans Philippe BRAUNSTEIN (dir.), L'Oratoire du Louvre et les protestants parisiens (Genève, Labor et Fides 2011) p. 151.
15 Céline LEGLAIVE-PERANI, Le judaïsme parisien et le Comité de bienfaisance israélite (1830–1930. Archives juives, 2011/1, vol. 44, p. 37–53; Klaus WEBER, La philanthropie des Rothschild et la communauté juive de Paris au XIXe siècle. Archives juives, 2011/1, vol. 44, p. 17–36.

brachte.[16] Diese Steuer ist in den ländlichen Pfarreien noch höher, vor allem, wenn die Praxis weit verbreitet ist: von 1883 bis 1895 steigt sie auf durchschnittlich 61 Prozent in Saint-Genis-l'Argentière, das in den Bergen des Lyonnais liegt.[17] In den Synagogen müssen die Plätze ebenfalls bezahlt werden. Was die Zeremonien angeht, die einen neuen Lebensabschnitt einleiten, verschaffen sie den Fabriken sowie den Konsistorien nicht zu vernachlässigende Einnahmen, besonders in den großen Städten. Hinzu kommen die Einnahmen, die die Rentenpapiere einbringen. Das Judentum unterscheidet sich schließlich in einem wichtigen Punkt deutlich von den christlichen Religionen, nämlich den von den Konsistorien eingenommenen Steuern auf koscheres Fleisch.

Die Teilhabe der Gläubigen an der Finanzierung religiöser Tätigkeiten im 19. Jahrhundert ist strukturell zwar stark, aber unterschiedlich.[18] Der Rückzug des Staates und der lokalen Gemeinden gegen 1880 verstärkt sie nur noch.

II. Die (Quasi-)Abwesenheit der öffentlichen Finanzierung (1905 bis 1959)

Die von Napoleon Bonaparte gewünschte gemischte (öffentliche und private) Finanzierung der religiösen Tätigkeiten endet mit dem am 9. Dezember 1905 verabschiedeten Gesetz, das Staat und Kirchen definitiv trennt. Keinerlei öffentliche Subvention ist nunmehr möglich, egal ob sie von Staat, Departement oder Gemeinde kommt. Die Anpassung der religiösen Institutionen an diese neue aufgezwungene Beschränkung verläuft mehr oder weniger glücklich. Katholiken, Protestanten und Juden treten weder unter gleichen geistigen Voraussetzungen, noch mit gleichen Rechtsstrukturen in die Zeitepoche ein.

---

16 Jean-Pierre MOISSET, Les biens de ce monde. Les finances de l'Église catholique..., ouvr. cité, p. 269.

17 Françoise BAYARD, Les comptes de la fabrique à Saint-Genis-l'Argentière, 1863–1906, dans Bernard PLONGERON / Pierre GUILLAUME (dir.), De la charité à l'action sociale: religion et société (Paris, CTHS 1995) p. 275–293.

18 Claude LANGLOIS, Défense et promotion de l'identité religieuse, dans Michel AUBRUN et al. (dir.), Entre idéal et réalité. Finances et religion du Moyen-Âge à l'époque contemporaine (Clermont-Ferrand, Publications de l'Institut d'Études du Massif Central 1994) p. 353.

1. Die Anpassung der jüdischen und evangelischen Institutionen

Das Gesetz zur Trennung von Kirche und Staat betrifft prinzipiell nicht die jüdische und die protestantische Minderheit, auch wenn es derartige Befürchtungen gibt. Letztere führen außerdem Vereine ein, die nach einer Inventur die Güter der ehemals öffentlichen religiösen Einrichtungen übernehmen. Das Gesetz sieht auch die Möglichkeit vor, dass Dachverbände gegründet werden, die die einzelnen religiösen Vereine zentral verwalten.

Unter den jüdischen kulturellen Vereinigungen, die sich kurz nach der Laizisierung bilden, ist die *Association Consistoriale Israélite de Paris* (ACIP) die wichtigste: ihr Wirkungsbereich erstreckt sich auf die Synagogen und jüdischen religiösen Einrichtungen in der gesamten Pariser Region. Auf Staatsebene wird das Handeln der jüdischen religiösen Vereinigungen vom Verband der Religionsvereine in Frankreich, auch Zentralkonsistorium genannt, koordiniert, der die offizielle Organisation des französischen Judentums unter Napoleon beerbt. Da es als Repräsentant des französischen Judentums angesehen wird, ist das Zentralkonsistorium die wichtigste Einrichtung der jüdischen Gemeinde, es hat aber kein Monopol der israelitischen Religion inne. Jüdische Religionsvereine bilden sich ganz frei und unabhängig von ihm, sei es aufgrund einer besonderen religiösen, orthodoxen oder liberalen Sensibilität, sei es, um jüdische Immigranten aus Zentral- und Osteuropa um sich zu sammeln, die sich in den französischen Gemeindestrukturen nicht aufgehoben fühlen.

Die protestantische Gemeinde spaltet sich nach der Trennung von Staat und Kirche. Die reformierten Kirchen organisieren sich in zwei Hauptvereinigungen, einer liberalen und einer orthodoxen, zu denen eine dritte, in Jarnac gegründete, sowie lokale reformierte Kirchen kommen, die außerhalb aller Kirchenverbände bleiben. Diese Aufsplitterung bleibt nicht ohne finanzielle Konsequenzen. Die Geldknappheit bedroht die Liberalen eher als die Evangelischen, weil letztere in Hinblick auf die Trennung von Staat und Kirche eine „Kriegskasse" angelegt haben, während die Mitglieder der ersten weniger daran gewöhnt sind, Beiträge zu zahlen, und wenige von ihnen wohlhabend sind.[19] Als 1938 der Großteil der re-

---

19 Philippe WOLFF (dir.), Les protestants en France, 1800–2000 (Toulouse, Privat 2001) p. 58–60.

formierten Kräfte in der *Eglise Réformée de France* (ERF) versammelt ist, wird die neu eingeführte Struktur mit *Union des Associations Cultuelles de l'Église Réformée de France* betitelt. Religionsvereine, die sich weigern, der 1938 etablierten kirchlichen Disziplin beizutreten, bleiben jedoch außerhalb der *Union des Associations Cultuelles* de l'ERF.[20] Nachdem am Ende des Jahres 1918 Elsass und der Norden von Lothringen wieder an Frankreich angegliedert sind, werden die Kirchen des Nordostens nicht mit jenen im Landesinnern fusioniert. Man muss also auch noch mit den Lutheranern und Reformierten der Region Alsace-Moselle rechnen, die je über eine eigene Kirche verfügen. Erwähnt sei, dass diese beiden Kirchen dort weiterhin vom Staat und den öffentlichen Körperschaften finanziert werden, weil das System auch nach der Wiederangliederung an Frankreich beibehalten wird; die Bestimmung gilt ebenfalls für den örtlichen katholischen und israelitischen Kult.

Nach wie vor stehen Kollekten sowie Opfergaben anlässlich der Zeremonien, die einen neuen Lebensabschnitt einleiten, auf der Tagesordnung. Die große Neuerung der Zeitspanne ist hingegen die jährliche Beitragszahlung, die verlangt wird, um einem religiösen Verband beizutreten. Dies verläuft nicht problemlos, da zahlreiche Gläubige nur langsam aktiv werden. Vor diesem Problem steht zum Beispiel die *Association Cultuelle Israélite de Toulouse* (ACIT): 1957 bis 1958 zahlen nur 240 von 800 Personen, die in der Lage wären, dem Verein beizutreten, die Beiträge und ihren Obolus.[21] In den reformierten Kirchen führt das Prinzip der Beitragszahlung manchmal zur Verärgerung derer, die fürchten, dass eine Zwei-Klassen-Gemeinde entsteht, in der zwischen zahlenden und nicht zahlenden Mitgliedern unterschieden wird. Wären letztere, genannt „nicht angegliederte", nicht dem Risiko ausgeliefert, als Gläubige zweiten Ranges bezeichnet zu werden, denen der Beistand des Ministeriums eventuell nicht garantiert werden könne? Daher rührt gewisses Zögern. Die Möglichkeit einer Preisfestsetzung für pastorale Handlungen bei Taufen, Hochzeiten und Begräbnissen wird in den reformierten Kirchen in der Gironde und der Dordogne nach der Laizisierung sogar in Be-

---

20 Jean-Claude GROSHENS, Les institutions et le régime juridique des cultes protestants, (Paris, Librairie Générale de Droit et de Jurisprudence 1957) 232 p.
21 Colette ZYTNICKI, Les juifs à Toulouse entre 1945 et 1970. Une communauté toujours recommencée (Toulouse, Presses universitaires du Mirail 1998) p. 40–41, 277–278.

tracht gezogen, aber wieder verworfen, weil diese dem Katholizismus zu ähnlich gilt und als Käuflichkeit der göttlichen Gnade betrachtet würde.[22] Was die Benefizverkäufe und Lotterien zugunsten der religiösen Vereine angeht, haben sie den Nachteil der Konkurrenz unter ähnlichen Veranstaltungen, die zugunsten von karitativen Einrichtungen organisiert werden.

Die unter der deutschen Besatzung Frankreichs um ihren Besitz gebrachte und dezimierte jüdische Gemeinde ist 1945 in einer extrem schwierigen Situation. Das *American Jewish Joint Distribution Comitee* kommt den jüdischen Institutionen und vor allem dem Zentralkonsistorium zu Hilfe. Die Schaffung des *Fonds Social Juif Unifié* (FSJU, vereinter jüdischer Sozialfonds) 1949/1950 ermöglicht die Rationalisierung der Kollekten, auch wenn gewisse soziale Einrichtungen lieber unabhängig bleiben. Dieses Gebilde gewährt Subventionen und Leihgaben zugunsten der gemeinschaftlichen Werke, die sich um Unterkunft, Arbeit und die Hilfe für bedürftige Personen kümmern. Der FSJU versucht mit seiner jährlichen Kampagne auch, die französische Gemeinde mobil zu machen, damit sie den Haushaltsplan auf sich nimmt.[23]

2. Ein Neuankömmling: das Kirchgeld

Für die Katholische Kirche beginnt 1906 eine schwierige Zeitepoche. In den reichen und dicht bevölkerten Diözesen wie der von Paris hat die Aussicht, für den gesamten Klerus sorgen zu müssen, nichts Beängstigendes, da die Gläubigen ohnehin schon den Großteil der Finanzierung ihrer Religionsgemeinschaft durch verschiedene an die religiösen Feierlichkeiten gebundenen Einnahmen sichern: den Fall von außerordentlichen Zelebrationen (Heiraten, Begräbnisse), den Verleih von Kirchenstühlen, Kollekten, Almosen, Kirmessen, usw. In Diözesen, in denen zwei oder drei Problemfaktoren (Armut, schwache Besiedlung, Abwendung von der Religion) zusammenfallen, ist die Situation hingegen besorgniserregend. Um das abgeschaffte Religionsbudget zu ersetzen, füh-

---

22 Séverine PACTEAU DE LUZE, Les Églises réformées de Gironde et de Dordogne. *Bulletin de la Société de l'Histoire du Protestantisme français*, t. 151, octobre-novembre-décembre 2005, p. 666–667.
23 Bernhard BLUMENKRANZ (dir.), Histoire des juifs en France (Toulouse, Privat 1972) p. 424–425.

ren die Bischöfe das Kirchgeld ein. Diese Erhebung kommt zu den anderen Erhebungen – für den Peterspfennig, für das Œuvre de la Propagation de la Foi, das Œuvre de la Sainte Enfance, das Œuvre des bons livres, für die örtlichen Kassen für alte und pflegebedürftige Priester, für die Priesterseminare, für die „freien" Schulen, etc. – dazu. Michel Lagrée beobachtet, dass die 1900 erreichte Schenkungsstufe an das Œuvre de la Propagation de la Foi und der darauffolgende Rückgang sich vor allem aus dem Abwandern zu anderen Schenkungen innerhalb der Katholischen Kirche erklären. „Die Großzügigkeit der Gläubigen wird nun hartnäckig erbeten, sowohl für den Unterhalt des Weltklerus der Metropole, als auch für den Erhalt von privaten Grund- und weiterführenden Schulen und den Unterhalt ihrer Lehrer", bemerkt er.[24] Oft müssen sich die Geistlichen an reiche Schlossherren oder Industrielle wenden, um die für die Pfarreien, für karitative Zwecke und für die Schulen benötigten Gelder aufzutreiben.

Die Herausforderung der juristischen Formen ist nicht weniger groß als die der finanziellen Mittel. Mangels kultischer Vereine findet sich die Katholische Kirche ohne Institutionen wieder, die als juristische Einheiten gelten können. Die Bischöfe können nichts als den Besitz und die Verwaltung des kirchlichen Erbes Dritten anzuvertrauen, die rechtliche Befugnisse besitzen, aber die diversen juristischen Formationen (kirchliche Gewerkschaften, zivile Immobiliengesellschaften usw.) bieten keinerlei Garantien. Diese unvorteilhafte Lage entschärft sich durch die Abkommen und den Briefwechsel zwischen Frankreich und dem Heiligen Stuhl in den Jahren 1923 und 1924. Die Französische Republik liefert darin dem Vatikan die klaren Informationen und Zusicherungen, die ihn überzeugen, in das für die anerkannten Kulte vorgesehene Vereinssystem einzutreten.[25] In der Enzyklika *Maximam gravissimamque* vom 18. Jänner 1924 autorisiert Pius XI. die Bildung *diözesaner* Verbände, denen der Bischof vorsteht und die vom Staat anerkannt sind (dieser spricht von

---

24 Michel LAGREE, Le versement des diocèses français à l'Œuvre de la Propagation de la Foi, dans Marcel PACAUT / Olivier FATIO (dir.), L'hostie et le denier. Les finances ecclésiastiques du haut Moyen Âge à l'époque moderne (Genève, Labor et Fides 1991) p. 282.
25 Émile POULAT, Les diocésaines. République française, Église catholique: loi de 1905 et associations cultuelles, le dossier d'un litige et de sa solution (1903–2003) (Paris, La Documentation française 2007) 577 p.

kultischen Vereinen). Die 1905 geöffnete Wunde schließt sich so nach zwei Jahrzehnten. Nun kann die Katholische Kirche ihre Güter in aller Öffentlichkeit verwalten. So weit, so gut, ein großer Teil des materiellen Lebens spielt sich jedoch weiterhin auf Pfarrebene ab, ohne zum diözesanen Niveau heraufzudringen. Zudem werden die außerkultischen religiösen Tätigkeiten (Caritas-, Schul-, Bildungswerke usw.) von anderen Strukturen geschützt, die sich desto weiter verbreiten, je mehr Räumlichkeiten für die Pfadfinder, Vorstadtkapellen, Filmclubs, Ferienlager usw. errichtet werden.

Die heikle finanzielle Lage einiger katholischer Institutionen ruft die vielgestaltige Fürsorge des Vichy-Regimes hervor, das den Beschwerden von katholischer Seite große Aufmerksamkeit schenkt. In der Diözese von Paris entlastet die Regierung des Marschalls Pétain die diözesane Vereinigung, indem sie sich 1941 bereit erklärt, sich finanziell an der Fertigstellung der Baustellen des Kardinals zu beteiligen. Um das angekündigte Ziel, den arbeitslosen Künstlern zu helfen, zu erreichen, bewilligt das Generalsekretariat der Schönen Künste außerdem eine Summe von vier Millionen Francs zur Schaffung von Wandmalereien, Tapeten und Skulpturen für achtzehn neu gebaute Kirchen.[26] Mit dem Gesetz vom 25. Dezember 1942 unterstützt die Regierung auch nachhaltig die kultischen Vereine. Dieses Gesetz erklärt sie zu juristischen Personen, was ihnen erlaubt, Schenkungen und Vermächtnisse zu erhalten. Obendrein erlaubt sie die Abstimmung über öffentliche Subventionen, um kultische Bauwerke zu reparieren, unabhängig davon, ob diese als historische Monumente eingestuft werden oder nicht. Dies kommt einem „Verstoß gegen das Prinzip der Nicht-Subventionierung" nahe.[27] Schließlich erhalten die Bistümer auf Ebene der Departments vom Vichy-Regime noch eine Reihe von Hilfsmaßnahmen zugunsten der Privatschulen, die in ihrer überwiegenden Mehrheit katholisch sind.

---

26 Jean-Pierre MOISSET, Aspects des finances diocésaines en France au XXe siècle. *Cristianesimo nella Storia*, 2012, n° 3, p. 675–714.
27 Louis DE NAUROIS, La non-confessionnalité de l'État en droit français, dans Études de droit et d'histoire. Mélanges Mgr H. Wagnon (Louvain, Bibliothèque centrale de l'UCL / Faculté internationale de droit canonique 1976) p. 252.

3. Die Finanzkrise des katholischen Schulwesens

1945 werden die vom Vichy-Regime eingeführten finanziellen Hilfen abgeschafft. Für die katholischen Privatschulen beginnt nun eine Epoche großer finanzieller Schwierigkeiten. Das private Schulsystem hat sich seit dem Ende des 19. Jahrhunderts entwickelt, um eine Alternative zum öffentlichen anzubieten, das 1882 laizisiert wurde. Während die Protestanten und Juden ihre Schulen sozusagen ins öffentliche Bildungssystem integriert haben, hat sich das katholische Schulaufgebot weit ausgebreitet, besonders in den Hochburgen des Katholizismus, wie zum Beispiel der Bretagne. Im Schuljahr 1957/58 unterrichten katholische Schulen 18 Prozent der Schüler in Frankreich.

Wie soll dieses mächtige Netzwerk finanziert werden? Da die Beziehungen zwischen Staat und privaten Bildungseinrichtungen nicht durch ein umfassendes Gesetz geregelt sind, variiert die Situation je nach Einrichtung. Grundschulen dürfen keine öffentliche Subvention bekommen (Goblet-Gesetz, 1886), wohingegen weiterführende Schulen bis zu einer Grenze von 10 Prozent ihrer Ausgaben unterstützt werden können (Falloux-Gesetz, 1850). Die Fachschulen befinden sich in einer besseren Lage, da ihnen öffentliche Subventionen gestattet werden können, sobald sie vom Staat anerkannt sind (Astier-Gesetz, 1919), was auch für höhere Bildungseinrichtungen gilt, da das betreffende Gesetz zu diesem Thema schweigt (Laboulaye-Gesetz, 1875). Das private Bildungswesen bekommt also von Seiten der politischen Machthaber nur eingeschränkte Finanzierungshilfen.[28] Insofern ist die finanzielle Unterstützung der Familien entscheidend. Zu Beginn kommt es nicht selten vor, dass ein reicher Großgrundbesitzer das Gelände, auf dem die zukünftige Schule errichtet werden soll, zur Verfügung stellt. Dann muss gebaut und hierfür weiterhin die Großzügigkeit der Gönner gewonnen werden, ja sogar die eigenen Ärmel müssen hochgekrempelt werden, um zu möglichst geringen Kosten zu bauen. Ist das Gebäude einmal fertig, darf die Geldaufbringung nicht nachlassen, denn es müssen Möbel gekauft, Lehrkräfte bezahlt, Räumlichkeiten instandgehalten, Rechnungen usw. bezahlt wer-

---

28 Bruno POUCET, Le financement du secteur privé d'éducation au XXe siècle, dans Jean-François CONDETTE (dir.), Le coût des études. Modalités, acteurs et implications sociales, XVIe–XXe siècle (Rennes, PUR 2012) p. 141–154.

den. Da das von den Eltern gezahlte Schulgeld normalerweise nicht ausreicht, müssen die Geistlichen, die Lehrer, die Eltern, die ehemaligen Schüler und manchmal auch Unternehmen aktiv werden, um das Bestehen der Schule in ihrem Dorf oder ihrem Stadtviertel zu sichern. Die jährlich von der Einrichtung veranstaltete Kirmes symbolisiert, auf welche Weise Klerus und Laien ihre Schule unterstützen.

Die zwei Gesetze „Marie" und „Barangé" verbessern 1951 die sehr herabwürdigende Lage für die Leitung katholischer Einrichtungen. Das erste erlaubt den Schülern von katholischen Privatschulen, Stipendien zu beziehen; das zweite gestattet die Zahlung von Beihilfen an Schüler beider Bildungssektoren, dem öffentlichen wie dem privaten. Trotz dieser Unterstützung leiden die katholischen Bildungseinrichtungen weiterhin unter schwerer Geldknappheit. Daraus resultiert ein beachtlicher Gehaltsunterschied zwischen den Lehrkräften des öffentlichen und des privaten Sektors, zum Nachteil letzterer. Obendrein machen steigende Schülerzahlen und der Bedarf, der sich in den Vororten entwickelt, Investitionen erforderlich, die sehr schwer sicherzustellen sind. Man braucht immer mehr Geld, um mehr Schüler aufzunehmen, um neue Fachrichtungen einzuführen, um sich in neuen Stadtvierteln niederzulassen. Die Situation ist untragbar. Als 1958 General de Gaulle wieder an die Macht kommt, bestehen auf katholischer Seite immense Erwartungen bezüglich einer öffentlichen Finanzierung der Privatschulen.

III. Eine neue gemischte Finanzierung, anders als die erste (1959 bis 2013)

Am 1. Juni 1958 wird General de Gaulle Präsident des Rates der Vierten Republik. Er schlägt dem französischen Volk erfolgreich eine neue Verfassung vor, die die Fünfte Republik begründet, und die Parlamentswahlen im November sichern ihm eine sehr breite konservative Mehrheit zu. Für die Beziehungen zwischen Staat und Religionsgemeinschaften beginnt eine neue Ära. Zwar wird der laizistische Charakter der Französischen Republik auch in der neuen Verfassung zugesichert, der neue Präsident dieser Republik versteht es jedoch, den Laizismus zu praktizieren, indem er sich gegenüber der Katholischen Kirche und indirekt gegenüber den Religionsgemeinschaften wohlwollend zeigt. Dadurch gewinnt die öffentliche Finanzierung der religiösen Tätigkeiten wieder an Boden.

1. Die öffentliche Finanzierung der katholischen Privatschulen

Die im November 1958 gewählte Nationalversammlung lässt sich mehrheitlich für die Idee begeistern, die private Schulbildung zu unterstützen. Dieser Wunsch geht mit dem Gesetz vom 31. Dezember 1959, benannt Debré-Gesetz, in Erfüllung. In diesem Text schlägt Michel Debré den privaten schulischen Einrichtungen eine Hilfe vor, deren Voraussetzung ein Vertrag mit dem Staat ist. Betroffen sind die Grund-, die weiterführenden und die Fachschulen. Ihnen werden zwei Arten von Vertrag angeboten: Der einfache Vertrag sieht die Bezahlung der Lehrer und die Möglichkeit vor, dass sich die Kommunen an den Ausgaben der Einrichtungen beteiligen; der Beteiligungsvertrag bringt zur Bezahlung der Lehrer weiters, dass der Staat die Betriebskosten der Einrichtung bezahlt. Es wird also nicht alles übernommen. Die Familien müssen weiterhin einen gewissen Anteil der Kosten mittragen: Betreuung, Halbpension, Internat, Religionsunterricht, religiöse Übungen, Investition in Immobilien, Erwerb von Schul- und Sportanlagen, Betriebskosten der Privatschule. Dennoch ist das Debré-Gesetz eine Sauerstoffblase, die das katholische Schulsystem vor dem Erstickungstod bewahrt.

Als Gegenleistung verpflichtet der Beteiligungsvertrag dazu, den Unterricht nach den Regeln und Lehrplänen des öffentlichen Unterrichtswesens zu erteilen (Art. 4). Was den einfachen Vertrag betrifft, bedeutet er die pädagogische und finanzielle Kontrolle des Staates (Art. 5). Deshalb fürchten zahlreiche katholische Verantwortliche eine Dominanz durch den Staat bei Annahme des Geldes, mit der Perspektive eines Freiheitsverlustes und eines Verlustes der religiösen Substanz der unter Vertrag stehenden Schulen. Dies bringt die Mehrheit der Einrichtungen aber nicht davon ab, nach und nach den einen oder den anderen Vertrag zu unterschreiben, trotz des anfänglichen Misstrauens.[29]

Vor dem Debré-Gesetz bezog das private Bildungssystem schon gewisse öffentliche Finanzierungshilfen. Das Barangé-Gesetz zum Beispiel

---

29 Edmond VANDERMEERSCH, École: Église et laïcité. Souvenirs autour de la loi Debré (1960–1970) (Paris, L'Harmattan 2008) 173 p.

hatte die seit 1886 vorherrschende öffentliche Nicht-Finanzierung der Grundschulbildung abgeschafft. Mit dem Debré-Gesetz wird jedoch eine Schwelle überschritten. Von nun an wird die private Schulbildung vor allem durch öffentliche Fonds finanziert, und die damit in Zusammenhang stehenden Einrichtungen sind größtenteils katholisch. Diese entscheidende Entwicklung deutet darauf hin, dass der Laizismus, so wie er durch die Regierung de Gaulle praktiziert wird, einen erheblichen Richtungswechsel eingeschlagen hat. Das CNAL (Comité National d'Action Laïque) stellt sich entschlossen quer. Der Slogan „Für staatliche Schulen staatliche Fonds, für private Schulen private Fonds" ist das Leitmotiv der Gegner des Gesetzes, das sie als Widerspruch zur laizistischen Tradition in Frankreich sehen. Trotz der lebendigen Opposition, die es hervorgerufen hat, ist das Debré-Gesetz immer noch gültig.

2. Kaum Subventionen außerhalb des Schulwesens?

Die Aufmerksamkeit der Zeitgenossen konzentriert sich auf das Schulwesen, allerdings verzeichnen die Gesetzgebung und die praktische Umsetzung im strikt kultischen Bereich eine Entwicklung, die in die gleiche Richtung geht. Der Ursprung dieser Entwicklung findet sich im Entstehen großer Wohnkomplexe am Rand der Großstädte. Für die Katholische Kirche ist es unerlässlich, rechtzeitig nachzuziehen, um zu vermeiden, dass die Einwohner der neuen Stadtviertel „schlechte Angewohnheiten" entwickeln: den Gottesdienst nicht zu besuchen, ihre Kinder nicht zum Katechismusunterricht zu schicken. Es müssen also so schnell wie möglich Kirchen und Pfarrsäle in den vorrangig auszubauenden Stadtgebieten, die aus dem Boden schießen, errichtet werden.[30] Die Schwierigkeit ist wieder einmal finanzieller Natur: seit 1905 kann die katholische Kirche nicht mehr auf öffentliche Subventionen zugunsten ihrer kultischen Tätigkeiten zählen. Deshalb ersuchen das Sekretariat der Bischöfe und seit seiner Gründung im Jahre 1961 auch das CNCE (Nationalkomitee für Kirchenbau) die Autoritäten in Politik und Verwaltung um bessere Be-

---

30 Jacqueline LALOUETTE / Christian SORREL (dir.), Les lieux de culte en France, 1905–2008 (Paris, Letouzey & Ané 2008) 380 p. ; Olivier CHATELAN, L'Église et la ville. Le diocèse de Lyon à l'épreuve de l'urbanisation (1954–1975) (Paris, L'Harmattan 2012) 271 p.

dingungen zur religiösen Ausstattung und vor allem um bessere Kreditvoraussetzungen. Msgr. Gouet freut sich 1960 über den „guten Willen" und die „Hilfsbereitschaft", die seinen Ideen entgegenkommen.[31]

Diese Initiativen tragen Früchte. In wenigen Jahren ereignet sich eine Serie von Entscheidungen, die den finanziellen Interessen der Kultvereine dienen.[32] Nehmen wir drei Beispiele. Erstens erlaubt das berichtigende Finanzgesetz vom 29. Juli 1961 (Art. 11), dass für aufgenommene Darlehen, um Kultorte in den sich entwickelnden Ballungsräumen zu errichten, von der Öffentlichkeit die Haftungen übernommen werden; diese Verfügung ermöglicht es den Kultvereinen bei der Caisse des dépôts et consignations nach den gleichen Regeln wie die Gebietskörperschaften Darlehen aufzunehmen, was einer Verbesserung gleichkommt. Zweitens erlaubt die Bekanntmachung des Staatsrates vom 15. Mai 1962, dass Schenkungen zugunsten der Errichtung oder der Erhaltung von der Öffentlichkeit zugänglichen religiösen Bauwerken von der Steuer abgesetzt werden können. Drittens präzisiert das Rundschreibern *La Martinière* vom 6. Jänner 1966 das Steuerrecht der diözesanen Vereinigungen, des Klerus und der Ordensgemeinschaften in einem für sie vorteilhaften Sinne. So werden durch kleine, aufeinanderfolgende Zugeständnisse günstigere Bedingungen für die materiellen Interessen der Kultvereine und des Klerus geschaffen. Diese Entwicklung ist eine Antwort auf die Bedürfnisse der Katholiken, vor allem, um Kirchen zu möglichst günstigen Preisen zu bauen, aber kraft des Gleichheitsprinzips für die Kultvereinigungen profitieren auch die protestantische und die jüdische Gemeinde davon. Die Tatsache ist vor allem bedeutsam, weil zahlreiche Juden aus Nordafrika einwandern und es notwendig wird, Gemeindezentren zu errichten.[33]

Nach Ende der Regierung von de Gaulle (1958 bis 1969) geht die Entwicklung der Gesetzgebung unter Jacques Chirac (1986 bis 1988) in einem für die Finanzen der Konfessionen günstigen Sinne weiter. Der

---

31 CNAEF 69CO2, commission en vue de préparer un organisme national pour les Chantiers, 4 novembre 1960.
32 Brigitte Basdevant-Gaudemet, À propos des associations cultuelles. Étapes d'une législation. *L'Année canonique*, t. XXXIII, 1990, p. 101–124.
33 Charlotte SINEY-LANGE, Grandes et petites misères du grand exode des Juifs nordafricains vers la France. L'exemple parisien. *Le Mouvement social*, octobre–décembre 2001, n° 197, p. 29–55.

zweite Artikel des Gesetzes bezüglich der Weiterentwicklung des Sponsoring vom 23. Juli 1987 erlaubt, dass Schenkungen an Kultvereine von der Steuer absetzbar sind, ohne ihren Zweck weiter einzugrenzen, und passt den absetzbaren Höchstbetrag an das günstigste System an, nämlich an das geltende für Schenkungen an Stiftungen und Vereine von öffentlichem Nutzen. Nun können die Mitglieder der Kultvereine ihren Beitrag ohne Einschränkungen von der Einkommenssteuer absetzen. Im Nachhinein wird der Anstieg der von der Steuer absetzbaren Summe in mehreren Schritten zugunsten der Spender verändert, was sie ermutigt, den Kultvereinigungen noch mehr zu spenden. Die letzte Regeländerung ist das Gesetz über den gesellschaftlichen Zusammenhalt vom 18. Jänner 2005 (Art. 127), das damit dem Spender ermöglicht, 66 Prozent seiner Schenkung zurückzuerhalten. Dadurch, dass der Staat auf einen Teil seiner Steuereinnahmen verzichtet, um mehr Schenkungsanreize zu schaffen, kann man von indirekter Subvention sprechen.

Diese Verfügungen kommen zu den direkten Subventionen dazu, die schon in der Vergangenheit den Vereinen mit konfessionellem Hintergrund gewährt werden können, deren Tätigkeitsfeld nicht kultisch ist: Pfadfinderbewegungen, karitative Einrichtungen, etc. Sie kommen ebenfalls zu den öffentlichen Hilfen für die Presse dazu, von der die konfessionellen Zeitschriften profitieren, so wie die Tageszeitung *La Croix*. Schließlich bleibt die öffentliche Finanzierung der anerkannten Religionen in den drei Departments im Nordosten Frankreichs (Haut-Rhin, Bas-Rhin, Moselle) erhalten. Letztendlich wird sie mit den jüngsten Subventionen zugunsten der muslimischen Kultgemeinschaft erweitert: Die Errichtung der Moschee von Straßburg (2004 bis 2012) wurde zu 26 Prozent von den Gebietskörperschaften finanziert.

3. Segen und Fluch der öffentlichen Finanzierung der Religion

Genau wie in der ersten Hälfte des 20. Jahrhunderts bleibt die Finanzierung der Religionen die Sache der Gläubigen. Es folgen unterschiedliche finanzielle Situationen, die je nach Kultgemeinschaft einen Aufstieg oder Niedergang bedeuten.

In den 1960er und 1970er Jahren beginnt für den Katholizismus eine lang andauernde Krise, die bis heute nicht zu Ende ist. Ein Großteil der jungen Nachkriegsgeneration – der *Babyboomer* – entfernt sich von den religiösen Gewohnheiten der vorausgegangenen Generation: sonntags zur Messe gehen, sein Kirchgeld zahlen, Messen lesen lassen, etc. Dieses neue Verhalten verringert die Einnahmen der Pfarren und Diözesanverbände. Auf vielsagende Weise findet 1976 die erste Nationalkampagne zugunsten des Kirchgelds statt: Die an den Orten der Kirche aufgehängten Plakate setzen darüber in Kenntnis, wie unzureichend die steigenden Einnahmequellen angesichts der Inflation sind. Die bischöfliche Kommission organisiert 1988 eine Kampagne „Kirche, Finanzen, Medien", um für die jährlichen Kollekten der Diözesen zu werben. Die erreichten Fortschritte reichen jedoch nicht, um den unerbittlichen Rückgang der traditionellen, an die religiöse Praxis gebundenen Einnahmen (Messhonorare, fallweise Einnahmen etc.) zu kompensieren. Msgr. Albert Decourtray bringt 1992 ein *Weißbuch der Finanzen der Diözese Lyon* heraus, das darauf abzielt, die Verarmung der örtlichen Kirche bekannt zu machen, um die Gläubigen für diese Realität zu sensibilisieren.[34] In den ländlichen Diözesen sieht die Lage nicht besser aus. Das Bistum Belley-Ars kann dabei nur zusehen, wie die Spender immer weniger werden: von den 24.000 im Jahre 1993 bleiben 2005 nur noch 15.000 übrig.[35] Anlässlich der Erhebung des Kirchgelds (das nun „denier de l'Eglise" statt „denier du culte" genannt wird) geht aus der 1999 zusammengestellten Pressemappe der Französischen Bischofskonferenz hervor, dass die Zahl der Spender pro Jahr durchschnittlich um ein Prozent sinkt, um bei 1.750.000 stehen zu bleiben.[36] Im Folgejahr stößt ein Laie, der sich gut mit dem Thema auskennt, einen Notruf aus: *Alerte sur le denier de l'Eglise* (Alarm für das Kirchgeld).[37] Die Presse greift seither regelmäßig die Verkäufe von Immobiliengütern auf, die diözesane Vereinigungen oder

---

34 Laurent SAUZAY, Histoire de la conversion d'un évêque aux médias: le cas de Mgr Albert Decourtray, cardinal-archevêque de Lyon, 1981–1994. *Cahiers d'histoire*, t. XLI, n° 4, 1996, p. 539.
35 Bernard JOUANNO / Élodie MAUROT / Pierre SCHMIDT / Nicolas SENEZE, Dossier: les finances de l'Église. *La Croix*, 1er mars 2006.
36 Service information et communication de la CEF, Denier de l'Église. *Dossier de presse du Comité permanent pour les affaires économiques de la CEF, conférence de presse*, 14 février 2001, 12 p.
37 Bruno DARDELET, Alerte sur le Denier de l'Église (Seyssinet-Pariset, Sources & images 2000) 149 p.

Ordensgemeinschaften tätigen müssen, um ihren Ausgaben die Stirn zu bieten. Der Titel (Aufhänger) einer kürzlich erschienenen journalistischen Untersuchung weist auf das Ausmaß des Übels hin: *Der große Ausverkauf. Wie die Kirche kämpft, um den Bankrott abzuwenden.*[38] Die Katholische Kirche befindet sich tief in einer strukturellen Finanzkrise.

Der Rückgang der sonntäglichen Kirchbesuche und der religiösen Zugehörigkeit machen auch nicht vor den mehrheitlichen protestantischen Strömungen halt, was sich vergleichbar negativ auf die Finanzen ihrer Kultvereine auswirkt. In der Reformierten Kirche von Bordeaux zahlt 1965 nur noch jeder zweite Haushalt seine Mitgliedsbeiträge, 1980 ist es nur noch jeder dritte; zugleich steigen die Ausgaben, was zu einem Defizit führt.[39] Der Protestantismus der persönlichen Umkehr – genannt Evangelikalismus –, der sich seit den 1980er Jahren stark weiterentwickelt, hat hingegen nicht dieselben Schwierigkeiten. Davon zeugt die Vermehrung der Kultorte in den Ballungsräumen, die sich historisch kaum durch den Protestantismus ausgezeichnet haben, wie Lille, Nancy oder Rennes.[40] Die protestantische Vielfalt zeichnet sich ebenfalls durch das beachtliche Gefälle der finanziellen Verwicklung der Anhänger der einzelnen Kirchen aus, wie eine 2007 durchgeführte Untersuchung der FPF (Protestantischer Bund Frankreichs) zeigt. Es scheint, dass die mitgliederstärksten Kirchen und die niedrigste Zahl von Beitragszahlenden mit den geringsten Durchschnittsbeträgen zusammenfallen. So leisten nur 37 Prozent der Personen, die den Anspruch auf ihre Zugehörigkeit zur ERF erheben, ihren finanziellen Beitrag zum Erhalt ihrer Kirche, in der Höhe von durchschnittlich 300 Euro. Die Gesamtheit der getauften und als Mitglieder der Vereinigung der adventistischen Kirchenverbände eingetragenen Personen zahlt hingegen ihren „Zehnten", und das in der Höhe von durchschnittlich 709 Euro.[41]

---

38 Marc PAYET, La grande braderie. Comment l'Église se bat pour éviter la faillite (Paris, Fayard 2011) 166 p.
39 Séverine PACTEAU DE LUZE, Les protestants et Bordeaux, ouvr. cité, p. 216.
40 Sébastien FATH, Pratiquants et lieux de culte: des temples désaffectés aux megachurches, dans Sébastien FATH / Jean-Paul WILLAIME (dir.), La nouvelle France protestante. Essor et recomposition au XXIe siècle (Genève, Labor et Fides 2011) p. 44–59.
41 Jean-Daniel ROQUE, Le protestantisme aujourd'hui au miroir des cotisants, dans Sébastien FATH / Jean-Paul WILLAIME (dir.), La nouvelle France protestante…, ouvr. cité, p. 60–73.

Das Erscheinungsbild des Judentums ändert sich zwar tiefgreifend mit der Einwanderungswelle nordafrikanischer Juden in den 1960er Jahren, die Prinzipien seiner finanziellen Organisation bleiben aber dieselben wie in der vorausgegangenen Zeitepoche. Die Haupteinnahmen der ACIP stammen 1960 aus folgenden, nach Ertrag geordneten Quellen: rituelle Aufsicht (die mit der Ankunft der nordafrikanischen Juden beginnen wird); Almosen während des Gottesdienstes; Erlös von Trauungen; Reservierung der Plätze in den Synagogen; Mitgliederbeiträge, usw.[42] Auf höherer Ebene wird das Zentralkonsistorium durch die Beitragszahlungen der örtlichen Konsistorien, durch Schenkungen, und vor allem durch den FSJU finanziert. Die wichtigste Neuentwicklung liegt in der Vermehrung autonomer jüdischer Gemeinden, was neue finanzielle Probleme für die Konsistorien mit sich bringt, vor allem durch den vermehrten Umlauf koscherer Produkte.

Die große Neuheit des letzen halben Jahrhunderts ist die Etablierung und das Wachstum neuer religiöser Konfessionen. So ist der Islam die zweitwichtigste Religion Frankreichs geworden, seine Anhänger müssen jedoch alles, von den Kultorten angefangen, erst aufbauen. Vor der gleichen Herausforderung stehen die Anhänger anderer Religionen oder asiatischer Weisheiten, die die religiöse Landschaft in Frankreich seit einigen Jahrzehnten stark diversifiziert haben: orthodoxe Christen, Mormonen, Zeugen Jehovas, Buddhisten, usw. Ihre Anhänger werden zwar aktiv, wenden sich gelegentlich aber auch an ihre Glaubensgenossen im Ausland. Die aus der arabischen Welt kommenden Schenkungen versorgen den französischen Islam mit dem Notwendigsten, zum Beispiel haben Marokko und Saudi-Arabien einen Beitrag zur Errichtung der Straßburger Moschee gezahlt. Und auch der erste mormonische Tempel in Frankreich wurde in der Pariser Region dank des Zehnten erbaut, den Gläubige in anderen Ländern gezahlt haben.

Sprachliche Ungenauigkeit mündet in Unverständnis. Deshalb ist es unpassend, die im Zusammenhang mit dem religiösen Glauben ausgeführten Tätigkeiten, allein auf den Kult zu reduzieren. Tatsächlich sind nicht wenige religiöse Tätigkeiten nicht kultisch. Um sich davon zu über-

---

42 Assemblée générale de l'Association consistoriale israélite de Paris, compte rendu financier présenté par M. Edgar SPIRA, trésorier. *Journal des communautés*, 23 juin 1961, n° 264, p. 7–11.

zeugen, muss man nur an das vage Umfeld von Bewegungen denken, das die Geistlichen geschaffen haben, um die Seelen – vor allem die der Jugend – zurückzugewinnen, und so die christliche Gesellschaft wieder aufzubauen. Diese Vielzahl von Bewegungen, Vereinen, Zeitschriften etc. zu finanzieren ist etwas anderes, als nur für die Kosten des Kultes aufzukommen.

Welche Lehren kann man aus der Studie des Falls Frankreich ziehen? Die Neustrukturierung unter Napoleon hat eine gemischte Finanzierung der religiösen Tätigkeiten eingeleitet, die private und öffentliche Einnahmequellen gemischt hat. Diese gemischte Finanzierung wurde 1905 mit der gesetzlichen Trennung von Staat und Kirche von den Republikanern größtenteils zerstört. Die Fortsetzung der Geschichte ist doppelt paradox: einerseits hat die Rückkehr des Elsasses und des Departments Moselle zu Frankreich nach dem Ersten Weltkrieg die öffentliche Finanzierung der Religion wieder eingeführt; andererseits werden die öffentliche Finanzierung privater Schulen (egal ob religiös oder nicht) erst 1959 und indirekte Hilfen an die Religion seit diesem Zeitpunkt gewährt. Diese Entwicklung ist derartig paradox, dass sie immer wieder überraschen kann. Wird die Geschichte zögerlich, inkonsequent oder gar widersprüchlich weiterverlaufen? Tatsächlich unterscheidet sich das, was nach 1905 praktiziert wurde, größtenteils von dem, was in diesem Jahr abgeschafft worden war. Das 1905 eingeführte Verbot öffentlicher Finanzierung bezog sich nicht auf konfessionelle Privatschulen, sondern auf den Kult. Das Absetzen von der Steuer von Schenkungen an religiöse Vereine hatte 1905 keinen Sinn, weil die Einkommenssteuer zu diesem Zeitpunkt noch nicht existierte. Nur der Sonderfall der Region Alsace-Moselle bleibt einzigartig, und ist für viele Bürger befremdend, denen er wie eine Abnormität erscheint, sobald sie davon Kenntnis bekommen. Das Bestehen eines doppelten Rechtssystems der Religionen auf dem französischen Festland führt zur Ungleichheit zwischen den einzelnen Gebieten und Religionen.

Ist die Einführung einer Kirchensteuer oder eines Kulturbeitrages die richtige Lösung für die Finanzierung der Katholischen Kirche in Slowenien?

Andrej Saje

1. Einleitung

Die Katholische Kirche in Slowenien wird im Gegensatz zu den benachbarten Ländern vorwiegend aus freiwilligen Spenden der Gläubigen und eigener Geschäftstätigkeit finanziert, zumal es in Slowenien keinerlei Form von Kirchensteuer gibt. Der Staat hilft bei der Finanzierung von einigen Tätigkeiten, jedoch ist dieser Teil, verglichen mit dem gesamten Haushalt der kirchenrechtlich bestehenden Einrichtungen, unwesentlich. Für die Kenntnis der Charakteristika der gegenwärtigen Finanzierung der Kirche ist es nötig, die historischen, politischen und kulturellen Verhältnisse Sloweniens im vorigen Jahrhundert in Betracht zu ziehen. Im 20. Jahrhundert hat die Kirche in Slowenien fünf verschiedene gesellschaftspolitische Systeme erlebt: Bis zum Ersten Weltkrieg die *Österreichisch-Ungarische Monarchie*, dann das *Königreich der Serben, Kroaten und Slowenen* (1918 bis 1929), danach das *Königreich Jugoslawien* (1929 bis 1943/45), die *Föderative Volksrepublik Jugoslawien* (1945 bis 1963) und die *Sozialistische Föderative Republik Jugoslawien* (1963 bis 1991) und seit dem Jahr 1991 die selbständige *Republik Slowenien*. Unter den einzelnen Gesellschaftsordnungen bestand ein je spezifisches Verhältnis zur Kirche. Am schlimmsten ging es der Kirche in der Zeit des Kommunismus – in dieser Periode wurde sie enteignet und in die Privatsphäre verdrängt. Mit dem Aufbau einer demokratischen, selbständigen und unabhängigen Republik Slowenien wurde der Kirche die Möglichkeit der Regelung offener Fragen in der Beziehung zum Staat gegeben, unter welchen sich als ein wichtiger Bereich ihr materieller Erhalt und die Finanzierung befand. Aufgrund der Finanzierungspraxis der Kirche im benachbarten Italien und Österreich hat nach dem Jahr 1992 auch die Kirche in Slowenien begonnen, mit dem Staat Gespräche über eine ständige Finanzierungsquelle in Form einer Kultursteuer zu führen.[1]

Im vorliegenden Beitrag werden die historische Bedingtheit bewertet und die Besonderheiten der Finanzierung der Kirche in Slowenien veranschaulicht, sowie ihre Bemühungen für die Sicherung einer stabilen materiellen Tätigkeit nach der slowenischen Unabhängigkeit dargestellt. Es soll eine Antwort auf die Fragen geben, ob und auf welche Art und Weise es möglich ist, die bestehende Art der Kirchenfinanzierung zu verbessern, und ob die Einführung einer Kultursteuer in Slowenien möglich und sinnvoll wäre und ob dies heute in der Kirche überhaupt erwünscht ist.

2. Historischer, kultureller und politischer Hintergrund

A. Die Zeit der Österreichisch-Ungarischen Monarchie

Die Kirche in Slowenien hat in den vergangenen Jahrhunderten, insbesondere in der Zeit der feudalen Gesellschaftsordnung, sichtbar ihre gesellschaftliche Struktur aufgebaut und materielle Grundlagen für ihre Sendung geschaffen. In der Zeit der Habsburger-Monarchie waren Kirche und Staat sehr stark verflochten. Die Bischöfe waren häufig auch Regierungsvertreter und aktive Politiker, der Kaiser hatte einen bedeutenden Einfluss im Bereich der kirchlichen Angelegenheiten, z. B. bei der Ernennung von Bischöfen. Eine Besonderheit des politischen Status des slowenischen geographischen Gebietes war, dass bis zur Auflösung der Monarchie der slowenische Teil von Prekmurje unter ungarischer Herrschaft war. Mit den Josephinischen Reformen wurden zahlreiche Klöster aufgelöst und der Besitz bzw. Erlös des verkauften Vermögens dem vom Staat verwalteten Religionsfonds zugewiesen. Aus dieser Quelle wurden im überwiegenden Umfang kirchliche Bedürfnisse finanziert.[2] Die Kirche hat dem Staat ein Recht auf Verwaltung dieses Vermögens anerkannt,

---

1 Vgl. Slovenska škofovska konferenca, Financiranje Cerkve (Ljubljana 2006) 13f.
2 Vgl. Vincenc RAJŠP, Der Religionsfonds auf dem Gebiet des heutigen Slowenien und der Ankauf der Wälder in Oberkrain durch den *Krainer Religionsfond*, in: State and Church selected historical an legal issues, International Conference, June 21 and 22, 2001, hg. von Slovenska akademija znanosti in umetnosti (Ljubljana 2002) 433–444.

zugleich hat sie aber auf dem Standpunkt beharrt, dass das Vermögen der aufgelösten juristischen Personen ihr gehört, womit der Staat nicht völlig einverstanden war. Zu den bedeutendsten Rechtsquellen, welche die Frage des kirchlichen Eigentums auf dem slowenischen Gebiet regeln, gehört das Konkordat zwischen Österreich und dem *Heiligen Stuhl* aus dem Jahr 1855, welches im Artikel 31 festlegt, dass Einkünfte des Religionsfonds für die Instandhaltung von Kirchen, für den Gottesdienst und für andere kirchliche Bedürfnisse zu verwenden sind, wobei die Frage des Eigentums immer noch nicht gelöst wurde.[3] Im Jahr 1870 ist das Konkordat außer Kraft gesetzt worden und eine neue Gesetzgebung wurde im Jahr 1874 beschlossen. Unter den drei Gesetzen war auch das Religionsfondsgesetz, welches trotz des Widerstands der Priester auch der spätere Bischof von Ljubljana, Janez Zlatoust Pogačar (1875–1884), der das Bistum im Jahre 1875 übernommen hatte, unterstützte.[4] Der angeführte Fonds hatte stets zu wenige Mittel zur Verfügung, deswegen war durch den Staat mit einem neuen Gesetz zusätzlich das Kirchenvermögen zum Vorteil des Religionsfonds, aus welchem die kirchlichen Bedürfnisse finanziert wurden, besteuert worden. In Slowenien war der wichtigste der *Krainer Religionsfonds*, welcher im Jahr 1895 von der *Krainer Industriegesellschaft* die Wälder in Oberkrain gekauft hat. Diese sind in den letzten Jahren, nachdem die Entnationalisierung zum größten Teil abgeschlossen worden war, wieder eine bedeutende Quelle für die materielle Tätigkeit der Erzdiözese Ljubljana geworden.

B. Die Zwischenkriegszeit

Nach dem Ende des Ersten Weltkriegs ist Slowenien Teil des *Königreichs der Serben, Kroaten und Slowenen* (SHS) geworden.[5] Alle drei Nationen sind in eine gemeinsame politische Form der Kohabitation ein-

---

3 Vgl. Erika WEINZIERL-FISCHER, Die Österreichischen Konkordate von 1855 und 1933 (Wien 1960) 257.
4 Vgl. Vincenc RAJŠP, Imenovanje Janeza Zlatousta Pogačarja za ljubljanskega škofa leta 1875, in: Melikov zbornik, Slovenci v zgodovini in njihovi srednjeevropski sosedje (Ljubljana 2001) 615–617.
5 Vgl. Bogdan KOLAR, A partial implementation of the 1935 Concordate regarding religious funds, in: (wie Anm. 2) 483f.; Gašper MITHANS, Urejanje odnosov med rimskokatoliško Cerkvijo in državnimi oblastmi v Kraljevini Jugoslaviji (1918–1941) in jugoslovanski konkordat (Koper 2012) 65–75.

getreten, mit einer unterschiedlichen Geschichte und einer andersartigen Rechtsordnung hinsichtlich der Glaubensfreiheit sowie der Beziehungen zwischen der politischen Gemeinschaft und der Kirche. Das *Königreich SHS* war folglich gezwungen, nach einer Art des Zusammenlebens verschiedener Nationen und nach der Regelung von Rechtsverhältnissen, einschließlich des Verhältnisses zur Kirche, zu suchen. Während in Serbien die Orthodoxe Kirche staatlich war, blieb in Slowenien auch in der neuen Gesellschaftsordnung im überwiegenden Maße das alte österreichisch-ungarische Modell der Regelung zwischen dem Staat und der Kirche in Geltung, insbesondere dort, wo Rechtslücken herrschten. Weil im Bereich der Religionsangelegenheiten kein neues Gesetz zu Stande gekommen war, ist die alte österreichische Gesetzgebung in Geltung geblieben.[6] Das österreichische *Allgemeine Bürgerliche Gesetzbuch* aus dem Jahr 1811 samt Novellen – die letzte wurde im Jahr 1916 erlassen –, welches hinsichtlich der vermögensrechtlichen Lage der Kirche ein ziemlich neutrales Verhältnis hatte, stellte noch immer die Hauptquelle des Rechts dar. Die Regierung des *Königreichs SHS* hat die Verhältnisse mit der Orthodoxen Kirche, mit der Jüdischen Gemeinschaft und mit den Muslimen geregelt, einer näher bestimmten Regelung der Verhältnisse mit der Katholischen Kirche wich sie aber aus, und zwar mit der Begründung, dass ihr Rechtssystem *sui generis* sei. Der Staat hat betreffs des Religionsfonds die gleichen Rechte wie die ehemalige Monarchie übernommen, außer dass er aus diesem Titel nicht alle bisher damit verbundenen Pflichten hinsichtlich der Zusicherung der Finanzierung der kirchlichen Bedürfnisse übernommen hat.

Für das Verhältnis zwischen dem Staat und der Kirche in Slowenien während der Zwischenkriegszeit sind zwei Verfassungen des *Königreichs*

---

6 Vgl. Sergij VILFAN, Državno versko pravo, in: Cerkev, kultura in politika 1890–1941, hg. von France M. DOLINAR / Joža MAHNIČ / Peter VODOPIVEC (Ljubljana 1993) 13. Der Fürstbischof von Ljubljana Anton Bonaventura Jeglič (1898–1930) hat in seiner Denkschrift, welche er am 12. November 1918 an die Regierung wegen der offenen Fragen zwischen der Kirche und dem Staat geschickt hat, betont, dass, solange es keine neue Verfassung geben wird, für das kirchliche Leben einzig der im selben Jahr in Kraft getretene *Codex des Kanonischen Rechtes* gelten wird. Vgl. Anton Bonaventura JEGLIČ, Narodna spomenica vladi, in: Nadškofijski arhiv Ljubljana. Državne zadeve, spisi V., fasc 48, D 2.

SHS bedeutend, die erste aus dem Jahr 1921 und die zweite aus dem Jahr 1931. Die erste Verfassung hat im Art. 12 die Gleichberechtigung für diejenigen Religionsgemeinschaften bestimmt, welche bereits vom vormaligen Staat anerkannt worden waren, d. h. vor der Gründung des Königreichs. Die Verfassung hat diesen Gemeinschaften eine Autonomie in Religionsangelegenheiten zugesichert. In den gesetzlich festgelegten Grenzen konnten diese ihre Einrichtungen verwalten. Es war auch vorgesehen, dass den Religionsgemeinschaften bestimmte Kosten aus dem Haushalt unter Berücksichtigung der Zahl der Gläubigen gedeckt werden.[7] Aufgrund der Verfassung von 1931 hat der Staat vermögensrechtliche Verhältnisse mit der Orthodoxen Kirche und den Muslimen geregelt, nicht aber mit der Katholischen Kirche, mit welcher diese Fragen im Konkordat geregelt werden sollten.[8] Die Einkünfte des Religionsfonds waren als Staatseinkünfte verzeichnet und waren im staatlichen Haushalt bis zum Jahr 1939 aufgenommen. Das Konkordat zwischen dem *Königreich SHS* und dem *Heiligen Stuhl* aus dem Jahr 1935 besagte im Artikel 20, dass das Vermögen des Religionsfonds der Katholischen Kirche gehört und unter der Leitung der Bischöfe ausschließlich deren Bedürfnissen dient, jedoch wurde das Dokument wegen des Widerstands der Orthodoxen Kirche nicht ratifiziert.[9] Auf Anregung der *Jugoslawischen Bischofskonferenz* wurde im Jahr 1939 im Rahmen des Finanzgesetzes eine Verordnung erlassen, mit welcher der Religionsfonds in das Eigentum und in die Verwaltung der Katholischen Kirche übertragen wurde.[10]

---

7 Vgl. Sergij VILFAN (wie Anm. 6) 14.
8 Vgl. Rado KUŠEJ, Cerkveno pravo Katoliške Cerkve (Ljubljana 1928) 545. Kušej hat hinsichtlich der Fragen des Religionsfonds die Auffassung vertreten, dass das *Königreich SHS* als rechtlicher Nachfolger ihres Rechtsvorgängers Österreich-Ungarn alle Lasten gegen die übernommenen Anstalten zu tragen bzw. das ganze Vermögen, in unserem Fall den Religionsfonds, der Kirche zu übergeben hat. Vgl. Rado KUŠEJ, Verski sklad in patronatna bremena, in: Ljubljanski škofijski list (Ljubljana 1928) 75.
9 Vgl. Sergij VILFAN (wie Anm. 6) 14.
10 Die Verordnung wurde am 17. Mai 1939 veröffentlicht in: Službeni list kraljevske banske uprave Dravske banovine 10 (1939) 425f. Vgl. Bogdan KOLAR (wie Anm. 5) 489.

C. Die Zeit nach dem Zweiten Weltkrieg

In der Zwischenkriegszeit haben liberale Kreise einen starken ideologischen Druck auf die Kirche ausgeübt, dennoch hat die Katholische Kirche bestimmte Vorteile und Privilegien bewahrt, welche sie in der Österreichisch-Ungarischen Monarchie hatte, z. B. den öffentlich-rechtlichen Charakter. Sie bekam Staatszuschüsse, für die anerkannten Glaubensbekenntnisse war der Religionsunterricht in allen Staatsschulen obligatorisch. Die Umstände haben sich nach dem Jahr 1945 wesentlich geändert. Die kommunistische Gewalt hat die Religion als ein negatives Gesellschaftsphänomen gesehen und versucht, sie konsequent aus dem öffentlichen Leben zu verdrängen und mit Verboten ihr gesellschaftliches Wirken einzuschränken. Die Kirche ist strikt vom Staat getrennt worden, die Trennung wurde aber als eine Ausschließung der Kirche aus der Gesellschaft verstanden. Die Verfassungs- und Gesetzesbestimmungen haben auf prinzipieller Ebene zwar die Gewissens- und Konfessionsfreiheit anerkannt – letztere galt als Privatsache der Menschen und konnte in der Öffentlichkeit nicht gelebt werden –, zugleich hatte aber der Staat über die Geheimorgane und -dienste ein paralleles Rechtsystem praktiziert, welches die Kirche als einen internen Feind behandelte.[11] In Zusammenhang mit der vermögensrechtlichen Lage der Kirche in dieser Periode ist die Art und Weise wichtig, mit welcher die Katholische Kirche und ihre Einrichtungen oder Gliederungen vom Staat behandelt wurden und wie ihre Eigentumsverhältnisse in der Beziehung zum Staat geregelt wurden.[12] Das kommunistische System basierte nämlich auf Staatseigentum. Privateigentum war nur in bestimmtem Maße toleriert.

Der Katholischen Kirche wurde nach dem zweiten Weltkrieg im Prozess der Nationalisierung ein großer Teil ihres Vermögens enteignet, die Gebäude wurden beschlagnahmt und das kirchliche Schulwesen ver-

---

11 Vgl. Lovro ŠTURM / Ljuba DORNIK-ŠUBELJ / Pavle ČELIK, Navodila za delo varnostnih organov v SR Sloveniji, in: Viri 21 (Ljubljana 2003) 7–29.

12 Die Verfassung der *Föderativen Volksrepublik Jugoslawien* (FLRJ) aus dem Jahr 1946 hat im Art. 25 die Trennung der Kirche vom Staat bestimmt, zugleich aber betont, dass der Staat den Religionsgemeinschaften materiell helfen kann. Vgl. Andrej SAJE, Die Finanzierung der Katholischen Kirche in Slowenien – staatliche Unterstützung, in: In mandatis meditari, Festschrift für Hans Paarhamer zum 65. Geburtstag, hg. von Stephan HAERING / Johann HIRNSPERGER / Gerlinde KATZINGER / Wilhelm REES (Berlin 2012) 1084.

boten. Der Kirche wurden hohe Steuern auferlegt. Durch den Staat wurde ihr auch die Ausübung humanitärer, karitativer und bildender Tätigkeiten verboten, als Folge davon wurde auch im Jahr 1952 die *Theologische Fakultät* aus der Universität Ljubljana ausgeschlossen.[13] Die Kirche hat materiell vor allem von der Unterstützung der Gläubigen und ihren freiwilligen Spenden gelebt. Sie war auch unter ständiger strenger Kontrolle des kommunistischen Systems. Der kommunistische Druck in der Beziehung zur Kirche hat erstmals nach dem Jahr 1953 nachgelassen, als das *Gesetz über die Rechtslage der Religionsgemeinschaften* verabschiedet wurde, mit dem die Kirche als juristische Person anerkannt wurde. Es wurden auch Katechesen in den Kirchenräumen und die Gründung von Knaben- und Priesterseminaren für die Ausbildung von Priestern zugelassen.[14]

D. Die demokratische Wende im Jahr 1991 und die neue Verfassung

Nach der politischen Wende im Jahr 1991 ist die Republik Slowenien ein unabhängiger Staat mit einer demokratischen Ordnung geworden, damit wurden aber aufgrund der *Verfassung der Republik Slowenien*[15] auch die rechtlichen Rahmenbedingungen für die Verwirklichung der Religionsfreiheit in allen ihren Dimensionen geschaffen: individuell und kollektiv, privat und öffentlich. Die Verfassung basiert auf einer demokratischen politischen Ordnung und einem marktorientierten Wirtschaftssystem. Im Artikel 7 ist die Bestimmung über die Trennung des Staates von den Religionsgemeinschaften enthalten und die letzteren werden als gleichberechtigt anerkannt. Ihre Tätigkeit ist frei. Hinsichtlich der vermögensrechtlichen Fragen gibt es in der Verfassung keine besonderen Bestimmungen,

---

13 Vgl. Aleš GABRIČ, Izključevanje Teološke fakultete iz Univerze v Ljubljani. *BV* 63 (2003) 255–280. Die Theologische Fakultät wurde erneut im Jahre 1992 in die Universität in Ljubljana eingegliedert.

14 Vgl. Urška PREPELUH / Lovro ŠTURM, Pregled veljavne slovenske pravne ureditve, in: Sveto in svetno, Pravni vidiki verske svobode, hg. von Lovro ŠTURM / Simona DRENIK / Urška PREPELUH (Ljubljana 2004) 116f.

15 Ustava Republike Slovenije: http://www.us-rs.si/media/ustava.republike. slovenije.pdf (abgerufen am 20. 11. 2012). Vgl. Lovro ŠTURM, Church-State relations and the legal status of Religious Communities in Slovenia. *Brigham Young University Law Review* 2 (2004) 638–640; Giovanni BARBERINI, States and religions in Post-Communist Europe, in: Law and religion in the 21 Century, relations between States and Religious Communities, hg. von Silvio FERRARI / Rinaldo CRISTOFORI (Farnham 2010) 151.

außer Artikel 33, welcher jedem das Recht auf Eigentum und Erbschaft zusichert, was auch für die Kirchen gilt. Angesichts der Tatsache, dass die Auffassung der verfassungsrechtlichen Trennung des Staates von der Kirche immer noch ideologisch im Sinne der Ausschließung der Kirche aus der Gesellschaft belastet war, hat eine *Gemischte Dachkommission der Katholischen Kirche und der Regierung der Republik Slowenien*, welche am 4. März 1993 mit der Absicht zur Lösung von offenen Fragen gegründet worden war, bereits im ersten Jahr nach ihrer Gründung eine positive Auslegung der Trennung der Kirche vom Staat gefasst. Das bedeutet, dass die Kirche frei und autonom ist und dass sie gemäß ihrer eigenständigen rechtlichen Regelungen wirken kann, und der Staat sie dabei weder behindern, noch privilegieren, sondern entsprechende Bedingungen für die Ausübung der Sendung der Kirche schaffen wird.[16]

3. Die Grundrechtsakten für die Lösung der Vermögensfragen der Kirche

Im Jahr 1991 wurde das *Gesetz über die Entnationalisierung*[17] erlassen, welches besagt, dass das nach dem zweiten Weltkrieg nationalisierte Vermögen an die ehemaligen Eigentümer in der Regel *in naturam* zurückgegeben wird. Wenn das aber nicht mehr möglich ist, muss der Staat den Schaden an die berechtigten Personen in Form einer entsprechenden Entschädigung zurückerstatten. Das Gesetz bestimmt unter den Berechtigten ausdrücklich die Religionsgemeinschaften, die in der Zeit der Inkraftsetzung des Gesetzes auf dem Gebiet der Republik Slowenien wirkten. Der Katholischen Kirche war in der Zeit nach dem Krieg unter allen juristischen Personen das meiste Vermögen enteignet worden, deswegen

---

16 Constitutional provision on the separation of state and religious communities as the starting point for the work of the joint umbrella commission, in: The State and Religion in Slovenia, hg. vom Office of the Government of the Republic of Slovenia for Religious Communities (Ljubljana 2008) 123–125.

17 Zakon o denacionalizaciji, Uradni list RS (Amtsblatt der Republik Slowenien), Nr. 27/91. Vgl. Drago ČEPAR, Religious freedom and religious Communities in the Republic of Slovenia, in: (wie Anm. 16) 28f. Hinsichtlich der Rückerstattung des zu Unrecht entzogenen Vermögens hat die *Parlamentarische Versammlung des Europarates* in der 23. Sitzung am 27. 6. 1996 in Punkt 10 in seiner Empfehlung eine identische Auffassung eingenommen.

war das angeführte Gesetz von großer Bedeutung für die finanzielle Stabilität der Kirche, wobei es zu betonen gilt, dass die Wiedergutmachung von Ungerechtigkeiten aus der Vergangenheit noch keine Basis für ihre normale materielle Tätigkeit ergab. Die einzelnen Bistümer, Ordensgemeinschaften und Pfarreien hatten unterschiedlich große Vermögen. Der größte Besitz in Form von Wäldern wurde der Erzdiözese Ljubljana genommen und in überwiegendem Umfang bereits an diese zurückgegeben. Die Kirche hat im Prozess der Entnationalisierung 1.191 Anträge gestellt, von denen bis zum Jahr 2012 die meisten positiv erledigt waren. Unter den ungelösten Anträgen ist ein Teil der Wälder der Erzdiözese Ljubljana auf dem Gebiet des Nationalparks Triglav.

Für die Lösung der offenen finanziellen Fragen in der Beziehung von Kirche und Staat sind zwei Rechtsdokumente bedeutsam. Das erste ist das *Abkommen der Republik Slowenien mit dem Heiligen Stuhl über rechtliche Fragen* aus dem Jahr 2001[18] und das *Gesetz über die Religionsfreiheit* (GRelF) aus dem Jahr 2007.[19] *Das Abkommen mit dem Heiligen Stuhl* anerkennt die Kirche als Rechtspersönlichkeit und sichert ihr freies Wirken gemäß kanonischem Recht und gemäß der Rechtsordnung der Republik Slowenien (Art. 1) zu. Das Abkommen betont mit Blick auf Vermögensfragen, dass der Kirche ein Recht auf „Erwerb, Besitz, Genuss und Veräußerung von Liegenschaften und Erwerb von Eigentumsrechten und sonstigen Sachrechten" (Art. 9) zusteht. Das GRelF bestimmt, dass die Kirche aus Dotationen und anderen Beiträgen der natürlichen und juristischen Personen, sowie aus eigenem Vermögen und aus Beiträgen von internationalen Organisationen, deren Mitglied sie ist, finanziert werden kann. Die Religionsgemeinschaften können wegen ihrer allgemein nützlichen Bedeutung für das Gemeinwohl durch den Staat materiell unterstützt werden (Art. 29), es besteht aber keine Pflicht, sie zu finanzieren. Das wurde auch vom *Verfassungsgericht der Republik Slowenien* (VerfG) am 15. April 2010 bestätigt.[20]

---

18 Sporazum med Republiko Slovenijo in Svetim sedežem pravnih vprašanjih, Uradni list RS-MP (Amtsblatt der RS – Internationale Verträge), Nr. 13/04.
19 Zakon o verski svobodi, Uradni list RS, Nr. 14/07. Vgl. SAJE, Finanzierung (wie Anm. 12) 1087f.
20 Ustavno sodišče, Odločba v zvezi z zahtevo za oceno ustavnosti Zakona o verski svobodi, Nr. U-I.92/07-23. Für etwaige bedeutende Entscheidungen des *Verfassungsgerichts der Republik Slowenien* über die Entnationalisierung und Religionsfreiheit

4. Besprechungen mit dem Staat hinsichtlich der Regelung von materiellen Fragen

Aufgrund der Verfassung der Republik Slowenien und der entsprechenden Gesetzgebung hat der Staat seit Erlangung der Selbstständigkeit den größten Teil des nationalisierten Vermögens schrittweise an die Kirche zurückgegeben, womit teilweise die Ungerechtigkeiten aus der Vergangenheit behoben wurden. Die Regelung der ganzheitlichen Finanzierung der Katholischen Kirche ist aber ein Verhandlungsgegenstand zwischen der Kirche und dem Staat geblieben. Mit dieser Absicht wurden die bereits angeführte *Gemischte Dachkommission* und später die *Kommission für die Regelung offener Fragen der Religionsgemeinschaften* gegründet. Die Kirche hat sich nach dem Jahr 1993 wegen der bis zu jener Zeit unstabilen materiellen Lage, weil sie vor allem auf freiwillige Spenden der Gläubigen angewiesen war, bemüht, mit dem Staat eine Vereinbarung über einen besonderen Kirchenfonds zu treffen, begründet aus dem Titel der Wiedergutmachung von Ungerechtigkeiten, und gemäß einem italienischen Beispiel auch über einen religions-kulturellen Beitrag, welchen die Bürger bei der Einkommensteuer an die Kirche widmen können.[21] Zudem wurde dem Staat von der Kirche folgendes vorgeschlagen: eine Steuerermäßigung für diejenigen Bürger, welche einen Teil ihrer Mittel an die Kirche spenden würden; Finanzierung der Pastoralarbeiter in staatlichen Institutionen (z. B. Kasernen und Krankenhäuser) bzw. derjenigen Einrichtungen, welche einen öffentlichen Dienst leisten (z. B. Kirchenarchive, Museen u. a.); Die Mitfinanzierung von konkreten Programmen, insbesondere die Erneuerung von Kulturdenkmälern und Erziehungs-, Bildungs- und Sozialprogrammen. Sonstige Finanzierungsquellen sah die Kirche im Erwirtschaften von Mitteln aus eigenem Vermögen und in direkten Spenden der Gläubigen.

---

siehe: Blaž IVANC, The case law of the Slovenian constitutional court in the area of freedom of religion and beliefs, in: Legal aspects of religious freedom, hg. von Office of the government of the republic of Slovenia for religious communities, international conference 15.–18. September 2008 (Ljubljana 2008) 249–259.

21 Vgl. (wie Anm. 1) 12.; Ivan Janez ŠTUHEC, Slovenia, in: Le Conferenze episcopali in Europa. Un nuovo attore delle relazioni tra e Stati la Chiesa cattolica, hg. von Stella COGLIEVINA (Milano 2010) 163–190.

Ein geringer Teil der angeführten Vorschläge wurde vom Staat in den letzten zwanzig Jahren berücksichtigt, es gab von der staatlichen Seite auch keine Bereitschaft, irgendeinen Fonds, der aus dem Titel der Wiedergutmachung von Ungerechtigkeiten hervorgehen würde, zu gründen oder eine erweiterte Möglichkeit einer steuerlichen Zuweisung von Mitteln an die Kirchen durch Steuerpflichtige einzuführen. Der Staat hat zudem ein Interesse dafür gezeigt, dass er gewisse Liegenschaften in seinem Eigentum behält bzw. dass er diese nicht an die Kirche zurückgibt, insbesondere die Wälder der Erzdiözese Ljubljana, welche tatsächlich noch nicht gänzlich zurückgegeben wurden. Diese Wälder, die noch immer Gegenstand eines Gerichtsverfahrens sind, befinden sich im *Nationalpark Triglav* und sind ein Mittel der politischen Taktik mit der Behauptung, dass es dabei um Nationalwohl gehe und sie folglich dem Eigentümer nicht zurückgegeben werden dürfen. In den Verhandlungen kam es außerdem zu keinem Konsens über die Instandhaltung des Kulturerbes (der Kirchen und anderer Gebäude) im Eigentum der Katholischen Kirche, das den Kirchenhaushalt am meisten belastet und in den meisten Fällen noch immer auf den Schultern der Gläubigen liegt.

Die Lösung von materiellen Fragen hat auch die Restrukturierung der slowenischen Kirchenprovinz erschwert, insbesondere deshalb, weil die Entnationalisierung nicht gänzlich gelöst war. Bei der Verselbstständigung Sloweniens bestand die slowenische Kirchenprovinz aus drei Bistümern: Erzdiözese Ljubljana, welche auch Metropolitansitz war, und die Suffraganbistümer in Koper und Maribor. Nach ihrer Restrukturierung im Jahr 2006 sind daraus sechs Bistümer entstanden, die zwei Metropolien angehören. Aus dem Bistum Maribor, welches Erzdiözese und Metropolitansitz geworden ist, sind die Suffraganbistümer in Celje und Murska Sobota hervorgegangen und aus einem Teil der Erzdiözese und Metropolie Ljubljana ist noch das Bistum Novo mesto neben der schon bisher bestehenden Diözese Koper errichtet worden.[22]

---

[22] Die slowenischen Diözesen haben fast 800 Pfarreien und rund 2.890 Kirchen. Gemäß der kirchlichen Statistik sind rund 75 % der Slowenen sind katholisch getauft. Für mehr Daten über die Restrukturierung der slowenischen Kirchenprovinz siehe: Slovenska škofovska konferenca, Nova ureditev Cerkve v Sloveniji leta 2006, (Ljubljana, Družina 2007) CD 117. Vgl. Andrej SAJE, Nova podoba ljubljanske nadškofije, in: Ljubljanska nadškofija, hg. von France M. DOLINAR (Ljubljana 2011) 217–230. Die

Landkarte der slowenischen Diözesen

5. Unmittelbare und mittelbare Finanzierungen der Kirche

In Slowenien kennen wir keine Kirchensteuer und keinen Kulturbeitrag mit Wahlmöglichkeit, welchen die Angehörigen der Religionsgemeinschaften zu entrichten verpflichtet wären. Laut Verfassungsordnung und gemäß der Auslegung des Verfassungsgerichtes der Republik Slowenien zur Trennung von Staat und Kirche würde die etwaige Einführung einer solchen Steuer im Widerspruch zum Prinzip der Trennung und folglich problematisch für den Staat sein. Das materielle Wirken der Kirche ist somit in großem Maße auf freiwilligen Spenden, Einkünften aus eigener Tätigkeit, freiwilliger Arbeit und gespendetem Material aufgebaut. Dabei ist es nötig, Einkünfte der Bistümer, Pfarreien und Ordenseinrichtungen, welche selbstständig finanziert werden, zu unterscheiden. Die Bistümer

---

Landkarte der slowenischen Diözesen, erstellt von Mateja RIHTARŠIČ, ist hier veröffentlicht.

finanzieren die Pfarreien nicht, die Pfarreien aber sichern den Bistümern mit den festgelegten an die Ordinariate abzugebenden monatlichen Kollekten der Gläubigen ein ständiges und regelmäßiges Einkommen zu.[23] Die Kirche in Slowenien beschäftigt in den diözesanen und interdiözesanen Einrichtungen ungefähr 60 Laien, die aus den regelmäßigen Einkünften und Dotationen bezahlt werden.

Um das materielle Wirken der Kirche anschaulich darzustellen, wird nachfolgend die Finanzierung von drei Diözesen und der *Slowenischen Bischofskonferenz* an Beispielen vorgestellt. Als erstes Beispiel sei die Erzdiözese Ljubljana dargestellt, welche in dem Pastoraljahr 2012/13 das 550-jährige Jubiläum ihrer Gründung gefeiert hat.

Erzdiözese Ljubljana
Einkommen

- Wirtschaftstätigkeit 22 %
- Beiträge von Pfarreien 38 %
- Entnationalisierung 40 %

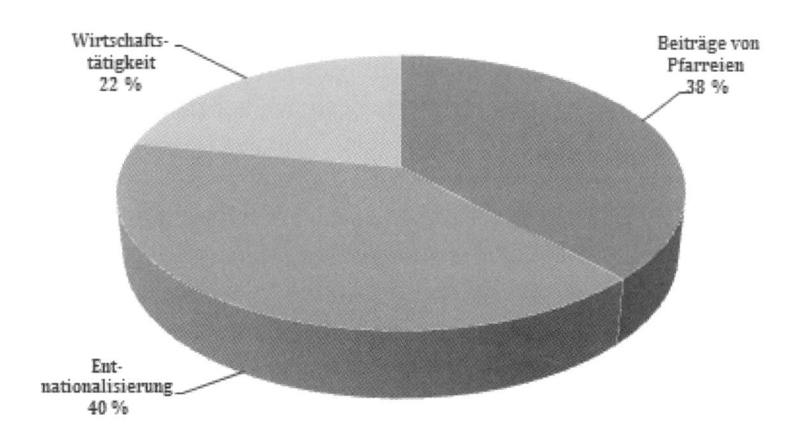

Nach Erlangung der Unabhängigkeit Sloweniens wurden der Erzdiözese Ljubljana im Prozess der Entnationalisierung der Großteil der Wälder und sonstigen Liegenschaften zurückgegeben, aus denen diese eine wichtige

---

23 Vgl. SAJE, Finanzierung (wie Anm. 12) 1088–1093. Viktor PAPEŽ, Uprava cerkvenega premoženja v predpisih cerkvenega prava (Ljubljana 1986) 17–19.

und ständige Quelle der Einkünfte bezieht. Die Erzdiözese Ljubljana ist finanziell die am besten ausgestattete Diözese der Kirche in Slowenien. Ihre Einkünfte betrugen im Jahr 2011 3.872.226,-- € und die Ausgaben 2.486.567,-- €. Die Erzdiözese war durch die Nationalisierung unter den am meisten geschädigten Diözesen, ihr waren Wälder und einige andere Liegenschaften, sowie Gebäude entzogen worden.[24] Sie erhält aus dem Titel der Rückerstattung für erlittene Schäden vom Staat eine Entschädigung, jedoch nur bis zum Jahr 2016, in dem diese Einkommensquelle dann zu Ende geht. Im Haushalt einer Durchschnittspfarrei in der Erzdiözese Ljubljana betrugen im Jahr 2011 die Einkünfte 48.000,-- € und die Ausgaben 36.000,-- €. Die Pfarreien werden überwiegend durch die Spenden von Gläubigen getragen, die zum großen Teil in der Pfarrei bleiben. Die Entschädigungen, Staats- und Gemeindesubventionen für die Erneuerung von Kulturdenkmälern sind projektgebunden und stellen 10 bis 30 Prozent des Haushalts der Pfarreien dar. Die Beiträge von Pfarreien – in der Erzdiözese gibt es 233 territoriale und 1 personale – betrugen im Jahr 2011 38 Prozent des Haushalts der Diözese, die Einkommen aus der wirtschaftlichen Tätigkeit, insbesondere aus der Bewirtschaftung der Wälder, 22 Prozent und 40 Prozent aus dem Titel der Entnationalisierung. Nach dem Jahr 2016 wird die Diözese nach den Schätzungen zu ungefähr 50 Prozent aus ihren eigenen Tätigkeiten finanziert werden.

Als zweites Beispiel der materiellen Situation wird die Diözese Novo mesto, welche im Jahr 2006 gegründet wurde, dargestellt. Die Diözese umfasst den südöstlichen Teil des Territoriums der ehemaligen Erzdiözese Ljubljana und hat 71 Pfarreien. Die Einkünfte der Diözese betrugen im Jahr 2011 269.359,41 € und die Ausgaben 269.286,82 €. Die Spenden der Gläubigen (eine Kollekte monatlich) und die Binationen (das zweimalige Zelebrieren der Messe an einem Tag) stellen für die Diözese 54,5 Prozent, aus der Verwaltung von eigenem Vermögen kommen 36 Prozent, aus staatlicher finanzieller Hilfe für die Sozial- und Rentenversicherung der Priester 3,6 Prozent. Aus Erwerbstätigkeit bekam die Diözese 2,9 Prozent und 3 Prozent stellen andere Zuschüsse dar.

---

24 Vgl. Borut KOŠIR, Cerkev in denacionalizacija. *Tretji dan* 5 (1992) 13–16.

Diözese Novo mesto
Einkommen

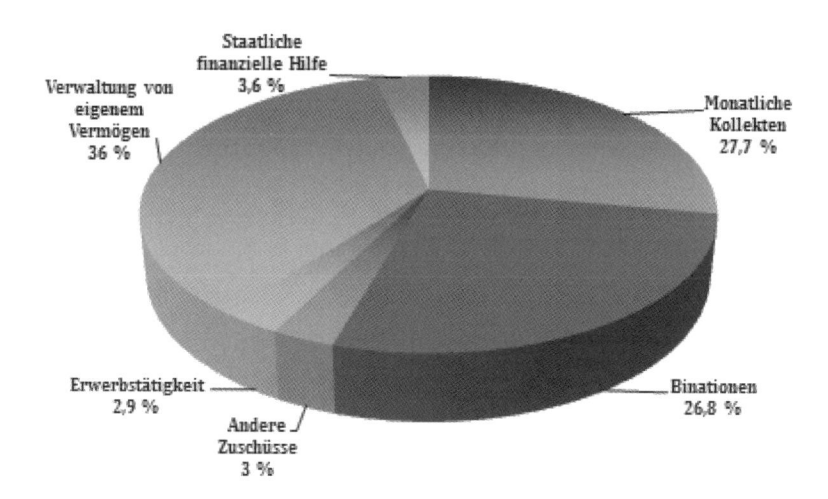

- Staatliche finanzielle Hilfe 3,6 %
- Verwaltung von eigenem Vermögen 36 %
- Monatliche Kollekten 27,7 %
- Erwerbstätigkeit 2,9 %
- Andere Zuschüsse 3 %
- Binationen 26,8 %

Die Pfarreien hatten insgesamt ein Jahreseinkommen in der Höhe von 2.629.391,10 €, welches sie überwiegend für die Instandhaltung der Gebäude und die reguläre Pastoraltätigkeit verwendet haben. Die freiwilligen Spenden der Gläubigen tragen je nach Pfarrei 54,5 Prozent aller Einkünfte der Pfarreien bei. Einen großen Teil der Einnahmen der Pfarreien (20,5 Prozent), stellt die Entschädigung für das nationalisierte Vermögen dar, die Erwerbstätigkeit der Pfarreien 14,6 Prozent, die Unterstützung durch Gemeinden und den Staat bei der Erneuerung von Kulturdenkmälern liegt bei 8,9 Prozent und sonstige Einkünfte stellen 1,5 Prozent der Jahreshaushaltsmittel dar.

Diözese Novo mesto
Einkommen der 71 Pfarreien

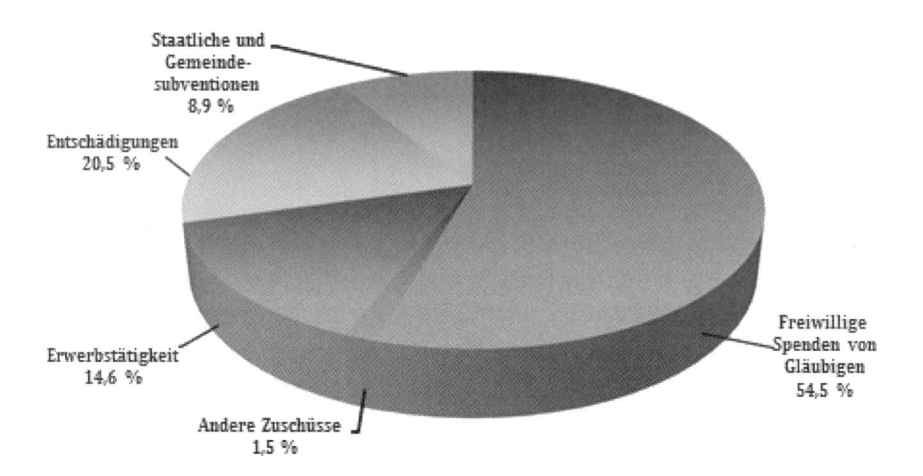

- Staatliche und Gemeindesubventionen 8,9 %
- Entschädigungen 20,5 %
- Erwerbstätigkeit 14,6 %
- Andere Zuschüsse 1,5 %
- Freiwillige Spenden von Gläubigen 54,5 %

Die Diözese Celje hat 112 Pfarreien. Sie wurde auf dem Gebiet der ehemaligen Diözese Maribor im Jahr 2006 zusammen mit der Diözese Murska Sobota, welcher 36 Pfarreien angehören, gegründet. Die Diözese Maribor[25] wurde in den Grenzen des restlichen Territoriums zur Erzdiözese und Metropolie erhoben.

---

25 Die Erzdiözese Maribor ist wegen unvorsichtiger finanzieller Investitionen und Anlagen noch vor der Änderung der Diözesangrenzen im Jahr 2006 wegen der ab 2007 bekannt gewordenen finanziellen Schwierigkeiten in die Insolvenz geraten. Bei der Gründung der Diözesen Celje und Murska Sobota gab die Erzdiözese Maribor an die neuen Diözesen einen proportionalen Anteil des Vermögens und der Anlagen ab, folglich hat der Bankrott der Erzdiözese auch die neuen Suffragan-Diözesen Celje und Murska Sobota an den Problemen teilhaben lassen.

Diözese Celje
Einkommen der 112 Pfarreien

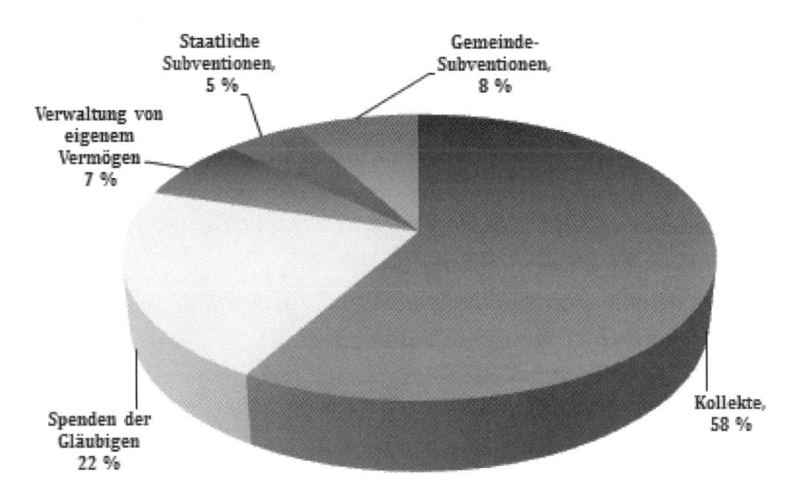

- Staatliche Subventionen, 5 %
- Gemeinde-Subventionen, 8 %
- Verwaltung von eigenem Vermögen, 7 %
- Spenden der Gläubigen, 22 %
- Kollekte, 58 %

In den Diözesan-Haushalt von Celje sind im Jahr 2011 221.422,-- € an Spenden von Gläubigen und 390.014,-- € aus der wirtschaftlichen Tätigkeit eingegangen. Die Diözese beschäftigt 9 Laien für die Katechese in den Pfarreien. Die gesamten Ausgaben für die Tätigkeit der Diözese betrugen 306.758,-- €. Wie aus der Übersichts-tabelle ersichtlich ist, wurde die Diözese zu 43,23 Prozent aus der wirtschaftlichen Tätigkeit finanziert und zu 54,04 Prozent aus den Spenden der Gläubigen. Den Restanteil in der Höhe von 2,73 Prozent stellt eine staatliche finanzielle Unterstützung für die Versicherung der Priester dar, was eigentlich kein Einkommen der Diözese bedeutet, sondern eine Mitfinanzierung der verpflichtenden Sozial- und Pensionsversicherung für Priester und Laien mit einem Arbeitsvertrag im religiösen Bereich darstellt. Die Pfarreien haben bei den Kollekten 2.137.026,91 € gesammelt. Davon wurden 80 Prozent aus freiwilligen Spenden der Gläubigen gesammelt und den restlichen Betrag haben die Pfarreien aus der Verwaltung von eigenem Vermögen und durch Staats- und Gemeindesubventionen erhalten.

Diözese Celje
Einkommen

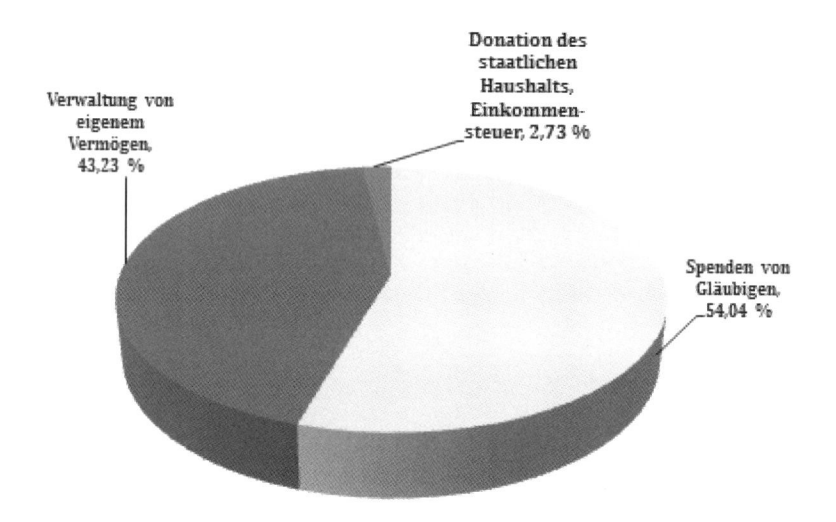

- Donation des staatlichen Haushalts, Einkommensteuer, 2,73 %
- Spenden von Gläubigen, 54,04 %
- Verwaltung von eigenem Vermögen, 43,23 %

Die Slowenische Bischofskonferenz wurde im Jahr 1993 gegründet und besteht aus der Versammlung der Diözesan- und Weihbischöfe der Katholischen Kirche in Slowenien, welche ihre Sendung in Form der Pastoral-, Gottesdienst-, Katecheten- und sonstigen Tätigkeiten ausüben (vgl. Can. 447 des Codex des kanonischen Rechts). Sie stellt die höchste Einrichtung der Katholischen Kirche in der Republik Slowenien dar und ist der Gesprächspartner mit dem Staat bei offenen Fragen. Im Dezember 2012 bestand die Slowenische Bischofskonferenz aus acht Mitgliedern. Ihr Gebiet stimmt mit den staatlichen Grenzen überein.[26] Seit dem Jahr 2008 beschäftigt sie drei Laien und aus ihrem Haushalt werden die interdiözesanen Einrichtungen finanziert. Ihr Einkommen betrug im Jahr 2011 457.155,29 € und die Ausgaben 377.527,65 €. Die Haupteinnahmequelle in der Höhe von 40 Prozent war eine Geldspende aus dem Ausland, Ur-

---

26 Vgl. Slovenska škofovska konferenca, http://en.katoliska-cerkev.si/sbc (abgerufen am 2. Dezember 2012).

heberrechte haben 31 Prozent und die Diözesen 27 Prozent der Mittel beigetragen. Den restlichen 2-prozentigen Anteil trug der Staat als Unterstützung für die Versicherung der Religionsangestellten. Die Ausgaben waren für die Tätigkeit der interdiözesanen Einrichtungen, für die Informatik, für Reisekosten und für Beiträge an internationale Kirchenorganisationen, für Steuerleistungen und für materielle Kosten bestimmt.

Slowenische Bischofskonferenz
Einkommen

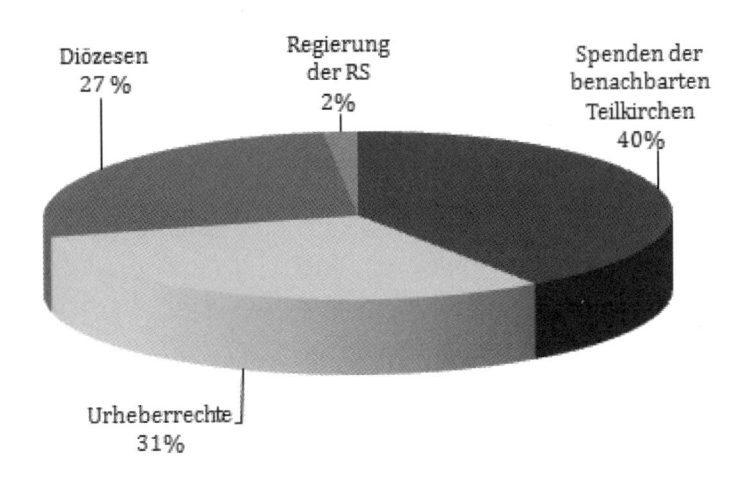

- Diözesen 27 %
- Regierung der RS 2 %
- Spenden der benachbarten Teilkirchen 40 %
- Urheberrechte 31 %

Aus den angeführten Daten geht hervor, dass die Katholische Kirche gemäß der gültigen Gesetzgebung aus Zuwendungen und anderen Beiträgen von natürlichen und juristischen Personen und aus ihrem eigenen Vermögen, sowie auch aus Beiträgen der sonstigen Teilkirchen finanziert wird.[27] Die Einkommen der Pfarreien und Diözesen sind sehr verschieden und untereinander nicht vergleichbar. Der Staat unterstützt materiell die Kirche wegen ihrer für die Gesellschaft bedeutenden Rolle, was auch

---

27 Zakon o verski svobodi, Art. 29 (wie Anm. 19). Vgl. Ustavno sodišče (wie Anm. 20) Nr. 130.

die angeführten Daten bestätigen. Das GRelF hat die bereits bestehende Praxis gefestigt, dass sich die Kirche regulär selbst finanziert. Seit dem Jahr 2007 besteht auch die Möglichkeit der Zuweisung an die Kirche im Rahmen der Steuererklärung in der Höhe von 0,1 bis zu 0,5 Prozent der Einkommensteuer, was aber, wie unten ersichtlich, wegen der großen Zahl der Empfangsberechtigten für die Kirche keine bedeutendere Einkommensquelle darstellt.

Die Hauptfinanzierungsquelle der Kirche in Slowenien als Gesamtheit sind die Spenden der Gläubigen in den Pfarreien, die dort auch bleiben, ausgenommen die Kollekten, die für die Bedürfnisse der Diözese und für einige andere Anliegen (Caritas, Missionen usw.) bestimmt sind. Einige Diözesen haben bedeutende Quellen an Einkünften aus eigenem Vermögen sowie aus der Erwerbstätigkeit. Die freiwilligen Kollekten in Pfarreien werden im großen Ausmaß für die Instandhaltung der Pfarrkirchen und Gebäude sowie für die Pastoraltätigkeit verwendet. Die Priester erhalten aus diesem Titel keine Bezahlung, ebenso werden sie nicht durch die Diözese oder den Staat finanziert. Ihr reguläres Einkommen sind Messstipendien (in der Höhe von 17,-- € pro Messe), der Staat bietet ihnen aber auch eine finanzielle Unterstützung für die Bezahlung von Beiträgen für die verpflichtende Sozial- und Pensionsversicherung in der Höhe von 48 Prozent der Grundlage, was derzeit 157,-- € monatlich beträgt. Der übrige Teil der Versicherung (52 Prozent) muss von den Priestern selbst bezahlt werden. Zum Priestereinkommen gehören auch einige Gebühren und Gaben bei der Spendung von Sakramenten. Eine Ausnahme sind diejenigen Priester, die als Professoren an der *Theologischen Fakultät* der Universität in Ljubljana beschäftigt sind. Sie werden staatlich entlohnt.

Die größte finanzielle Last der Kirche stellt die Instandhaltung des kulturellen Erbes dar. Die sakralen Denkmäler im Eigentum der Katholischen Kirche sind den sonstigen Kulturdenkmälern gleichgestellt. Sie sind in der Liste des Kulturerbes der Republik Slowenien eingetragen und stehen unter dem rechtlichen und fachlichen Schutz der entsprechenden Staatsinstitutionen. Die Kirche, die gesetzesgemäß Anspruch auf Subventionen für Instandhaltung der Kulturdenkmäler hat, muss den Zutritt für die Öffentlichkeit sicherstellen und für den Schutz der letzteren sowie für deren Erhaltung derzeit auf eigene Kosten sorgen.[28] Obwohl der Kirche 80 Prozent der Kulturdenkmäler gehören, hat ihr der Staat im Jahr 2011 lediglich 4,8 Prozent der gesamten Mittel, welche für die Instandhaltung des kulturellen Erbes von ihm verteilt wurden, zugewiesen, was im Jahr 2011 852.899,64 € betrug. Dabei sind keine einmaligen Subventionen der Lokalgemeinschaften an Pfarreien für die Erneuerung der Kirchen einbezogen. Diese betragen normalerweise einige Tausend Euro für das jeweilige Erneuerungsprojekt.[29]

6. Die Kirche ist eine nützliche Organisation für den Staat

Der Staat unterstützt finanziell das Wirken der Kirche wegen ihres allgemeinen Nutzens im Geistes-, Erziehungs-, Kultur-, Bildungsbereich und auf sozial-karitativem Gebiet.[30] Die Kirche entlastet mit ihrer Tätigkeit in den angeführten Bereichen den Staat und hilft ihm bei der Erreichung seiner Ziele. Durch die Zuwendung von mittelbarer finanzieller Hilfe an die Kirche wird auch die Finanzierung des öffentlichen Schulprogramms in vier kirchlich geführten Gymnasien, welche von 2 Prozent der slowenischen Gymnasiasten besucht werden, sowie in einer Grundschule und einigen Kindergärten in der Höhe von 85 bis 100 Prozent geleistet, während durch die Kirche die Schulinfrastruktur und zusätzliche Tätigkeiten finanziert werden. Der Staat trägt derzeit keine Kosten für Religionsunterricht in öffentlichen Schulen, da ihm gemäß einer Entscheidung des VerfG eine solche Leistung nicht gestattet ist und folglich auch nicht

---

28 Das Kulturministerium veröffentlicht jedes zweite Jahr eine Ausschreibung für die Mitfinanzierung von Kulturprojekten (Uradni list RS, Nr.13/ 00). Die Subventionen sind für die Planung und Durchführung von Erneuerungseingriffen an Kulturdenkmälern bestimmt. An der Ausschreibung können Eigentümer des Kulturerbes, welches einen Status eines Kulturdenkmals haben, teilnehmen. Der Anteil der Mitfinanzierung beträgt 50 % des Voranschlagwertes, die anderen 50 % der Mittel muss aber der Projektvorleger zusichern. Vgl. http://www.arhiv.mk.gov.si/si/storitve/porocila_in_podatki/financiranje_programov_in_projektov/ (abgerufen am 2. Dez. 2012).
29 Nach Angaben des Kulturministeriums finanzierte die Republik Slowenien in den Jahren 1992–2010 die Konservierungs- und Restaurierungsarbeiten für 495 katholische Kirchengebäude mit.
30 Vgl. Zakon o verski svobodi (wie Anm. 19) Art. 5.

durchgeführt wird.[31] Slowenien ist somit neben Frankreich, das Religionsunterricht in öffentlichen Schulen nur in Elsaß-Lothringen hat, der einzige Staat in Mitteleuropa, der keinen Religionsunterricht in den öffentlichen Schulen hat. Die Abwesenheit des Religionsunterrichts in den Schulprogrammen der öffentlichen Schulen ist ein Zeichen dafür, dass Kirchen und Religionsgemeinschaften mit ihrer Sendung für die slowenische Gesellschaft aus Sicht mancher Politiker keine wichtige Rolle spielen dürfen. Sie stellen für manche Kreise etwas Marginales, Unbedeutendes oder sogar Störendes dar; diese Sicht steht aber zu den Bestimmungen des GRelF im Gegensatz. Der Religionsunterricht in Form einer Katechese und Vorbereitung auf den Sakramentenempfang wird, gleich wie in der Zeit des Kommunismus, lediglich in den Pfarreien durchgeführt. Die Katechese wird von den Priestern und einigen Laienkatecheten überwiegend ehrenamtlich ausgeübt. Die Kinder besuchen den Religionsunterricht freiwillig.

In der Höhe von 70 Prozent werden vom Staat auch die Gehälter von acht Angestellten in den drei Diözesanarchiven finanziert, welche, ähnlich wie die Schulen, einen öffentlichen Dienst ausüben. In beiden Fällen handelt es sich um keine Finanzierung der Kirche als solche, sondern um die Bereitstellung der Mittel für die Ausübung eines öffentlichen Dienstes. Darüber hinaus sichert der Staat die Militärpastoral zu, wo er für elf Personen die Gehälter zahlt. Zudem wird ein Seelsorger bei der Polizei und ein Koordinator der Gefängnispastoral bei der *Verwaltung der Republik Slowenien für die Vollziehung von Strafsanktionen* finanziert. Gemäß der Entscheidung des VerfG dürfen Priester in Krankenhäusern und

---

31 Odločba Ustavnega sodišča U-I-68/98 von 22. 11. 2001, Uradni list RS, Nr 101/01. Vgl. Miha Movrin, Freedom of religion and the legal status of Churches and other religious communities in the Slovenian constitution and the decision of the Constitutional court of the Republic of Slovenia, in: (wie Anm 16) 45–48.; Roman GLOBOKAR, Katoliško šolstvo v Sloveniji od 1991 do 2011, in: Zasebno šolstvo v Sloveniji, hg. von Marjan ŠIMENC / Veronika TAŠNER (Ljubljana 2011) 35–62; Ivan ŠTUHEC, Verski pouk kot kulturno-politični problem v Sloveniji, in: Religious education in Slovenian schools: Evaluation and perspectives, Proceedings of the international Symposium in St. Stanislav's Institution 26 and 27 November 2009 (Ljubljana 2010) 13–20; Stanko GERJOLJ / Andrej SAJE, Religiöse Bildung an Schulen in Slowenien, in: Religiöse Bildung an Schulen in Europa, Teil 1: Mitteleuropa, hg. von Martin JÄGGLE / Martin ROTHGANGEL / Thomas SCHLAG (Wien 2013) 183–201.

Gefängnissen nicht beschäftigt sein, weil dies gegen das vertretene Prinzip der Trennung des Staates von der Kirche stünde.[32]

Der Staat bietet der Kirche eine direkte finanzielle Hilfe durch Zuwendungen und Subventionen, mittelbar aber auch in Form von Steuerermäßigungen. Die Kirche wird bei den Steuerermäßigungen nicht als Ausnahme betrachtet und erhält die gleichen Begünstigungen wie andere nicht gewerbsmäßige Körperschaften der zivilen Gesellschaft, z. B. Vereine und Anstalten. Für den Fall, dass die kirchlichen Körperschaften gewerbsmäßige Tätigkeiten ausüben, zahlen sie alle vorgeschriebenen Steuern, für die nicht gewerbsmäßige Tätigkeit sind sie aber ähnlich wie die diplomatischen Vertretungen von einigen Abgaben befreit, z. B. der Ausgleichszahlung für den Gebrauch von Bauland für religiöse Gebäude und der Steuer auf freiwillige Beiträge und Spenden.[33]

7. Die Einführung von Spendenmöglichkeit in der Höhe bis zu 0,5 Prozent und der Versuch einer radikalen Trennung von Kirche und Staat

Seit dem Jahr 2007 können Steuerpflichtige gemäß dem *Einkommensteuergesetz* (Art. 142) und der *Verordnung über die Spendung eines Teils der Einkommensteuer für Donationen*[34] bis zu 0,5 Prozent der Einkommensteuer, bemessen von dem Einkommen, bezogen auf die jährliche Steuerbasis, zur Finanzierung von allgemein nützlichen Zwecken, für die Finanzierung von politischen Parteien und Gewerkschaften, Anstalten, Kirchen und Religionsgemeinschaften widmen. Die angeführten Organisationen sind auf einen Anteil an der Einkommensteuer berechtigt, wenn sie auf einer Liste als nicht gewerbsmäßige Organisationen aufgenommen sind, wenn sie im öffentlichen Interesse tätig sind oder wenn sie gemäß

---

32 Vgl. Ustavno sodišče (wie Anm. 20).
33 Für weitere Informationen darüber, welche Steuern die Kirche bezahlt, siehe: Slovenska škofovska konferenca, Davki in obdavčitev cerkvenih nepremičnin, http://katoliska-cerkev.si/davki-in-obdavcitev-cerkvenih-nepremicnin (abgerufen am 1. Dez. 2012).
34 Zakon o dohodnini, Uradni list, RS, Nr. 117/06, 10/08, 78/08, 125/08 und 20/09, Uredba o namenitvi dela dohodnine za donacije, Uradni list RS, Nr. 30/07 vom 3. April 2007, http://e-uprava.gov.si/e-uprava/dogodkiPrebivalci.euprava?zdid=579&sid=1367 (abgerufen am 1. Dez. 2012).

dem Gesetz einen besonderen Status haben bzw. wenn sie eine wohltätige Tätigkeit ausüben.

Die Regierung hat mit dieser Verordnung versucht, die Bürger anzuregen, eine Entscheidung zu treffen, welche Berechtigte sie mit einem Teil ihrer Einkommenssteuer, die von ihnen in jedem Fall zu entrichten ist, unterstützen wollen. Ein Steuerpflichtiger kann 0,5 Prozent in kleineren Teilen zuweisen und an mehrere in der Liste enthaltene Organisationen widmen, er kann aber auch erklären, an wen er den gesamten angeführten Teil der Einkommenssteuer zuweisen will. Unter der Berechtigten sind auch kirchliche juristische Personen, wie Diözesen, die *Slowenische Caritas*, die einzelnen diözesanen *Caritasverbände* und die Ordensgemeinschaften. Wenn alle Steuerpflichtige sich entscheiden würden, den Teil ihrer Einkommenssteuer an eine bestimmte Anstalt zu spenden, würden diese rund 11 Millionen Euro ausmachen, jedoch treffen rund zwei Drittel der Steuerpflichtigen keine Zuweisung. Darum verbleiben die Mittel im staatlichen Haushalt. Die gesamten Mittel aus dem Titel der steuerlichen möglichen Zuweisung sind wegen der mehreren tausend Berechtigten weit gestreut. Von den juristischen Personen der Katholischen Kirche weisen die Bürger die meisten Mittel an die *Caritas* zu, einzelne Diözesen bekommen aber jährlich nur zwischen 6.000,-- und 23.000,-- €, was keine wirksame Finanzierungsquelle für die angeführten kirchenrechtlichen juristischen Personen darstellt.[35]

Die politischen Parteien des linken Lagers, die nach den Parlamentswahlen im Jahr 2008 in der Regierung zusammenarbeiteten, haben vereinbart, dass sie die Beziehung zwischen dem Staat und den Religionsgemeinschaften neu definieren werden und dabei das Prinzip der Trennung des Staates und der Religionsgemeinschaften stärker berücksichtigen wollen.[36] Hinsichtlich der Tatsache, dass in Slowenien bereits der Staat und die Religionsgemeinschaften gemäß der Verfassung der RS (Art. 7)

---

35 Nach Angaben der *Finanzverwaltung der Republik Slowenien* bekam auf der Grundlage der Donationen von der Einkommenssteuer im Jahre 2011 die *Slowenische Caritas* 148.606,48 €, das Bistum Celje 10.291,41 €, Bistum Murska Sobota 6.856,46 €, das Erzbistum Ljubljana 23.390,51 €, das Erzbistum Maribor 7.962,04 €, das Bistum Koper 13.510,60 € und das Bistum Novo mesto 7.669,41€. Alle kirchlichen juristischen Personen zusammen haben im Jahr 2011 254.302,56 € empfangen.
36 Vgl. Koalicijska pogodba, Art. 11.7, http://www.zares.si/koalicijska-pogodba/ (abgerufen am 2. Dez. 2012).

getrennt sind, könnte diese Erklärung im Sinne einer geplanten strikten Trennung, mit welcher man die Katholische Kirche als die größte Religionsgemeinschaft aus dem öffentlichen Leben ausschließen würde, verstanden werden. Diese Vermutung hat konkrete Züge sofort nach Entscheidung des VerfG am 15. April 2010 in Zusammenhang mit der Forderung zur Beurteilung der Verfassungsmäßigkeit des GRelF bekommen,[37] als die regierenden linken Parteien eine Novelle des GRelF ankündigten.[38] Ihre Absicht haben sie mit der Erklärung begründet, dass der Staat gemäß dem Prinzip der Trennung und der Neutralität keine finanzielle Unterstützung an die Katholische Kirche weder unmittelbar noch mittelbar leisten dürfe. Mit der Durchsetzung dieses Prinzips würde die Finanzierung der Pastoral beim Militär, der Polizei und in Gefängnissen wie auch anderswo ausgeschlossen werden. Der Staat würde die finanzielle Unterstützung bei der Erneuerung von Kulturdenkmälern und bei der Ausübung des öffentlichen Schulprogramms der Katholischen Schulen, bei der Mitfinanzierung von Beiträgen für die soziale Sicherheit der Priester, Ordensleute und sonstiger Religionsangestellter sowie auch jegliche andere Formen der Staatshilfe einstellen.

Gemäß diesem Vorschlag würde die Katholische Kirche mit anderen Geschäftssubjekten mit einer gewerbsmäßigen Tätigkeit hinsichtlich der Berichterstattungspflicht über den gesamten Finanzverkehr aus der gewerbsmäßigen wie nicht-gewerbsmäßigen Tätigkeit gleichgestellt werden. Die Einführung einer Verpflichtung zur Berichterstattung, welche für andere Geschäftssubjekte gilt, würde einen massiven Eingriff in die Autonomie des kirchlichen Wirkens bedeuten. Damit würde eine wesentlich strengere Kontrolle des Staates über die Tätigkeit der Kirche hergestellt werden, als es die Verfassung und die Rechtsordnung vorsehen.

Die Initiatoren der angeführten Änderungen haben sich darauf berufen, dass alle Gläubigen die Möglichkeit haben, an die Kirche 0,5 Prozent bei der Einkommenssteuer zu widmen, d. h. der Kirche eine Art Beitrag oder

---

37 Vgl. Ustavno sodišče RS, Odločba, (op. 12). Für die Rechtsauslegung der erwähnten Entscheidung des *Verfassungsgerichtes* siehe: Andrej NAGLIČ, Svoboda vere v odločbi Ustavnega sodišča Republike Slovenije o ustavnosti zakona o verski svobodi, in: BV 70 (2010) 483–493.

38 Vgl. Izhodišča za pripravo *Zakona o verskih in svetovnonazorskih skupnosti* vom 27. Oktober 2010, http://www.uvs.gov.si/fileadmin/uvs.gov.si/pageuploads/ Zakonodaja/ predpisi_v_pripravi/ZVSS_1_.pdf (abgerufen am 5. Febr. 2012).

Steuer zu zahlen, was ihrer Meinung nach die einzige zulässige, finanzielle Quelle für ihre materiell unterstützte Tätigkeit im Rahmen des staatlichen Haushalts sei. Wie bereits erklärt wurde, stellen Zuweisungen aus der Einkommenssteuer sehr geringe Mittel bereit, gleichzeitig würde aber die Einführung der Berichterstattungspflicht eine außergewöhnliche Diskriminierungssituation verursachen: die Katholiken und die kirchlichen juristischen Personen würden Steuern bezahlen, die Kirchen als Teil der Zivilgesellschaft würde aber keine Möglichkeit der finanziellen Unterstützung seitens des Staates mehr haben, welche sie als eine Organisation der Zivilgesellschaft Sloweniens in der Rechtsordnung der Republik Slowenien haben müsste. Die geplante Novelle des GRelF, die auf einer laizistischen Ideologie basiert und inhaltlich radikal vom bereits erreichten Standard der Religionsfreiheit in Slowenien und in der Europäischen Union zurückweicht, wurde wegen des Sturzes der Regierung der Republik Slowenien in Herbst 2011 nicht als Gesetz beschlossen. Im Fall eines etwaigen Beschlusses dieser Novelle würde der Kirche nicht nur die Möglichkeit des Erwerbs von öffentlichen finanziellen Mitteln genommmen werden, sondern sie würde gleichzeitig einer rigorosen Finanzkontrolle unterworfen, die in Europa keinen Vergleich kennt.[39]

8. Die Herausforderungen für die Zukunft: die Suche nach eigenen materiellen Quellen und der Abschluss von neuen Abkommen zwischen dem Heiligen Stuhl und der Republik Slowenien

Die juristischen Personen der Kirche in Slowenien haben keine einheitliche Finanzierungsart. Die Diözesen, Pfarreien und Klöster werden durch freiwillige Spenden von den Gläubigen, durch Einkünfte aus kirchlichen Vermögen, durch unmittelbare und mittelbare Unterstützung des Staates, durch unmittelbare staatliche Finanzierung für die Ausübung der öffentlichen Programme und Dienste und durch Mittel, erworben aufgrund von

---

39 Vgl. Andrej SAJE, Religionsfreiheit in der Republik Slowenien nach dem Inkrafttreten des Gesetzes zur Religionsfreiheit im Jahr 2007 – Zwischen Theorie und Praxis, in: Neue Entwicklungen im Religionsrecht europäischer Staaten, hg. von Wilhelm REES / María ROCA / Balázs SCHANDA (Kanonistische Studien und Texte 61, Berlin 2013) 549–569.

Ausschreibungen und Zweckdotationen für Kulturdenkmäler, aufrechterhalten. Drei Viertel der Mittel für die materielle Tätigkeit der gesamten Kirche basieren auf Spenden von Gläubigen und auf eigener Erwerbstätigkeit.

Die Pfarreien und Diözesen beziehen durchschnittlich bis zu 30 Prozent von Finanzmitteln aus staatlichen Quellen, unter welchen die bedeutenden Quellen die Entschädigungen aus dem Titel der Entnationalisierung (bis zum Jahr 2016 reichend) und Projektsubventionen für die Erneuerung von Kulturdenkmälern sind. Unter den Pfarreien und Diözesen gibt es hinsichtlich der Einkünfte Unterschiede, die bis zum Zehnfachen reichen, welche durch die Zahl der Gläubigen, geographische Lage, durch das Erbe der Vergangenheit und einige andere Faktoren bedingt sind. Ebenso gibt es große Unterschiede bei den Einkünften der Priester. Der Besuch von Gottesdiensten ist wegen der Säkularisierung und anderen parallelen Erscheinungen der Globalisierung abnehmend, die Gläubigen haben folglich ein immer geringeres Zugehörigkeitsbewusstsein zur eigenen Pfarrgemeinde.[40]

Wir leben in einer Zeit der wirtschaftlichen und politischen Krisen, die Arbeitslosigkeit ist zunehmend, deswegen spenden die Gläubigen weniger als in der Vergangenheit. Das Vertrauen in die Institution wurde in den letzten Jahren erheblich erschüttert. Die Ursachen dafür sind verstärkte ideologische Vorurteile gegenüber der Kirche, die vorherrschende laizistische Ideologie und die Unregelmäßigkeiten bei der Bewirtschaftung des kirchlichen Vermögens, welche die Erzdiözese Maribor in den Bankrott führte, wie auch inzwischen bekannte Skandale in der Kirche. Die Kirche wird von der Furcht gelähmt, dass die Daten über ihre finanzielle Lage öffentlich bekannt gegeben werden. Schwierigkeiten werden ihr aber auch durch die ungelösten Fragen der Instandhaltung des kulturellen Erbes, der Seelsorge in Krankenhäusern und Gefängnissen, sowie die ungeklärte und unklare Gesetzgebung hinsichtlich der verlangten Bilanzen an die staatlichen Finanzinstitutionen verursacht. Seit 2007 ist die Kirche aufgrund der gesetzlichen Bestimmung in den Status einer juristischen Person des Privatrechts gerückt worden und soll dem Staat über al-

---

40 Vgl. Brigita PERŠE, Prihodnost župnije, študija na primeru župnij ljubljanske nadškofije, in: Acta theologica Sloveniae IV (Ljubljana 2011) 87–116.

le Einkünfte und Ausgaben berichten, was aber wegen des Fehlens einer Zentralevidenz über die finanzielle Geschäftstätigkeit der kirchenrechtlichen Personen nicht umsetzbar ist. Sie ist deswegen in einen ungesetzlichen Status gedrängt. Eine Ursache für die Nichtbeachtung der jüngeren Gesetzgebung auf diesem Gebiet ist auch die Tatsache, dass die Bischofskonferenz die Meinung vertritt, dass dem Staat kein Recht zusteht, Daten über die nicht gewerbsmäßigen und nicht versteuerbaren Einkünfte zu sammeln. Die Kirche ist der Meinung, dass sie als eine juristische Person nicht mit Vereinen oder ähnlichen Organisationen vergleichbar ist, was durch die gegenwärtige Gesetzgebung herbeigeführt wurde, sondern dass sie eine juristische Person *sui generis* ist. In dieser Hinsicht wird die Kirche in Slowenien in der Zukunft mit dem Staat zu einer Kompromiss-Vereinbarung kommen müssen.

Der Staat befindet sich in einer schweren wirtschaftlichen und politischen Krise, die ihm die Möglichkeit, Kraft und den Willen für die Lösung von offenen Fragen mit der Kirche nimmt. Wegen einer geplanten und teilweise durchgesetzten Auslegung des Trennungsprinzips der Kirche und des Staates im Sinne ihrer Ausschließung aus den gesellschaftlichen Leben, des Fehlens von internationalen Abkommen zwischen dem Heiligen Stuhl und der Republik Slowenien, kann die vorhandene Gesetzgebung rasch geändert und der Standard der Religionsfreiheit folglich zurückgedreht werden. Die bereits eingeführten staatlichen finanziellen Quellen können aus politischen Motiven zum Versiegen gebracht werden. Die aufgezählten Faktoren verursachen die Minderung von Kircheneinkünften, zeigen eine unsichere materielle Lage der Kirche in Slowenien und fordern die Kirche und den Staat zu neuen Konsultationen und Überlegungen für eine stabilere Finanzierung heraus. Besteht die Lösung in der Einführung einer Kirchensteuer bzw. in einem Kulturbeitrag?

Eine zustimmende Antwort auf die obige Frage kann derzeit nicht gegeben werden. Die Frage der Finanzierung der Kirche war über mehrere Jahre nach der Verselbstständigung Sloweniens ein heißes politisches Thema und ein Grund für die Fortsetzung eines Kulturkampfes. Die Kirche ist in den letzten zehn Jahren zur Erkenntnis gekommen, dass die Einführung einer Kirchensteuer oder Kulturabgabe mit Widmungsmöglichkeit eines Steueranteiles wegen eines lang andauernden politischen Widerstands derzeit nicht erreichbar ist. Bei den momentanen wirtschaftlichen Schwierigkeiten hat der Staat auch kein Geld für diesen Zweck, obwohl wir als Staatsbürger die Steuern bezahlen. Das heißt, es gibt derzeit keinen politischen Willen dafür. Die Einführung einer solchen Finanzierungsart könnte für die Kirche einen Rückgang an Freiheit und Unabhängigkeit bedeuten; sie würde in die Abhängigkeit von Staat und Politik gesetzt werden. Deswegen sieht die Kirche in Slowenien heute in der Einführung einer Kirchensteuer oder ähnlicher Konzepte keine Lösung. Für die Bewältigung der materiellen Fragen wird sie aber erstmals ihre inneren Quellen entdecken müssen und zu der Verwaltung von Vermögen nach den Evangeliumsprinzipien der Bescheidenheit, Transparenz, Gerechtigkeit und Ehrlichkeit gelangen müssen. Die Hoffnung, dass der Staat von sich selbst aus die materielle Lage der Kirche lösen wird, hat gegenwärtig keine reale Aussicht. Dennoch wird es notwendig sein, in jedem Fall mit dem Staat den Dialog fortzuführen und ein stabiles System für die Sicherung und Instandhaltung der sakralen Denkmäler zu finden, da diese ja nationales Kulturerbe und Basis für den Kulturtourismus sind. Die Kirche ist bestrebt, neue Abkommen zwischen der Republik Slowenien und dem Heiligen Stuhl über die Instandhaltung des kulturellen Erbes und andere wichtige Fragen aus dem Bereich der Religionsfreiheit, über die Seelsorge im Militär, in Krankenhäusern und Gefängnissen wie auch für den Religionsunterricht in öffentlichen Schulen zu schließen.

Verzeichnis der Autorinnen und Autoren

Gerhard Hartmann, Priv.-Dozent für Kirchengeschichte und kirchliche Zeitgeschichte der Katholisch-Theologischen Fakultät der Universität Graz, Geschäftsführer des Lahn-Verlags und der Topos-Taschenbücher in Kevelaer.

Rudolf K. Höfer, Univ.-Professor für Kirchengeschichte an der Katholisch-Theologischen Fakultät der Karl-Franzens-Universität Graz.

Jan De Maeyer, Univ.-Professor für Zeitgeschichte an der Katholischen Universität Löwen, Belgien, Fakultät der Künste, Direktor des KADOC-Dokumentations- und Forschungszentrum für Studien der Religion, Kultur und Gesellschaft am interfakultären Zentrum der K. U. Löwen.

Michael Mitterhofer, Hochschul-Professor für Kirchenrecht an der Philosophisch-Theologischen Hochschule Brixen, seit 2000 Leiter des Verwaltungsamtes am Bischöflichen Ordinariat der Diözese Bozen-Brixen.

Jean-Pierre Moisset, Univ.-Dozent für Zeitgeschichte an der Universität Michel de Montaigne - Bordeaux 3, Frankreich.

Andrej Saje, Dozent für kanonisches Recht an der Theologischen Fakultät der Universität Ljubljana, Senatsmitglied, Generalsekretär und Pressesprecher der Slowenischen Bischofskonferenz, Richter am Metropolitangericht Ljubljana, Dekan der Fakultät für Betriebswirtschaftslehre.

Annamária Schlosser, Lehrbeauftragte an der Péter Pázmány Katholischen Universität in Budapest (Zentrale für Europastudien, bzw. Rechtswissenschaftliche Fakultät) und an der Sapientia Hochschule Budapest.

David M. Thompson, Univ.-Professor für Neuere Kirchengeschichte an der Theologischen Fakultät der Universität Cambridge, Moderator der Generalversammlung der Unierten Reformierten Kirche 1996–1997.

Yvonne Maria Werner, Univ.-Professorin am Departement für Geschichte der Geisteswissenschaftlichen und Theologischen Fakultät der Universität Lund, Schweden.

In der Reihe „Theologie im kulturellen Dialog" (ThKD) sind bisher erschienen:

Band 1:
Maximilian Liebmann (Hg.)

Kirche in der Demokratie – Demokratie in der Kirche

Graz, 1997 (ISBN 3-222-12548-1)

Band 2:
Peter Inhoffen; Kurt Remele; Ulrike Saringer (Hg.)

Demokratische Prozesse in den Kirchen? Konzilien, Synoden, Räte

Graz, 1998 (ISBN 3-222-12638-0)

Band 3:
Bernhard Körner (Hg.)

Bischofsbestellung. Mitwirkung der Ortskirche (inkl. CD-ROM)

Graz, 1999 (ISBN 3-222-12727-1)

Band 4:
Ferdinand Angel (Hg.)

Tragfähigkeit der Religionspädagogik

Graz, 2000 (ISBN 3-222-12781-6)

Band 5:
Christian Wessely; Gerhard Larcher (Hg.)

Ritus – Kult – Virtualität. Mit Beiträgen von Michael Heim, Stephen Talbott, Herbert Hrachovec u.a. (inkl. CD-ROM)

Regensburg/Graz 2000 (ISBN 3-7917-1693-X oder 3-222-12787-5)

Die Behauptung der ontologisch eigenständigen Realität virtueller Welten und die Beeinflussung der Struktur der menschlichen Wahrnehmung durch die Neuen Medien gehören zu den großen Herausforderungen der Medienphilosophie. Dieser Band geht möglichen Folgen dieser Entwicklungen nach und öffnet den Horizont für theologische Fragen in diesem Kontext.

Band 6:
Reinhold Esterbauer; Wolfgang Weirer (Hg.)

Theologie im Umbruch. Zwischen Ganzheit und Spezialisierung

Graz, 2000 (ISBN 3-222-12782-4)

Inwieweit kann man trotz aller notwendigen Spezialisierung heute noch von der Ganzheit der Theologie sprechen? Lohnen sich neue Bemühungen um deren Einheit? Der Sammelband gibt Aussenperspektiven wieder und lässt Fachvertreter/innen zu Wort kommen, die gegenwärtige Fragestellungen des je eigenen Faches und der Theologie als ganzer referieren und diskutieren. So werden Zukunftsperspektiven entwickelt, wie Theologie gegenwärtigen sozialen Herausforderungen gerecht werden kann, aber auch welche Bedeutung Theologie für heutige Gesellschaften hat.

Band 7:
Johann Hirnsperger; Christian Wessely; Alexander Bernhard (Hg.)
Wege zum Heil? Religiöse Bekenntnisgemeinschaften in Österreich: Selbstdarstellung und theologische Reflexion
Graz, 2001 (ISBN 3-222-12867-7)

Neun Religionsgemeinschaften sind bisher als eingetragene religiöse Bekenntnisgemeinschaften in Österreich staatlich anerkannt worden. Wer sind sie? Wie verstehen sie sich selbst? Es gibt eine Vielzahl von Publikationen über diese Gemeinschaften, in diesem Band aber kommen sie selbst zu Wort.

Band 7a:
Johann Hirnsperger; Christian Wessely (Hg.)
Wege zum Heil? Religiöse Bekenntnisgemeinschaften in Österreich: Verfassungen und Statuten
Graz, 2002 (ISBN 3-222-13117-1)

Wie sind jene Glaubensgemeinschaften, die als religiöse Bekenntnisgemeinschaften in Österreich anerkannt sind, verfasst und organisiert? Was sind die grundlegenden Lehren, ihre Ziele und Zwecke? Wie sehen Leitungs- und Entscheidungsstrukturen aus? Antworten auf diese und ähnliche Fragen geben ihre Statuten und Verfassungen, die in diesem den Band 7 ergänzenden Werk dargelegt werden.

Band 7b:
Johann Hirnsperger; Christian Wessely (Hg.)
Wege zum Heil? Religiöse Bekenntnisgemeinschaften in Österreich
Innsbruck, 2005 (ISBN 978-3-7022-2723-4)

In diesem Buch präsentieren sich die „Pfingstkirche Gemeinde Gottes in Österreich" und die „Mennonitische Freikirche" in Form von Selbstdarstellungen und publizieren ihre Verfassungen. Beide Glaubensgemeinschaften sind in Österreich seit 2001 als religiöse Bekenntnisgemeinschaften staatlich eingetragen. Die weiteren Beiträge beleuchten ausgewählte ökumenische und interreligiöse Fragen aus der Sicht der römisch-katholischen Kirche, der Bahá'í-Religion, des Bundes Evangelikaler Gemeinden und der Christengemeinschaft – Bewegung für religiöse Erneuerung in Österreich.

Band 8:
Rainer Bucher (Hg.)

Theologie in den Kontrasten der Zukunft. Perspektiven des theologischen Diskurses

Graz, 2001 (ISBN 3-222-12870-7)

Stellt sich die Theologie den Kontrasten der Zukunft oder begnügt sie sich mit der gelehrten Fortschreibung des Bekannten? Was bedeutet es überhaupt für die Theologie, als Teil des Volkes Gottes und deshalb unentrinnbar in diesen Kontrasten zu existieren?

Theologinnen und Theologen der jüngeren Generation stellen sich und ihren Disziplinen in diesem Band diese Frage.

Band 9:
Kurt Remele

Tanz um das goldene Selbst? Therapiegesellschaft, Selbstverwirklichung und Gemeinwohl

Graz, 2001 (ISBN 3-222-12909-6)

Was sind die Gründe für den gegenwärtigen gesellschaftlichen Hunger nach Psychotherapie, therapeutischer Beratung und populärpsychologischer Lebenshilfe? Sind die vielfältigen Angebote der Therapiegesellschaft eine Aufforderung zum „Tanz um das goldene Selbst"? Oder läßt sich eine Vermittlung herstellen zwischen dem Selbstverwirklichungskonzept der Humanistischen Psychologie und dem Gemeinwohl als einem Prinzip der katholischen Soziallehre? Mit diesem Buch liegt das erste Mal eine umfassende zeitdiagnostische Abhandlung über die Therapiegesellschaft aus der Sicht christlicher Sozialethik vor.

Band 10:
Gerhard Larcher (Hg.)

Theologie in Europa – Europa in der Theologie

Graz, 2002 (ISBN 3-222-13127-9)

In diesem Band geht es um Beiträge der Theologie für das geistige, ethische und kulturelle Profil Europas im Prozeß seines Zusammenwachsens. In wichtigen Aufsätzen von E. Kapellari, O. Kallscheuer, K. Lehmann u.a. wird der vom Katholizismus mitgeprägte, geistige ‚genetische Code Europas' als Herausforderung für die Zukunft bedacht. Angesichts der Prozesse der Säkularisierung muß das Christentum in diesem Kontinent ja vielfach neu eingewurzelt werden. Besonders Stimmen südosteuropäischer Theologie bringen dies zur Sprache.

Band 11:
David Neuhold; Leopold Neuhold (Hg.)

Fußball und mehr. Ethische Aspekte eines Massenphänomens

Innsbruck, 2003 (ISBN 3-7022-2551-X)

In diesem Sammelband sind verschiedenste Akteure rund um den Sport-, Medien- und Wirtschaftskomplex Fußball (Schiedsrichter, Trainer, Spieler, Spieler, Manager, Journalisten) in Interviewform zu Wort gekommen, und mehrere Beiträge befassen sich mit dem Fußball und seinen Folgewirkungen: Inwiefern gibt es eine Symbiose zwischen Sport und Politik? Wie wirkt sich die rasante Kommerzialisierung auf das Spiel aus? Was zeichnet den Fußballsport wirklich aus und macht ihn attraktiv? Diese und andere Fragen stehen im Mittelpunkt dieser Publikation, die sich um das Massenphänomen Fußball annimmt, um daraus einen gelungenen Teil eines geglückten Lebens zu machen.

Band 12:
Karl Prenner; Theresia Heimerl (Hg.)

Macht Religion Kultur. Können die Weltreligionen einen Beitrag zur Bildung einer Weltkultur leisten?

Innsbruck, 2004 (ISBN 978-3-7022-2578-0)

Wie gehen die großen Religionstraditionen mit der Vielfalt ihrer eigenen Kulturausdrücke, mit der Vielfalt ihrer Gesellschaftsformen um? Wie sehen die einzelnen Religionen sodann das Verhältnis ihres spezifischen religiös genormten Kulturausdruckes zu dem anderer Religionen? Wie stellt sich das Verhältnis der Vielfalt lokaler Kulturen in Hinblick auf eine Weltkultur dar, auf eine Vermittlung zwischen den Kulturen, auf Toleranz und Konsensbereitschaft, ja letztendlich auf einen Dialog zwischen den Kulturen? Kann Religion als kulturbildender Faktor über spezifisch lokale und religiös institutionalisierte Begrenzungen hinausweisen auf ein kulturstiftendes Gemeinsames und so als integrierender Faktor wirken – ohne aber die eigene Identität zu verlieren?

Band 13:
Erich Renhart; Wiltraud Resch

Orte der Feier & ihre Zeichen: kirchenbauliche Erneuerungen in der Steiermark seit 1992

Graz, 2006 (ISBN 3-900254-16-8)

Band 14:
Hans Walter Ruckenbauer; Walter Schaupp (Hg.)

Macht Religion gesund? Christliches Heilsangebot und Wellness-Kultur.

Innsbruck, 2009 (ISBN 978-3-7022-2786-9)

Im aktuellen Spannungsfeld von Wellness-Kultur, esoterischer Heilserwartung und religiösen Heilsversprechen will dieser Sammelband die vielschichtige Heilssehnsucht des heutigen Menschen analysieren. Die Autorinnen und Autoren stellen aus ihrem jeweiligen fachlichen Blickwinkel zur Diskussion, was Religionen und hier im Besonderen die christliche Religion zum Heilsein des Menschen beitragen können und was Glaubende zu Recht erwarten dürfen. Dabei klärt sich auch, was Heil dort bedeuten könnte, wo es nicht mehr in der Macht moderner Medizin steht, Leid und Krankheit zu überwinden.

Band 15:
Leopold Neuhold; Livia Neureiter (Hg.)

Muss arm sein? Armut als Ärgernis und Herausforderung

Innsbruck, 2008 (ISBN 978-3-7022-2918-4)

Muss arm sein? Diese Frage zu stellen, wird von manchen Seiten als überflüssig, von anderen als provokativ gewertet. „Arme wird es immer unter euch geben", heißt es ja im Evangelium. Und im Anschluss daran meinen manche gesellschaftliche Verantwortungsträgerinnen und Verantwortungsträger, dass es sinnlos sei, Armut besiegen zu wollen. Auf der anderen Seite glauben viele - auch viele kirchlich Engagierte sind darunter-, dass man Armut besiegen könne und besiegen müsse. Die Option für die Armen wird in Treffen geführt, aber ist sie auch mit einer Strategie verbunden, die Armut wirklich verringer kann? Somit bleibt Armut ein Stachel für Gesellschaft und Kirche. Im Umgang mit Armut zeigt sich das Maß an Humanität, das in der Gesellschaft gilt. Diese Herausforderung anzunehmen, ist Aufgabe von Gesellschaft und Kirche.

Band 16:
Sigrid Eder; Irmtraud Fischer (Hg.)

„... männlich und weiblich schuf er sie ..." (Gen 1,27) Zur Brisanz der Geschlechterfrage in Religion und Gesellschaft

Innsbruck, 2009 (ISBN 978-3-7022-2931-3)

Der Sammelband stellt Anliegen und Perspektiven der theologischen Frauen- und Geschlechterforschung vor und präsentiert Antwortversuche auf hochaktuelle Fragen rund um das Verhältnis von „Geschlecht" und „Religion" aus der Sicht unterschiedlicher theologischer Disziplinen.

Band 17:
Rainer Bucher; Christoph Heil; Gerhard Larcher;
Michaela Sohn-Kronthaler (Hg.)

„Blick zurück im Zorn?"
Kreative Potentiale des Modernismusstreits

Innsbruck, 2009 (ISBN 978-3-7022-3032-6)

Der katholische Modernismusstreit, der 1907 mit dem Dekret Lamentabili und der Enzyklika Pascendi von Papst Pius X. (1903–1914) einen Höhepunkt erreichte, wird in diesem Sammelband einer kritischen Reflexion unterzogen. Obwohl das Zweite Vatikanische Konzil viel Unversöhntes vermittelt und geheilt hat, bleiben in der theologischen und kirchlichen Gegenwart Antagonismen und Dispute im Streit um die Deutungshoheit der Moderne. Es gilt, aus den Kontroversen um die Verurteilungsdekrete konstruktive Impulse für die heutige Theologie und die heutige kirchliche Praxis zu erarbeiten.

Band 18:
Michaela Sohn-Kronthaler; Rudolf K. Höfer (Hg.)
unter Mitarbeit von Nina Kogler u. Christian Blinzer

Laien gestalten Kirche
Diskurse – Entwicklungen – Profile

Festgabe für Maximilian Liebmann zum 75. Geburtstag

Innsbruck, 2009 (ISBN 978-3-7022-3047-0)

Entgegen der weitverbreiteten Meinung, dass sich Laien erst nach dem Zweiten Vatikanischen Konzil in der katholischen Kirche verantwortungsvoll engagierten, zeigt der Band das vielfältige Wirken von Frauen und Männern seit Jahrhunderten. Wie Laien Kirche und Gesellschaft mitgestalteten, machen 26 Beiträge aus theologischen und historischen Disziplinen deutlich. So entsteht ein neues Bild von Laien und ihrem Engagement im Wandel der Zeiten.

Band 19:
Anna Strobl

Was Graz glaubt
Religion und Spiritualität in der Stadt

Innsbruck, 2010 (ISBN 978-3-7022-3048-7)

In über 60 Selbstdarstellungen möchte dieser „Grazer Religionsführer" Einblick in die Glaubenswelt vieler Grazerinnen und Grazer geben. Katholische und evangelische Christen, Muslime, orthodoxe und koptische Christen – sie alle leben und glauben in Graz. Dazu kommen buddhistische und hinduistische Gruppen, aber auch Christen jenseits der „großen Kirchen": evangelikale Gemeinden, Pfingstkirchen, charismatische Gemeinden, „ethnische Religionen" sowie religiös-spirituelle Zentren und weltanschauliche Bewegungen.

Band 20:
Christian Wessely; Alexander D. Ornella (Hg.)

Religion und Mediengesellschaft
Beiträge zu einem Paradoxon

Innsbruck, 2010 (ISBN 978-3-7022-3052-4)

Religion ist in der aktuellen Lebenswelt auf vielfältige Weise präsent, auch und gerade in medialen Kontexten. Diesen Spuren geht der Band nach. Wie kommen etwa religiöse Symbole und Riten in Computerspiele, oder besser: Warum werden sie von den Programmierern bewusst eingesetzt? Warum kommen religiöse Motive in der volkstümlichen Musik so häufig und so erfolgreich vor? Wie präsentieren sich Religionen medial? Welche ethischen Konzepte sind im Rahmen der „medialisierten Religion" erforderlich und tragfähig?

Band 21:
Basilius J. Groen; Saskia Löser (Hg.)

Der Balkan
Religion, Gesellschaft und Kultur

Innsbruck, 2011 (ISBN 978-3-7022-3080-7)

Auf dem Balkan leben Menschen unterschiedlicher kultureller Herkunft, die verschiedenen Religionen und Konfessionen angehören. Durch Kriege und Vertreibung sowie durch Arbeitsmigration wurde die Bevölkerung oft durcheinandergemischt. Trotz mancher offenen Wunde bildet die religiöse und ethnische Vielfalt der Region den Boden für einen einzigartigen kulturellen Reichtum, den es in Europa erst noch zu entdecken gilt. Dieser Band begibt sich auf eine Spurensuche.

Band 22:
Elisabeth Pernkopf, Walter Schaupp (Hg.)

Sehnsucht Mystik

Innsbruck, 2011 (ISBN 978-3-7022-3151-4)

Mystik ist ein universales Phänomen mit vielfältigen Ausprägungen. In diesem Band wird keine Systematik der Mystik geboten, sondern im Spannungsfeld von Sagbarem und Unaussprechlichem aus verschiedenen Blickwinkeln über die Sehnsucht nach Erfahrungen des Eins-Seins mit dem Absoluten nachgedacht. Die Beiträge verfolgen Spuren in biblischen, liturgischen und politischen Kontexten, im Blick auf mitunter verstörende Gestalten des Glaubens und in Zusammenhang mit Not und Leid.

Band 23:
Michaela Sohn-Kronthaler; Paul Zahner (Hg.)

Pax et Bonum
Franziskanische Beiträge zu Frieden und interreligiösem Dialog

Innsbruck, 2012 (ISBN 978-3-7022-3187-3)

Der Band umfasst die Beiträge des Symposiums der Grazer Katholisch-Theologischen Fakultät und der Franziskanerprovinz Austria, das am 13. und 14. 10. 2011 – 25 Jahre nach dem ersten Treffen verschiedener Religionen zum Gebet um Frieden in Assisi – in Graz stattgefunden hat.

Band 24:
Leopold Neuhold (Hg.)

Frieden, Frieden, aber es gibt keinen Frieden

Innsbruck, 2014 (ISBN 978-3-7022-3198-9)

Damit Friede wirklich und konkret wird, bedarf es einer umfassenden Strategie, die auf verschiedenen Ebenen ansetzt. Traditionen und Perspektiven einer solchen Strategie werden in diesem Sammelband analysiert und entwickelt.

Kontakt:
Dekanat der Katholisch-Theologischen Fakultät
der Karl-Franzens-Universität Graz
Dekanatsdirektor Siegfried Kager
Universitätsplatz 3, A-8010 Graz

Tel.: + 43 316 380 3150   –   Fax: + 43 316 380 9300   –   E-Mail: siegfried.kager@uni-graz.at

http://theol.uni-graz.at